I0622589

# MAL KARMA:
## LA VERDADERA HISTORIA DE UN VIAJE INFERNAL A MÉXICO

Reader's Favorite 2020

### Silver Award Winner!

*«Paul Wilson ha escrito unas memorias totalmente absorbentes con Mal Karma. Sus aventuras (o desventuras) están increíblemente bien descritas, al igual que sus compañeros de viaje y otras personas que conoce por el camino —incluido un tipo llamado Joaquín "El Chapo" Guzmán».*

### Discovery

### ¡De obligada lectura!

*«¡Tan dolorosamente cierto que desearías que fuera ficción! Un viaje en el que te ríes a más no poder (por no llorar) y que cuenta lo que no se debe hacer al pasar a la edad adulta».*

### The Prairies Book Reviews

*«Una prosa fresca y accesible y una historia profundamente apasionante hacen que el lector no pueda parar de leer».*

### Booksiren

*«Wilson explora hábilmente la generosidad, el honor, los lazos familiares y la fe del mexicano de a pie. Una historia de aventuras y, al mismo tiempo, un viaje de descubrimiento personal. Esta es una lectura obligada».*

### Elizabeth Howard

*«¡Mal Karma ha entrado instantáneamente en el panteón de los grandes libros de aventuras!»*

## Neil P. Reed

*«¡El miedo y la angustia viajan a México!»*

## Kathleen S. Gray

*«Emocionante, Cruda, PURA...*
*¡Una historia que todos desearíamos haber vivido!»*

## Karen Ehrlich

*«¡Ha sido una lectura enormemente entretenida!*
*¡No podía dejar de leer!»*

## James Q. Benners

*«Me sentí como un cuarto pasajero en el viaje, experimentando todos los altibajos que ellos vivieron. Fue una lectura fácil y emocionante, bien escrita y ¡la recomiendo encarecidamente!»*

## Launa Brockman

*«¡Hábilmente escrito e increíblemente entretenido! Un cuento de aventuras para reírse a carcajadas. Lo recomiendo encarecidamente. ¡Prepárese para un viaje salvaje!»*

## Kirkus Reviews

*«Un relato vivo y entusiasta, esta divertida lectura retrata una época ya desaparecida».*

# MAL KARMA

## LA VERDADERA HISTORIA DE UN VIAJE INFERNAL A MÉXICO

## PAUL WILSON

Copyright © 2023 by Paul Wilson

Todos los derechos reservados.

Queda rigurosamente prohibida, sin la autorización previa y por escrito del editor, bajo las sanciones establecidas en las leyes, la reproducción parcial o total de esta obra por cualquier medio o procedimiento, incluyendo fotocopias, grabaciones u otros métodos electrónicos o mecánicos, excepto en el caso de citas breves incluidas en reseñas críticas y ciertos usos no comerciales permitidos por la ley de derechos de autor. Para solicitar permisos, escriba al editor: «A la atención de: Coordinador de permisos», en la página web que figura más abajo.

Editado por: Barbara Noe Kennedy
Diseño de Portada: Derek Murphy
Diseño del Libro: Jonas Peres
Traducción: Ana G. García Moreno

badkarmabook.com

ISBN: 979-8-9886825-2-3

# DEDICATORIA

A mis nietos:

Emily, Clark, Grant, Ford y Madilynn.

*(Leedlo cuando tengáis edad suficiente...
y luego haced todo lo contrario)*

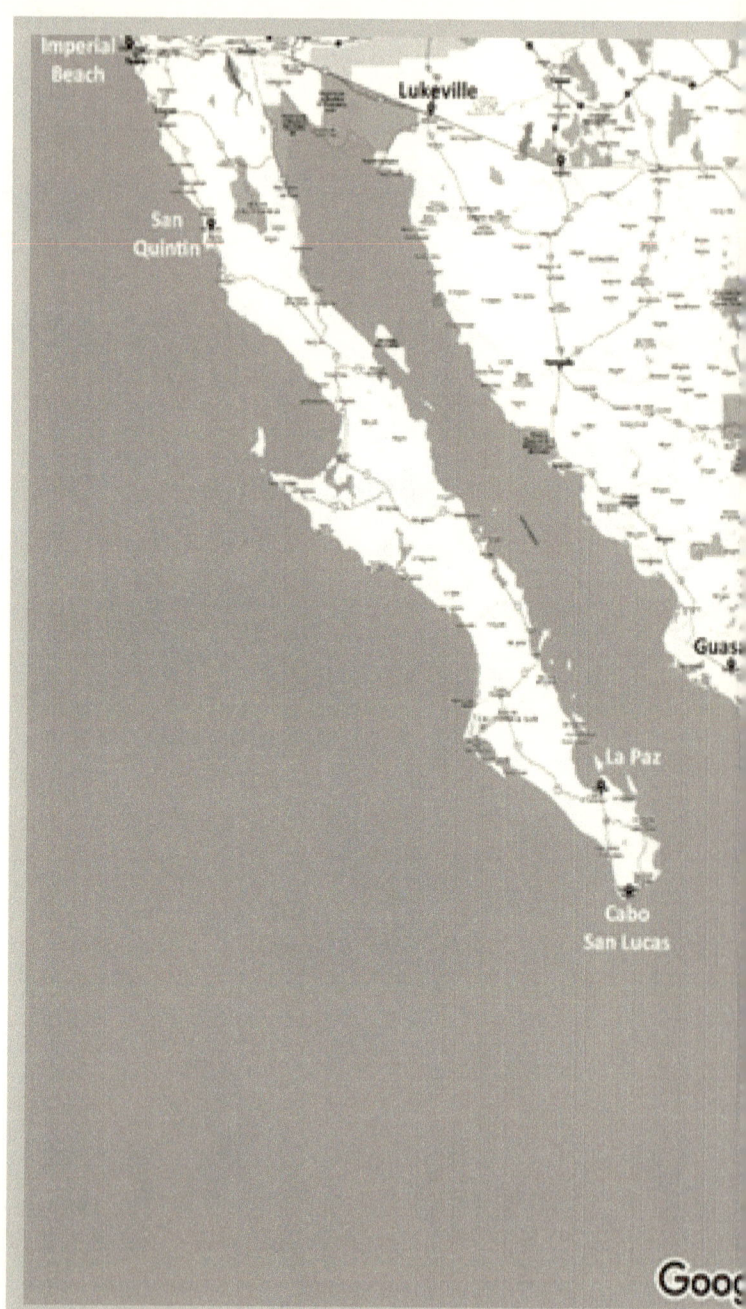

# CONTENIDO

―――――

# NOTA DEL AUTOR

Esta es una historia real. Todos los acontecimientos se cuentan tal como sucedieron, y los personajes son reales. Lo supe en ese momento: *algo* increíble estaba teniendo lugar —y ese *algo* presagiaba un propósito sobrenatural. En el espacio de cinco semanas y media, el solo hecho de «querer encajar» evolucionó hasta tomar cervezas con El Chapo. Guardé documentos, notas y fotografías, pero temía compartir dicha información hasta que vencieran los distintos plazos de prescripción. En todo ese tiempo llegaron una esposa y dos hijos impresionables, y esta historia permaneció oculta, no fuera que descubrieran lo *mierda* que había sido a mis veinte años. Mientras tanto, el legado de nuestras fechorías nos alcanzó a cada uno de nosotros y, una a una, *esas* cuentas se fueron saldando.

Abróchese el cinturón y agárrese bien. Usted irá «de copiloto».

# CAPÍTULO 1

---

## DIECINUEVE SURFISTAS.
## CATORCE APARTAMENTOS.
## UN VIEJO EDIFICIO EN LA PLAYA.

### «Heartbreak Hotel», «The Crib», «Stud Estates», también conocida como «La Mansión»

Es un asco aparentar ser alguien que no eres; siempre al margen, mirando a los demás. Crecí siendo un *rarito* introvertido (incluso mis profesores me llamaban «empollón») y estaba desesperado por escapar de la crueldad de mi autoinfligido aislamiento social. Ningún exceso de alcohol, drogas o blasfemias parecía revelarme el misterio de «cómo ser *guay*». Incluso ahora, a pesar de ser un habitual de «La Mansión» durante los dos últimos años y de pasar cientos de horas haciendo surf cada día, seguían considerándome más un infiltrado que un residente. Ganarse realmente su confianza —y ser aceptado como miembro del edificio— estaba reservado a los que habían surfeado *en México. Baja California* no era suficiente. Me refiero al *Continente; cuanto más al sur, mejor.* Había dos clases de residentes: los que habían surfeado en México continental y los que deseaban hacerlo. Los primeros eran la envidia de los demás y todos querían estar cerca de ellos. La gente les admiraba. Salir

1

a surfear con uno de ellos era como el aprendiz que sigue a su maestro. En el orden jerárquico de los surfistas, conocido como la «alineación», el resto de nosotros les cedíamos la primera posición. Conseguían las mejores olas y a las chicas más guapas. Tío, eran *lo más*. Quería «molar» como ellos, y pensé que *este* era mi billete para conseguirlo.

Durante los últimos días, un gran bullicio había llenado de energía el edificio. «*Moose*» (cuya traducción literal equivale a «Alce») y «*Jelly*» se preparaban para un viaje al continente. Sí, todos teníamos apodos. No como «*Moon Doggie*» o «*Gidget*». Esos son patéticos. Nuestros motes eran geniales..., excepto quizá el mío. Tiempo atrás me etiquetaron como «Paul E. *Óptero*», y con *ese* me quedé. Sospecho que fue porque consideraban que «revoloteaba» en torno a los residentes de alto nivel muy a menudo, para ser un tío *guay*. Aun así, era mejor que el apodo de mi vecino. La mañana en que fue bautizado como «Pies apestosos», su nombre de pila, John, fue enterrado para siempre.

*Moose* había estado en el continente. Dios, había estado en todas partes. *Era* tan *guay* que incluso había estado en la cárcel unas cuantas veces; la mayoría de ellas por asuntos de drogas, hasta donde yo sabía. *Jelly* no había estado. En el continente, quiero decir; no en la cárcel. Aun así, *debió* de ganarse sus privilegios de alguna otra forma. Tal vez fuera por su fachada —excesivamente seguro de sí mismo—, o por la ristra de corazones rotos que arrastraba de chicas guapas. Sea como fuere, Jelly también estaba entre los «machos alfa» del lugar.

Los dos eran algo más mayores que yo, que tenía veintiún años. *Moose* era un maestro de la manipulación; supongo que todo fue idea suya, y me enredaron desde el primer momento. Me *dejaron* oírles planear su aventura, sabiendo que haría cualquier cosa para que me incluyeran en su plan. Pero resultó que ninguno de los dos tenía un vehículo para llevar a cabo el viaje. (Más tarde supe que habían intentado la misma treta con todos los que, en *La Mansión*, poseían un vehículo lo suficientemente aceptable; y yo era, literalmente, la última opción viable en *todo* el edificio). Me tomaron el pelo como auténticos profesionales. Les convencí de que mi furgoneta VW de 1966 era perfecta para el viaje. Tenía un equipo de música *de muerte*, con seis altavoces, amplificadores dobles y un *subwoofer* lo bastante potente como para hacer bailar los cubiertos sobre la mesa abatible que sostenía el hornillo. Había aprovechado el congelador de un viejo frigorífico y lo había transformando en una nevera, disimulada bajo la cama de matrimonio hecha a medida. Mi furgoneta era tan guay que incluso tenía un nombre y una matrícula personalizada: 1DRBUS, también conocida como «*Wonderbus*». Yo era demasiado ingenuo como para darme cuenta de que me estaban utilizando como una herramienta necesaria, así que se lo puse *a huevo*. Un vendedor de coches, hambriento por cumplir la cuota, no podría haber sido más persuasivo ni estar más entusiasmado cuando se cerró el trato. *No sólo me incluían en el viaje, ¡era mi furgoneta la que lo hacía posible! Si esto no me otorgaba un estatus de primera categoría, no sé lo que lo haría.*

Empezaron a filtrarse algunos detalles importantes sobre el viaje. Iba a ser un *safari surfero* de dos meses, adentrándonos casi tres mil kilómetros en las escarpadas selvas costeras del sur de México. Tenía un trabajo a tiempo completo (y ni de lejos el dinero para cubrir semejante viaje), pero echarme atrás ahora sería sepultar mi imagen de tipo *guay*. Y eso es lo que dio lugar a una noche de sábado como cualquier otra noche de sábado.

Solo que *jodidamente* diferente.

## ¿Me permite su pedido, por favor?

Había convencido a mi mejor amigo, «*Perro*», para que fuera mi cómplice. (Su apodo, «Perro cachondo», se había ido transformado con los años para acabar siendo sólo «Perro». Cómo se había ganado el mote, lo dejaré a su imaginación). Él y yo habíamos sido enemigos acérrimos en secundaria, donde yo le llevaba un año de ventaja por haberme «saltado» el tercer curso. Nos conocimos en el taller de carpintería de primera hora. Yo estaba en octavo curso y era el «ayudante de taller» (es decir, «la mascota del profesor»), y Perro era el payaso consumado de la clase. Mi trabajo consistía en asegurarme de que todas las herramientas manuales estuvieran guardadas, las máquinas limpias de serrín, y los suelos barridos al final de la clase, y me tocaba asignar dichas tareas a los de séptimo curso. Me tomé la carpintería tan en serio que era ayudante de taller para principiantes a primera hora, tenía taller de nivel intermedio a segunda hora, y taller avanzado de carpintería a sexta hora.

Hasta ese momento, tenía poca o ninguna experiencia al mando de nada, y Perro (que llevaba toda la vida siendo un *mierdecilla*) me hizo la vida imposible. Le asignaba la limpieza de la sierra de mesa y volvía para encontrar su superficie de corte hasta los codos de serrín, recortes y desechos; Perro sentado encima, colocando el dedo índice detrás del pulgar y chutando una bolita tras otra hacia unas porterías improvisadas. *Nada* conseguía que se tomara las cosas en serio. Sin embargo, todo eso cambió un día de 1969, cuando oyó que me quejaba a otro compañero de que éramos demasiado pobres para comprar un televisor, y que iba a tener que ver la llegada del hombre a la Luna en casa de unos vecinos.

Perro se encaró conmigo y me gritó: «¡Eh! ¿¡Qué sabrás tú de ser pobre!? Vives en esos apartamentos con piscina..., ¿y te quejas de que no tienes televisor? Toda mi vida he vivido en tiendas de campaña y nos mudábamos continuamente. Mi familia salía a recoger fruta todos los días. ¡Creía que estábamos de acampada! No fue hasta el año pasado cuando mi madre me dijo que éramos trabajadores temporeros cuando era un niño. Así que ¡cierra la *puta* boca! ¡Lo tienes todo!».

Fue en ese momento cuando Perro y yo nos convertimos en hermanos de sangre. Por fin entendí por qué estaba tan feliz y despreocupado por todo. Para él, su vida ahora era un sueño: una casa a la que podía llamar hogar; unos padres de los que se sentía muy orgulloso por lo que habían conseguido; y amistades que ahora sí podía conservar, sabiendo que no se verían truncadas por el final de otra temporada de cosecha.

Desde entonces vivimos multitud de cosas juntos, aunque crecimos teniendo diferentes perspectivas personales sobre casi todo en la vida. Él se las apañaba con tres hermanos mayores que le zurraban muy a menudo, y yo tenía tres hermanas a las que no se me permitía devolver los golpes. Era quince centímetros más bajo que yo cuando nos conocimos, pero me rebasó en el instituto, antes de que yo volviera a superarle el verano siguiente a la graduación. Vivió en la misma casa y en el mismo distrito escolar durante años. Durante ese mismo periodo, mi familia era conocida por llevar la deshonrosa *etiqueta* de ser desahuciada por no pagar el alquiler, y viví en ocho distritos escolares diferentes. Me convertí en el que no podía contar con una amistad que durase más allá de la próxima mudanza. Así que, cuando llegó el momento de intentar llevar a cabo algo que podría cambiar mi vida, Perro se convirtió en mi compañero de fechorías. Quería surfear por el continente y así era como iba a conseguir el dinero: lo robaría. Pero no directamente. Eso habría requerido unos *cojones* mucho más grandes que los míos.

Era el encargado del equipo de reposición nocturna de un concurrido supermercado de Coronado «Island», la siguiente ciudad hacia el norte. También organizaba algunos pedidos y, por supuesto, tenía las llaves de la puerta principal del supermercado. Coronado no es una isla propiamente dicha, aunque sus petulantes residentes se consideran una comunidad de primera clase. Está rodeada de agua por tres lados, y la Unidad de Operaciones de los *S.E.A.L. de la Marina* estadounidense proporciona una barrera formidable entre ellos y los indeseables que frecuentan Imperial Beach, al sur. (Incluso el gobierno federal les sigue la corriente, llamando a la base naval de Coronado «Base Aeronaval de North *Island*»). En mi tienda, *de lejos* el mejor de los dos supermercados que había en la ciudad, los pasillos siempre bullían de actividad, ya fuera por los clientes durante el día o por el equipo de reposición durante la noche. Excepto durante tres horas, una vez a la semana, en las que estaba vacío completamente: desde las 12:01 a.m. hasta las 3 a.m. del domingo por la mañana, hora a la que llegaba yo para dejar entrar al equipo de reponedores.

Había calculado cada detalle y lo había ensayado en mi cabeza unas cien veces. El plan era entrar en la tienda poco después de medianoche y tener preparado todo lo que pretendía coger —en el borde del muelle de carga trasero— a las 12:45. Desde allí, *Perro* lo volcaría todo en la parte trasera de su camioneta y luego conduciría hacia el sur los doce kilómetros de distancia hasta nuestro apartamento. Supuse que tendría tiempo para ayudarle a subir el botín a nuestro apartamento del segundo piso y que me quedaría tiempo de sobra para volver y abrir a mi equipo a las 3.

Avisé a mis colegas de *La Mansión* de que iba a hacer algunas *«compras fuera de horario»*, y me llegó una ristra de pedidos. Para mi sorpresa, incluso un par de *sus* madres se pasaron con listas. (¡No es de extrañar que el edificio estuviera repleto de desgraciados!). Les pregunté qué querían y negociamos un precio. Un golpe casual de genialidad, sin duda; estaba matando dos pájaros de un tiro: conseguía suministros para el viaje y financiaba mi parte del mismo.

El almacén siempre estaba hecho un desastre. Nadie se dio cuenta de la pila que había ido acumulando detrás de un montón de *mierdas* para la vuelta al cole. Había dispuesto cuidadosamente dos palés para que parecieran excedentes inservibles, colocando cajas alrededor de su perímetro y dejando un vacío en el centro de cada uno donde podía arrojar a toda prisa los botines más pequeños. Cuatro tandas de «pedidos extras» proporcionaron muchas cajas de productos con los que construir las paredes de los palés, cuyas bases estaban cimentadas con 30 cajas (¡2160 latas!) de atún envasado en aceite de la marca *Chicken of the Sea* (de las que más de 1400 ¡eran para la madre de Pies apestosos! Viéndolo ahora en perspectiva, supongo que debió repartir el botín entre sus amigas. A *nadie* le gusta tanto el pescado, ¿verdad?); 10 cajas (¡240 tarros!) de mantequilla de cacahuete *Jif Extra Crunchy*; suficiente café *Folgers* para abrir una cafetería... y cerveza. No hubiera parecido *guay* sin pillar algo de cerveza... Bueno, no sólo *algo de* cerveza, *mucha* cerveza. De hecho, resultó ser un palé para todo lo demás, y un palé sólo de cerveza. Había estado «comprando» durante mis turnos habituales, depositando una lata de esto o un paquete de aquello, hasta que ambos palés (contando con los encargos de mis vecinos) se llenaron del todo.

## Hazme una señal

12:35 a.m. Estoy solo en la tienda, con el corazón *a mil*, la boca tan seca que temo atragantarme con la lengua, recorriendo los pasillos mientras empujo una cesta y tiro de otra, arramblando con todo como si fuera un concursante de *Supermarket Sweep*. ¿A qué viene tanto pánico? Una vez que se corrió la voz de lo que había planeado en La Mansión, llegó una avalancha de pedidos imprescindibles de última hora, lo que provocó en mí una confusión desconcertante.

¿Es posible que haya sobrestimado mi capacidad de ofrecimiento? ¡Ay, Dios mío! ¡Iba a ser taaaan guay! ... Pero sólo si no defraudaba a nadie.

Tengo que dar la talla. Mi lista es larga y estoy decidido a completarla. Maquinillas de afeitar, pilas, crema solar, un termómetro de carne, cerveza, cecina, carretes, servilletas, golosinas, encendedores, una docena de jamones en conserva, y más cerveza. Lo amontono todo encima de los dos palés, ya de por sí sobrecargados, agarro el mango de la transpaleta y empujo con fuerza la ridículamente pesada y tambaleante primera carga hasta la puerta enrollable. 12:42. *Bien*. ¡Aún faltan tres minutos! Debería esperar para abrir la puerta. No estropees el plan. Compruebo de nuevo la hora. Todavía son las 12:42. Una gota de sudor salpica mi reloj. Mis pies van dejando brillantes huellas sudorosas sobre el suelo del almacén. ¿Cómo es posible que mi boca esté tan seca y mi piel tan húmeda? Maldita sea, qué silencio. No recordaba que los fluorescentes zumbaran así. Vuelvo a comprobar mi reloj. 12:43. ¿En serio? ¿Un minuto? ¿Un mísero minuto? ¿Qué coño estoy haciendo? Todo esto es una locura. Vale, aún no es demasiado tarde para dar marcha atrás. Todavía no he cometido ningún delito, ¿verdad? Qué marrón si me cogen. ¡Pero sería mayor faena tener que volver a colocar todo en su sitio! Y luego está lo de ser un tipo guay. *Y el* viaje a México. Tengo que hacerlo, y antes de que pierda los nervios. ¿Hora? 12:44. Al diablo con la hora, voy a levantar el portón.

*Perro* está sentado al volante de su camioneta, aparcada al otro lado de la calle, todo según lo previsto. Ya no hay vuelta atrás. Arrastro el primer palé, lo giro 180 grados y maniobro para colocarlo en su sitio —de modo que sobresalga parcialmente del borde del muelle de carga— y luego manipulo la empuñadura de la transpaleta con el mayor tiento y precisión que puedo, liberando su fluido hidráulico con un chirrido contenido, bajándola con suavidad. Así será más fácil volcar la carga en la camioneta de Perro. Una parte del palé no tiene apoyo, la madera se raja y cruje bajo la carga, amenazando con echarlo todo a perder. El ruido metálico de la transpaleta retumba cuando la suelto, perturbando la calma y el silencio de la noche. Al otro lado de la calle hay una hilera de casitas de playa, de listones de madera blancos. Seguro que alguien se queja. Tienen que escuchar este jaleo seis días a la semana, y les estoy privando de su única noche de paz y tranquilidad. Pongo el gato en posición y lo introduzco bajo el segundo palé. ¡Pum! ¡Pum! ¡Pum! ¡Pum! No hay forma de hacerlo sin hacer ruido. Sería irónico que nos detuvieran por alteración del orden público. Este es sobre todo de cerveza. ¿Será la ley más estricta por robar cerveza que por robar atún enlatado y mantequilla de cacahuete? De nuevo, el palé pesa tanto que tiembla y se tambalea como si fuera a suspender un test de alcoholemia. No está siendo fácil. Giro la carga demasiado deprisa y me retuerzo, presa del pánico, hacia el lado izquierdo, intentando evitar que caiga una amenazadora pared inclinada de cerveza. ¡Dios Santo, me tiemblan las manos!

Retiro el gato y levanto el pulgar hacia donde está *Perro*. Él asiente y me devuelve el saludo con la mano izquierda. Bajo la puerta y la cierro. 12:50. Cinco minutos más y *Perro* estará en la carretera con nuestro botín. Es *mi* plan y está funcionando a la perfección.

Algo me *chirría* mientras cierro la puerta principal del supermercado, apenas iluminado, y cruzo el aparcamiento vacío. Una vez acabada mi parte, debía salir de la tienda, volver a nuestro apartamento y esperar allí a *Perro*. Pero *algo* falla. Puedo presentirlo. En lugar de marcharme enseguida, me siento en la 1DRBUS, con la mirada fija en la tienda y jugueteando con las llaves, sumido en la indecisión. Mi camiseta, antes blanca, se ve translúcida y está pegada al pecho por el sudor, dejando entrever mi bronceado de surfista. Había *machacado a Perro* demasiadas veces como para contarlas. «Atente a lo planeado, no cambies nada». ¿Era yo el que no seguiría el plan trazado? Puesto que era mi plan, ¿no era también decisión mía desviarme de él un poquito? ¿Me estaba acojonando o era un momento de epifanía? 01:02. Hacía doce minutos que le había hecho una señal *a Perro* y había bajado la puerta enrollable. Ya debería estar en camino con toda la carga. ¿Qué daño podía hacer volver y comprobarlo todo? Iba totalmente en contra del plan, pero no podía dejar de hacerlo. *Tenía* que ver qué había pasado con *Perro*.

Estoy fuera del aparcamiento, en la calle; doblo la esquina y... ¡no puedo creer lo que ven mis ojos! ¡*Su* camioneta no se ha movido del otro lado de la calle! Nuestros dos palés con el botín siguen ahí, iluminados por las luces del muelle de carga ¡como si fueran las estrellas de un *puto* musical de Broadway! Presa del pánico, me pongo al lado de *Perro*. Está borracho, ¡*genial!* La cara sobre su hombro, el brazo colgando por la ventana, ¡totalmente *fuera de combate*! ¡No me había *hecho ninguna señal* ! ¡Le había visto desmayarse!

¡¡¡Perro!!!

¡¡¡¡¡PERRO!!!!!

¡¡¡MALDITA SEA, *PERRO!!!*

Está roncando y se despierta sobresaltado. Sus ojos se alinean poco a poco. «¿Qué...? No pasa nada, ¡estoy despierto! *¡Joder!* ¡Mira toda esa *mierda*!».

Estoy aterrado. Ya llevamos quince minutos de retraso. El plan se ha ido al garete.

«¡Mételo todo en tu camioneta lo más rápido que puedas! Daré una vuelta a la manzana para comprobar si hay policías. Volveré en un par de minutos y te seguiré a casa».

El barrio que rodea el supermercado está desierto esta noche. No hay coches. No hay policía. Nadie en absoluto. Debe estar pasando algo al otro lado de la ciudad. Esto está demasiado tranquilo. Que siga así. Tal vez el karma nos esté sonriendo, después de todo —pienso, mientras doy media vuelta para ver cómo va *Perro*.

*¡Mierda!* ¡He sobrestimado en exceso lo que cabría en el interior de su vehículo! Perro e*stá* en el muelle de carga, dentro de la camioneta, metido hasta las rodillas en latas y paquetes, haciendo lo posible por evitar que se desparramen aún más por el lateral... y *perdiendo la batalla*. ¿Cómo he podido cagarla? ¿Se expanden las cajas llenas de cosas cuando se descargan en una camioneta sin apilar? ¿Olvidé tener en cuenta los huecos de las ruedas? El *arsenal* imita la silueta de un camello y hace que la cama de dos metros de su camioneta parezca pequeña; ¡su doble joroba se eleva medio metro por encima de la cabina!

*Perro* me ve, justo cuando una botella de *Hawaiian Punch* de casi dos litros sale *volando* y se estrella contra la acera, no sin antes golpear estrepitosamente la camioneta.

«¡Maldita sea, *Óptero!* ¿Cómo *coño* se supone que voy a meter toda esta *mierda* en mi camioneta?» —vocifera, con voz de borrachín.

Sueno ronco y me esfuerzo por articular un susurro audible. Tengo la garganta tan seca que me atraganto cuando hablo, incapaz de completar una frase sin tragar saliva cada pocas sílabas. «¡A la *mierda*! ... ¡Llevamos mucho retraso! ... ¡Vamos...! ¡Tenemos que irnos...!».

## Hansel y Gretel

Perro arranca su camioneta y, lentamente, sube la rampa para salir de la zona de carga. Es una camioneta Ford F-250XL, elevada, de 3/4 de tonelada y tracción en las cuatro ruedas; resulta extraño verla tan sobrecargada e inclinada hacia atrás. Al llegar al nivel de la calle, Perro conduce la camioneta con cuidado por encima de la pequeña elevación donde la rampa se une con la acera. A pesar de las numerosas precauciones, una docena de latas y varios tarros de mantequilla de cacahuete se sueltan, caen de la carga «himalayanesca» y se estampan contra el suelo. El sonido es el mismo que el de un bate de béisbol golpeando una piñata llena de tarros *Mason*. Perro aminora la marcha, me mira con los ojos muy abiertos, y sacude la cabeza.

Demasiado nervioso como para tomármelo a risa, pronuncio un silencioso: «¡Vamos! ¡Vamos! ¡Vamos!».

Somos un auténtico desastre.

No sólo tenemos una camioneta repleta de cerveza y comida robadas, sino que también estamos ensuciando y alterando el orden público. Todo esto mientras conducimos por *Coronado, California* (posiblemente la ciudad costera más *estirada* del país), a la 1:20 de la madrugada de un sábado de verano. *Esta ciudad, una comunidad ultraconservadora, combate la delincuencia y la mendicidad llevándose a cualquier individuo sospechoso por el Puente de la bahía de San Diego-Coronado, de más de tres kilómetros de longitud, y dejándolo, ya fuera de su campo de visión, en el centro de San Diego. Coronado es líder nacional en multas de tráfico y detenciones por conducción bajo los efectos del alcohol. No necesitan adornos de flamencos rosas para el jardín. En una noche cualquiera, la policía tiene a gente parada «a la pata coja» por toda la ciudad, y las famosas estatuillas de jockeys de jardín bien podrían estar sujetando las esposas.*

*Perro* debe estar ya recuperando la sobriedad. Está siguiendo la ruta que elaboré para atravesar la ciudad, evitando las calles principales y, con suerte, a la policía. Se trata de una calle trasera que atraviesa la ciudad en línea recta, pero todo el mundo la detesta por las ridículamente exageradas hondonadas que hay en cada cruce.

*Uy...*

Debido, seguramente, a que he subestimado el peso de la carga o bien he olvidado lo pronunciados que son estos baches, *Perro* atraviesa el primer cruce como si fuera una montaña rusa. Una fracción de segundo después de que la camioneta toque suelo, miles de latas, tarros y paquetes levitan al unísono. Disparados hacia arriba y por encima de las dos *jorobas*. Otra vez. *¡Oh, Santo cielo!* Latas y tarros se caen por la borda por los tres lados, saltando y deslizándose sin ningún control y en todas direcciones. Una lata de jamón se estrella contra un coche aparcado, dejando tras de sí una brillante huella en forma de herradura sobre la puerta del conductor; un pegajoso estornudo de «zumo de jamón» adorna la ventanilla. Obscenas manchas de mantequilla de cacahuete, engalanadas con cristales rotos, recorren la camioneta. Un *banco* de latas de atún ametralla un trío de brillantes cubos de basura metálicos junto a la acera. Al otro lado de la calle, las luces intermitentes de la alarma y el claxon de un coche anuncian nuestro paso. Las cervezas estallan por todas partes a mi paso: *géiseres* de espuma amarillenta llenan el aire y parece que estamos siendo atacados por grupos prohibicionistas. Con el limpiaparabrisas de repente funcionando, el aire apesta a una *pésima* fiesta de fraternidad universitaria.

Con un repentino respeto por las hondonadas, *Perro* ralentiza la velocidad a paso de peatón en las siguientes ocho o diez intersecciones. Sin embargo, la carga sigue tambaleándose y agrupándose como si fuera un juego de las sillas para productos envasados. Las latas y tarros más rebeldes continúan su migración hacia los laterales de la cama de la camioneta, precipitándose más tarde como lemmings suicidas. Ya casi hemos atravesado la ciudad y giramos junto al edificio de la *Unidad de Operaciones Especiales de los S.E.A.L. de la Marina.* Por fin podemos acelerar hasta alcanzar una velocidad *de crucero.* Pasamos por delante de la caseta de vigilancia de la puerta principal del edificio. Justo en ese momento, la tapa de un *pack* de doce cervezas, colocado sobre el portón trasero, se abre de golpe, y una ráfaga de latas cae en cascada, como si fuesen cargas de profundidad lanzadas desde la popa de un destructor contra un submarino enemigo. Veo cómo uno de los guardas militares nos señala al otro.

¡SOMOS UN DESASTRE!

Los siguientes ocho o nueve kilómetros nos llevan a lo largo del estrecho istmo de arena que separa la bahía de San Diego del océano Pacífico. Es un tramo oscuro y desierto, y la policía tiene mejores cosas que hacer un sábado por la noche que patrullarlo. Momentáneamente libres de peligro inmediato, observo que la luz trasera derecha de *Perro* está fundida. Increíble. Otra botella de *Hawaiian Punch* de dos litros salta de la camioneta e impacta con fuerza contra los bajos de la 1DRBUS, el golpe seco resonando bajo mis pies. Seguro que a estas alturas alguien está siguiendo el rastro de comida y cerveza que hemos dejado a nuestro paso. Cada salpicadura de lata rota en el asfalto dibuja una flecha inequívoca hacia la escena del crimen. Somos unos modernos *Hansel y Gretel*, guiando a cualquiera que se interese directamente a nuestra puerta. Como mínimo, sabrán que salimos de la ciudad en dirección sur, hacia Imperial Beach, porque estamos señalando nuestra ruta por la única carretera que llega hasta allí. Peor aún: no hay ningún otro coche en la carretera que reduzca las probabilidades de que nos identifiquen como únicos culpables.

## La furgoneta sacrificada

Una última curva; falta menos de un kilómetro. ¡No puedo creer que nos vayamos a salir con la nuestra! *Perro* se desvía hacia el arcén durante unos segundos para luego recuperarse y rectificar. El leve volantazo levanta una nube de polvo y lanza otro popurrí de mercancías por la borda, reduciendo aún más nuestro botín. Algo me llama la atención en la oscuridad, más adelante; me esfuerzo por distinguirlo. ¡MIERDA! ¡Es un coche de policía! En dos años, ¡nunca había visto un coche patrulla en ese lugar de noche! De día, sí. Es un conocido escondite desde donde realizan controles de velocidad. *Pero, ¿a estas horas?* Veo la lucecita roja de su radar apuntándonos al pasar y compruebo inmediatamente mi velocidad. Noventa kilómetros por hora. Bien.

¡Mierda! Acaba de encender las luces y está entrando en la autopista, detrás de mí. ¡Mierda! ¡Mierda! ¡Mierda! ¡Mierda! ¡Mierda! Se acerca a una distancia de un par de coches detrás de mí. No creo que Perro se haya dado cuenta todavía. Tengo que pensar. No quiero ir a la cárcel. ¡No puedo ir a la cárcel! ¡¿Qué estoy haciendo?! ¡Esto ha sido una idea estúpida! Vale, tengo que pensar... Se me ocurre una idea. Si me choco con algo tendrá que parar para ver si estoy bien, y Perro podrá escapar hasta casa. ¿Y si Perro no se da cuenta de que me he estrellado a propósito y también se para? Eso sería una faena. Sacrificarme por Perro y que sea en vano. Tengo que hacerlo. No podemos caer los dos. Prefiero ir al hospital que a la cárcel... creo. Sí. Eso es. Me desviaré a la derecha si el policía se nos echa encima. Me pregunto si pensará que he estado bebiendo. Mi furgoneta apesta a cerveza. Me juego algo a que puede olerlo desde donde está. Es imposible que no me pare.

Cuatrocientos metros y estaremos fuera de Coronado. ¡JODER! ¡Acaba de encender las luces rojas y azules! Respiro hondo y me preparo para un choque inminente. El coche patrulla se desplaza hacia mi izquierda tan rápido que lo pierdo de vista durante una fracción de segundo, y me asalta la duda. Me sobrepasa en un abrir y cerrar de ojos, acelerando por el carril de adelantamiento en dirección a Perro.

¿Por qué no lo he hecho? Todo sucede tan rápido que, de repente, estoy confuso. Vale, aún puedo estrellarme justo cuando se ponga detrás de Perro. Tendrá que parar... ¿no? No pasaría por alto un vehículo en llamas —si lo ve desde el retrovisor— para perseguir a un tipo que únicamente tira basura... ¿verdad?

Una vez más, me preparo para el impacto. Uno, dos, tres... ¡Espera! ¡¡¡Acaba de adelantar también a Perro!!! El policía avanza por la carretera otros cien metros, da media vuelta y se aleja en dirección norte, con la sirena y las luces rojas y azules centelleando. ¡Responde a una llamada de Coronado!

¡Dios mío! Me pregunto si no le llamaron para que fuera a investigar un montón de latas tiradas en la carretera. Creo que me acabo de orinar encima. ¿Quién se va a dar cuenta? Estoy empapado en sudor, pero aún respiro. Los dioses me sonríen. Hemos conseguido llegar a nuestro barrio.

Nuestra ciudad, Imperial Beach, es conocida como un pequeño y pintoresco callejón sin salida costero, oficialmente célebre por ser «la ciudad más al suroeste de los Estados Unidos continentales». *Menudo chollo*. La verdadera reputación de IB es la de ser «la capital de la metanfetamina en EE.UU.». Nos referíamos a ella irónicamente como «la playa venérea, donde los despojos se juntan con el mar». Nuestros policías eran como clones de Barney Fyfe; nuestros modelos de autoridad, los Hells Angels.

Por fin estábamos en casa y éramos libres.

# CAPÍTULO 2

---

# PREPARADOS… LISTOS…

## Más que preparado

Nunca estuve en los *Boy Scouts*. Mi padre decía que interfería con mi trabajo en su negocio de armarios para altavoces. Pasé un par de años como *lobato*, y habría hecho lo que fuera por participar en la liga infantil de béisbol, pero cuando cumplí los nueve años, mi padre se hartó de que *malgastara* mi tiempo. Las horas que no estaba en la escuela y los fines de semana eran para trabajar. Gané diez céntimos a la hora hasta los doce años, y luego cobré el doble hasta casi los quince. Siempre me pagaban «a cuenta» (*cuenta con que te pagaré después…*). Mi madre llevaba el libro de contabilidad al día. Mi padre no se molestaba en ocuparse de esas cosas, y no creo que confiara en mí para hacerlo. Yo comprobaba mi saldo cada semana, pensando que algún día tendría ese dinero. Supongo que el mero hecho de creer que tenía dinero «a cuenta» en alguna parte me hacía sentir bastante bien.

Una tarde de junio, cuando tenía unos once años, golpeé accidentalmente el coche de mi padre mientras hacía el payaso con mi mejor amigo de entonces, Charlie Brown. (En la actualidad está muerto. Heroína. Pero sí, ese era su verdadero nombre). En ese momento, mi saldo contable pasó de 94,30 $ a -5,20 $. (Haga la cuenta. Es algo así como *mil horas* acumuladas desde los nueve a los once años. Tuve que trabajar cincuenta y dos horas sólo para volver a *cero*).

Por aquel entonces, mi padre tenía un palo favorito con el que removía la pintura y la mezclaba con resina. Con el paso de los años, alrededor del palo se había formado una capa dura y gruesa, compuesta a su vez de varias capas de material seco. Lo que empezó siendo una vara de madera de tres centímetros cuadrados por cuarenta y cinco centímetros de longitud, ahora era una porra redondeada y tenía el diámetro del mango de un bate de béisbol. Mis posaderas la conocían muy bien. Incluso por ofensas sin importancia, como descuidar una tarea o pedirle algo por segunda vez cuando ya había dicho que «no», se ganaban inevitablemente uno o dos porrazos. Sin embargo, esa tarde oí a mi madre al teléfono; entre lágrimas, suplicaba a mi padre que se calmara antes de ir a recogerlo, evidentemente asustada por lo que pudiera desencadenar sobre mí. Cuando colgó el teléfono, me dijo que le había prometido que no me pegaría, pero insistió en que me llevara con ella, supuestamente para darme una buena reprimenda.

Cuando nos detuvimos nos estaba esperando, palo «resinoso» en mano. Mi madre se interpuso entre él y yo, y le suplicó: «¡Jack! ¡Prometiste que no le pegarías!».

Él la apartó. «Sólo voy a darle una pequeña muestra de lo que *debería* recibir», y empezó a darme en el trasero y en la parte posterior de las piernas hasta que estuvo demasiado cansado como para continuar.

No fui a la escuela durante unos días, incapaz de caminar más de un par de pasos; mis pantalones vaqueros se pegaban a las ampollas de mi piel. Lo de sentarse estaba descartado. Mi piel lucía una sucesión de cardenales morados, rojos y negros entrelazados, desde la parte superior de la raja del culo hasta la parte posterior de las rodillas. ¿Suficiente? No para *mi* padre. También me impuso una «restricción» de tres meses. Ahora sé que *restricción* para muchos niños se traducía en «Nada de montar en bicicleta» o «Nada de televisión». *Joder*, habría matado por tener una bicicleta o un televisor del que estar privado. De hecho, mi familia había estado privada de tales lujos desde que tengo uso de razón. No. *Restricción*, para mi padre, no significaba «privarte de algo». Era del tipo: «Lo único que vas a hacer este verano es trabajar para mí».

Y eso es exactamente lo que hice. Como tenía que ir y volver de su tienda con él, estaba atrapado y obligado a trabajar las mismas horas que él. Mientras todos mis amigos estaban felizmente liberados de la escuela, en la calle, construyendo fuertes, persiguiendo conejos o jugando en la playa, yo cortaba material aislante, clasificaba y embolsaba herrajes, recogía serrín y pintaba la parte trasera de los armarios. Sólo me hablaba para decirme qué debía hacer a continuación. Diez horas al día, seis días a la semana. (Afortunadamente, mi madre me llevaba a la iglesia los domingos, muy a pesar de mi padre —ateo convencido).

Era un *cabrón* en todos los sentidos, pero aprendí *algo* importante viéndole dirigir su negocio, y eso me lleva de nuevo a los *Boy Scouts*. Sabía cómo estar preparado. Mi padre me lo había inculcado: estar preparado era *algo más* que estar listo para las cosas que esperas que ocurran. Para él, la preocupación y la negatividad eran paradigmas a partir de los cuales uno practicaba verdaderamente la «preparación». El axioma «Espera lo mejor, pero prepárate para lo peor» no se le escapó a mi padre. Según su filosofía, que ocurriera lo peor —*y* estar preparado para ello— era el punto culminante por el que uno debía esforzarse.

Faltaban tres días para que partiéramos hacia México y era ligeramente consciente de que había sucumbido a la falsa idea de haber cubierto todas las necesidades posibles para nuestro viaje al sur. Con todo, me preparaba obsesivamente ante cualquier eventualidad que pudiera surgir.

*Veamos... tres mil kilómetros de ida y otros tantos de vuelta, otros mil quinientos kilómetros de exploración in situ, condiciones de polvo... Una lata de aceite de motor debería bastar. Hmmm... Tengo un carburador extra; me lo llevo. Bomba de gasolina extra, distribuidor... nunca se sabe. ¿Bujías, bielas, condensador, bobina? No hay duda que valga. Me lo llevo todo.*

Tenía una *puñetera* tienda de repuestos VW a bordo. Para mí, la organización es todo un arte. Había crecido recogiendo la *mierda* de mi padre todos los días, y ahora me ganaba la vida reponiendo estanterías. Es lo mismo que hacer un puzle: un lugar para cada pieza y cada pieza en su lugar.

Como Moose y Jelly eran responsables de organizar sus propias cosas, di por hecho que la responsabilidad de las necesidades «compartidas» recaía sobre mí. Además, era *mi* vehículo y no podía esperar que nadie más pensara en todo lo que podríamos necesitar. Moose y Jelly creían que una pastilla compartida de jabón Ivory podía servir de champú, de detergente para la ropa, de jabón para la vajilla, lo que fuera. *Aficionados. ¿*Yo? *Yo* tenía muestras de productos de todo tipo, desde aspirinas hasta dentífrico —un centenar de *trofeos* en miniatura de mi fiesta de «compras fuera de horario»—, crema de afeitar, gel, champú, acondicionador, tiritas y hasta *kits* de costura. Una docena de cada debería bastar. Tenía los refrigerios y los almuerzos más que resueltos: ocho docenas de barritas energéticas, un montón de cecina, un bote de mantequilla de cacahuete y atún enlatado «para parar un tren».

*Guau*, ¡Moose y Jelly van a pensar que soy un tío increíble!

Cualquier cosa, y me refiero a cualquier puñetera cosa, que pudiéramos querer o necesitar para este viaje... lo tenía, y mucho más.

## Padre sustituto

Pensé que nos haría falta una nevera. Aunque la 1DRBUS disponía de una nevera integrada, seguramente necesitaríamos una adicional exclusivamente para la cerveza, ¿o no? Y no había duda de a quién podía pedirle una prestada. En nuestro barrio, cuando necesitabas algo que no tenías, siempre podías contar con el garaje «todo incluido» del padre de Racoo.

El Sr. Recker era ingeniero o algo parecido y, junto a la Sra. Recker y «Nanna» (la abuela de Racoo), vivían en una espaciosa casa de estilo *rancho* en la playa, justo enfrente de La Mansión. El Sr. Recker era genial. De hecho, yo albergaba la fantasiosa idea de que él deseaba, en secreto, que *yo* fuera uno de sus hijos. No es que Racoo fuera un mal tipo ni nada de eso; sencillamente, no era lo que uno consideraría un tipo con ambiciones. Racoo fumaba hierba, hacía surf, fumaba hierba, comía, fumaba hierba, tocaba su guitarra, fumaba hierba, y se echaba siestas... Se lo daban todo hecho. Su habitación estaba frente a la playa; su cama estaba colocada de tal manera que sólo necesitaba abrir los ojos para comprobar el oleaje. La Sra. Recker le preparaba la comida, le lavaba la ropa y le hacía la cama. Era la típica «Harriet Nelson».

Racoo y el cachorro de la familia,
«Max», compartiendo un plato de espaguetis.

Ahora que lo pienso, el asunto entre el Sr. Recker y yo probablemente era recíproco. Le habría elegido a él antes que a mi padre sin pensarlo un segundo. No por la casa frente al mar, o la libertad frente a las responsabilidades; aunque eso también me hubiera gustado... No, el Sr. Recker me trataba como si fuera *valioso*. Quería que me fuera bien en la vida. Vivía la vida según el principio de que «hay pastel de sobra para todos», y creía que el hecho de buscar la abundancia para todo el mundo, a la larga, resultaba más rentable que acaparar en beneficio propio, sin preocuparse por quién podía estar sacando más provecho que él. Su «filosofía del éxito» me resultaba tan difícil de aceptar completamente como imposible de descartar.

Una tarde, el Sr. Recker estaba dando vueltas en su garaje y me llamó para que me acercara.

«Hola, Paul».

«Hola, Sr. Recker».

«Paul, el otro día os vi, a ti y a alguno de los chicos, con palos de golf. ¿Juegas mucho?».

«No, aún estoy aprendiendo. Fuimos a hacer un *pitch-and-putt*. Es divertido. Creo que le estoy cogiendo el *tranquillo*».

«¿Tienes tus propios palos?».

«Sólo necesitábamos un *sand wedge* y un *putter*. El pequeño Ricky compartió sus palos conmigo, pero dice que tengo que comprarme los míos si quiero volver a ir con él». (Rick había dejado de crecer cuando llegó al metro y medio, y odiaba que le llamaran «pequeño Ricky», pero el Sr. Recker conocía a ese *llorica* por su nombre, en lugar de por «Tampón Taylor», el apodo que todos usábamos para referirnos a él).

Me escuchaba atentamente. Tuve la sensación de que estaba meditando. Sin esperar a que terminara, levantó la mano, poniendo su dedo índice en señal de «silencio», y me dijo que me quedara ahí un momento. Sacó las llaves del bolsillo, volvió a hacerme una señal por segunda vez con la mano libre, y dio la vuelta hasta la parte trasera de su coche; abrió el maletero y sacó su bolsa de golf de su rincón habitual.

«Paul, quiero comprarme un juego de palos nuevo este fin de semana. ¿Te gustaría aprovechar estos viejos, si llegamos a un acuerdo sobre el precio?».

Jugaba al golf varias veces a la semana y poseía un precioso juego de palos (de los caros). En el fondo, yo sabía que prefería pasárselos a Racoo. Pero, por desgracia para el Sr. Recker, su hijo se pasaba el día haciendo surf, fumando hierba, tocando la guitarra y durmiendo la siesta, lo cual dejaba poco tiempo para el golf.

«¡*Vaya*, Sr. Recker! ¿Habla en serio?» —me sorprendí preguntándole. «*Ehh ... errr ... bueno ... uhh ...* ¿cuánto pensaba pedir por ellos?».

Seguramente vio el entusiasmo escurrirse de mi rostro, antes de decir: «Bueno, pagué cuatrocientos dólares por todo el juego hace un par de años, y supongo que aún debe valer la mitad de eso».

Antes de que pudiera responderle, continuó: «La cosa es que... A decir verdad, no me gustaría renunciar a mi *putter* de la suerte». Con exagerada reverencia, sacó de la bolsa un *putter* muy deteriorado y lo dejó a un lado. «Pero... creo que podría dejar el resto del juego por, digamos... ¿Qué te parecería *veinte* dólares?».

Le compré los palos. El Sr. Recker los custodió una semana hasta que le entregué el segundo de los dos pagos de diez dólares previstos en nuestro acuerdo, sellado con un apretón de manos. Cuando por fin me los entregó, me pasé toda la tarde limpiándolos y puliéndolos. A partir de ese momento, cuando no estaba utilizándolos, los palos ocupaban su rincón de honor en mi dormitorio. Después de la 1DRBUS, esos palos de golf fueron probablemente lo más preciado que tuve jamás. Así que, cuando tuve que buscar una nevera extra para el viaje, empecé por el garaje del Sr. Recker. Fiel a su estilo, insistió en que me llevara su nevera Coleman «de toda la vida», de acero, roja y blanca; y también un par de linternas, y el juego de utensilios de cocina para acampada de la familia.

## No importa la apariencia

Barry era un surfista nómada neozelandés que se había «adherido» recientemente a La Mansión. No creo que nadie le invitara nunca a quedarse, pero llevaba semanas acomodándose en uno u otro sofá. Tal vez fuera porque su pelo rubio a lo *Ricitos de Oro*, su apariencia juvenil o su inconfundible acento de los «bajos fondos» atraía a las chicas —y estas solían viajar en parejas. Era fácil aceptar a un tipo que siempre aparecía con una chica de más. *Yo mismo* compré cervezas para cuatro más de una vez. Es un milagro que no hubiese más «Barrys» por la zona. ¡Qué personaje!

Me gustaba Barry porque tenía una furgoneta VW de 1966 como la mía. Bueno, «como la mía» en el sentido más general. La mía podría haber salido de una sala de exposiciones. La de Barry tenía pinta de ser un proyecto de recuperación procedente del desguace local. La 1DRBUS incluía pintura personalizada, parachoques cromados, cortinas a juego, interior revestido de madera, cama de matrimonio, nevera integrada, hornillo plegable y un equipo de música de la *hostia*... La furgoneta de Barry ni siquiera tenía asiento de copiloto.

La vida no es justa; no podía evitar pensarlo, cada vez que Barry aparecía con un par de «tías buenas» sentadas entre los harapos y restos de envases de comida rápida que poblaban la parte trasera de su furgoneta. *Joder*, yo apenas conseguía que una chica asomara la cabeza por mi ventanilla para echar un simple vistazo. Pero *esa* tarde tenía un aire muy distinto. Mi espalda estaba recta y mi pecho henchido, pues por fin era alguien a quien envidiar. ¡Salíamos hacia el continente por la mañana! Cada centímetro cuadrado de la 1DRBUS brillaba como una joya al sol, mientras la pulía con una capa final de ceras *Turtle Wax* y *Armor All*. Estaba empañando con mi aliento una mancha persistente en el parachoques delantero cuando Barry situó su furgoneta junto a la mía.

«¿Cómo te va, amigo?» —me preguntó, con la atención claramente puesta en otra cosa.

*«Ya vamos a México en la mañana para dos meses».*

Oye, yo también podría presumir del escaso español que conozco...

Sin prestar mucha atención, Barry abrió la doble puerta del lado del copiloto de su furgoneta para enseñarme algo... *pero, ¿qué?* De repente vi a dos bellezas, sentadas con las piernas cruzadas entre un montón de desperdicios de todo tipo. Se lo repetí a Barry de nuevo, esta vez en inglés y articulando cada palabra de forma alta y clara, para estar seguro de que las chicas podían oír perfectamente lo *guay* que era:

«Amigo... *Moose, Jelly y yo* nos vamos al sur por la mañana. ¡Estamos hablando de dos meses en el continente, colega!».

No queriendo desviar la atención demasiado, y conociendo de sobra nuestros planes, Barry apenas se inmutó. *«Bien por ti,* amigo. ¿Tienes alguna *birra* fría para mis amigas?».

Pasando de largo a Barry, la más atractiva de las dos chicas se acercó a mí y me dijo atropelladamente: «¡Vaya! ¿Al continente durante dos meses? ¿Estás contento?».

¡Ajá! —pensé para mis adentros con satisfacción. ¡Es la «aventura» lo que atrae a las chicas!

«Sí. Estoy totalmente entusiasmado». ¿Eso es lo mejor que se me ocurre? ¿Por qué mi cerebro se atrofia cuando estoy cerca de una chica guapa? Obviamente le gusto, ¿no? Tengo que hacer algo para mantener su atención. Le hice un gesto señalando las puertas abiertas del lado del copiloto de mi furgoneta.

«Mira lo preparado que estoy». No me extraña que esté solo. Qué idiota.

«¿En serio? Déjame ver».

¿Estás de coña? Oye, ¡quizá le van los empollones torpes!

Empecé a decir algo más, pero ella me cortó.

«¿Dónde están las cervezas?».

Así que se trata de eso. Sólo me está utilizando. Vaya, ella y Barry son tal para cual. Pues ahora mismo no estoy para esas gilipolleces. Mi nevera cargada hasta arriba de cervezas heladas es para el viaje, no para estos payasos.

«La verdad es que tengo que seguir haciendo cosas. Ya sabes... limpiar mis ventanas y todo eso... *eh*... quizá en otro momento». Sonaba totalmente patético, pero, ¿por qué iba a importarme?

«No te preocupes, *tío*. Ya vemos lo ocupado que estás presumiendo de tu vehículo, *pero*...». Barry se giró y miró su propia furgoneta *de mierda* de arriba abajo, mostró una sonrisa dientuda a las chicas, se inclinó hacia mí, y en un susurro lo suficientemente alto como para que lo oyéramos todos, dijo: «Pero recuerda esto, amigo... Lo que importa no es la *apariencia*, sino cómo *funciona*».

Las chicas cogieron a Barry del brazo y se alejaron los tres, en busca de otro candidato, *con* cerveza, para poder montar una fiesta.

¿Quién es el presumido ahora? Barry y sus ligues ocasionales ya me han mangado bastante.

Además, tengo trabajo.

De izquierda a derecha: Racoo, Barry, y la madre de Racoo, poniendo a punto la furgoneta VW de Barry. Hay que reconocer que era un tipo listo. No sólo reconstruyó su motor *en* la casa de los Recker, y *con* las herramientas de los Recker, sino que también convenció a la Sra. Recker para que le echara una mano. Me apuesto algo a que se hizo político en Nueva Zelanda.

## Los puntos de inflexión del karma — Strike 1: La cámara

Al igual que la gota que colma el vaso, incluso el karma tiene un punto de no retorno. *Si pasas de ese punto, lo pagarás en el infierno, habrá sanciones, dolor infligido...* En mi caso, creo haber reconocido el punto de inflexión. No estoy seguro de que Moose o Jelly lo hicieran en algún momento. Está claro que sabían que algunas de las cosas que hacían estaban mal, pero no les daban importancia; las consideraban «*tonterías* de las que salían impunes». No creo que ninguno de ellos se planteara nunca la posibilidad de que Dios (o el cosmos) llevara la cuenta. (Una noche, *colocado* y sintiéndose filosófico, Moose bromeó conmigo diciendo que «tenía derecho a pifiarla un par de veces, siempre que no lo pillaran», y yo no hice nada para disuadirle de esa idea suya). La transgresión que se convirtió en *mi* punto de ruptura kármico, creo, fue *la cámara.*

Viéndolo en retrospectiva, fue el propio karma, ofreciéndome una salida en el último momento. Una última oportunidad para hacer lo correcto... o no.

No conocía al tipo personalmente. Se hacía llamar «Dan-O». Dijo que era amigo de «Pop-fish», uno de los eruditos patriarcas de La Mansión. Dan-O era adicto a la heroína. Un adicto en toda regla, «robaba a su propia abuela para conseguir una dosis», *escoria* de la sociedad. Y aquí estaba, de pie en mi apartamento, obviamente con el *mono*, y aferrado a una mochila mugrienta. Apenas podía entenderle. Pura palabrería. Un hilo de conciencia *por rachas*, un balbuceo apenas coherente que recordaba a Tom Petty con un *colocón*...

«*Tío*... he oído que te vas a México con mis hermanos, *tío*».

Qué cabrón. ¡Este es el último tipo en el mundo que quiero que sepa que voy a estar fuera un par de meses! Gracias, Poppy.

«*Ya*... tengo una cámara, *tío*. La conseguí en La Jolla ayer... quiero decir... esta mañana... sí, esta mañana, *tío*».

Tenía temblores y tartamudeaba al hablar. Una gota de moco transparente crecía bajo su nariz, preparándose para saltar.

«Mírala, *tío*. Pop-fish dice que te gusta hacer fotos... ya sabes, *tío*... dice que tú... dice que quieres hacer una película de surf o algo así».

Con poco entusiasmo, empecé a hacerle gestos para que se fuera, pero la curiosidad me pudo cuando posó su mochila sobre la mesa de la cocina. No dijo ni una palabra. No creo que pudiera hacerlo; parecía perdido. Sus manos no se movían en sincronía con su cerebro. Me di cuenta de que tenía «dedos de vagabundo» —piel visiblemente oscurecida por el sol— y unas uñas toscas y crecidas con Dios sabe *qué* incrustado bajo ellas. Estaba peleándose con la cremallera. Con un único y preciso movimiento, Dan-O dejó el forcejeo, giró la cabeza y se limpió la nariz con el hombro, evidenciando la camisa su costumbre de dicha práctica. Perdiendo la batalla de ingenio contra la cremallera, la miró con frustración y empujó la mochila hacia mí.

«Ábrela, *tío*... ya verás... es lo que... ya verás... la he conseguido esta mañana, *tío*».

La verdad es que no quería seguir participando en este juego y mi lenguaje corporal me delataba. Con el puño aporreando la mesa, Dan-O repitió una torpe cadencia para dar énfasis al momento, *achinó* los ojos, ladeó un poco la cabeza, y se inclinó para llevar a cabo un último intento.

«Vamos, hombre... He venido desde lejos, *joder*... Pop-fish me lo dijo... tienes que ayudarme, *tío*... ¡ÁBRELO, *JODER!*».

Olía a aceite de motor usado, o a ácido de batería derramado, o a *algo así.* ¡Tengo que sacarlo de aquí!

«Tranquilo, *jefe*. ¿Quieres que le eche un vistazo? Le echaré un vistazo. No te preocupes, ¿vale?».

Tiré de la cremallera y la mochila se abrió con facilidad, asomando la mitad superior de una costosa funda de cuero para cámaras.

Mierda, tiene muy buena pinta.

Minimizando el hedor que desprendía Dan-O, percibí el agradable olor del buen cuero, y una pizca de olor a metal nuevo, un aroma particularmente familiar para mí.

Erguido y con los brazos cruzados, Dan-O se balanceaba sobre sus talones, visiblemente orgulloso de su mercancía. Como si estuviera desenvolviendo un regalo de cumpleaños que eligió especialmente para mí, suavizó su tono:

«Ábrelo, hombre... ya verás. Esos *jodidos cabrones* tienen buena *mierda*».

Ohhh, *Dios*, ... me estaba vendiendo la cámara de un pobre turista japonés. Y no una cámara cualquiera. Se trataba de una flamante cámara de cine Super-8 Nikon XL8S de alta gama, con zoom motorizado, teleobjetivo, cámara lenta y congelación de imagen... ¡La misma cámara por la que había babeado durante meses!

«También tenía un trípode, pero tuve que soltarlo, *tío*... me perseguían, *tío*... ¡Los *cabrones* casi me pillan! *Tío*, ¿crees que es verdad lo de que todos esos *mamones* saben kung fu? Estaban... como gritando *mierdas*, tío».

Levanté la vista de la cámara por un instante y observé cómo mi nuevo «amigo» se animaba de nuevo. Estaba en pleno subidón de adrenalina —reviviendo la jugada de la mañana— y se inclinó de nuevo para opinar. Una gota de moco *huidiza* no llegó a alcanzar la cámara, pero *adornó* mi mesa.

Cabronazo.

Sin inmutarse, continuó: «Pruébala, *tío*. Tiene... tiene *como* películas en *cajitas*, *tío*... Aquí, justo al lado, *colega*».

Esta vez la cremallera cooperó, Dan-O abrió un compartimento lateral y me dio un vuelco el corazón: Disneylandia, Knott's Berry Farm, SeaWorld, la boda de Kiko... Justo. Estaba claro. Pequeñas cajitas con cintas, de color rojo y amarillo, perfectamente alineadas en fila y meticulosamente etiquetadas con rotulador negro. No es de extrañar que estuvieran *tan* cabreados. No sólo les arrebató la cámara. Las cámaras pueden sustituirse. Es más, seguramente estaba asegurada. Eran sus *películas*. Unas vacaciones épicas, y una boda familiar que quedó grabada para toda la eternidad, robadas por un *vividor* de poca monta. Debían estar desolados. Sentí un gran remordimiento de conciencia e inconscientemente retrocedí.

«Eran *jodidamente* estúpidos, *tío*. Lo dejaron justo ahí, en el asiento delantero, donde cualquiera pudiera cogerlo —así, sin más *[chasqueando los dedos para enfatizar]*».

«Dame doscientos *pavos*, tío. Vale el doble».

Este tipo no tiene ni idea. Se vende por 870 dólares en Nelson's Camera, en el centro... quizá mil con impuestos, el bolso y los extras.

Me esforcé por aparentar un aire de total indiferencia, pero esta cámara tenía todo lo que siempre había soñado.

«Te daré setenta y cinco». ¿Acabo de decir eso? ¿En qué coño estoy pensando? No quiero tener nada que ver en esto. Es un acto lleno de maldad.

Mostrando de nuevo su mal carácter, alimentado por la droga, Dan-O golpeó la mesa con su mano derecha completamente abierta y me gritó: «*¡Que te jodan! ¡125 dólares o me largo!*».

«¡Cálmate, Dan-O! No tengas un *puto* infarto. Déjame echarle un vistazo más de cerca».

Claramente intimidado y haciendo lo posible para que no se notara, introduje los dedos en la empuñadura de la cámara para disimular mis temblores. Acerqué el visor al ojo y miré alrededor de la habitación. Dan-O me seguía de cerca mientras bajaba las persianas y me acercaba con el zoom motorizado al patio trasero de los Recker, al otro lado de la calle. Una imagen nítida de Max, el cachorro mastín de Racoo —lamiendo incansablemente una mancha de grasa debajo de la barbacoa—, llenó el visor.

Maldita sea, ¡me encanta esta cámara! Si no la compro yo, lo hará otro. Al menos yo la cuidaré como oro en paño.

«¿Cien *pavos*, Dan-O?».

«Vale, hombre. Cien *pavos*. Trato hecho».

Extendió la mano para cerrar nuestra negociación con un apretón de manos, y yo se lo agradecí sin mostrar excesiva efusividad.

Y ahora, ¿qué hago? Todo el dinero de mi viaje estaba escondido en el dormitorio —y parte de él se lo debía a un ladrón confeso. Peor aún, ¡uno que estaba de pie en mi cocina! ¿Le pido que salga un momento? Piensa... ¿qué hacen en las películas? Quizá deje la puerta de la habitación entreabierta mientras cojo la pasta. Sí, eso es... Sería bastante estúpido cerrar la puerta y dejarlo ahí fuera con todas mis cosas, ¿verdad? No debe parecer raro. ¡Joder! ¡Ojalá estuviera aquí Perro para cubrirme las espaldas!

«Ponte cómodo. Iré a por el dinero». Parece que le estoy pidiendo que se relaje y pase el rato conmigo. Diosss. Soy el típico tipo de «mi casa es su casa», ¿verdad?

«No pasa nada... Tengo que irme... Sólo dame el dinero, *tío*».

Di un par de pasos hacia mi habitación y, notando que me seguía, me giré y le di el «Alto».

«Mira, Dan-O, he dicho que voy a por tu dinero. Espera aquí un segundo». Señalando hacia la mesa, añadí: «Siéntate allí». ¿Tan evidente era? Joder... ¿Qué espera que haga? Sabe que es un desgraciado. ¿Le querría ÉL en SU dormitorio?

Pilló el mensaje y se quedó quieto... *más o menos*. Se balanceaba de un pie a otro, de un lado a otro, como si acabara de llegar del frío... o tuviera que hacer pis. Necesitaba acabar con esto y echarlo de una *puta* vez. Entré en mi dormitorio, abrí el armario y me pregunté si habría oído la puerta corredera... Miré por encima del hombro para comprobarlo. *Estaba* en el umbral de la puerta, apenas visible, como el asesino del hacha de una película de terror.

Bah, nos vamos en unas horas. Encontraré un nuevo escondite cuando vuelva. Mi cazadora vieja; desenrollo la capucha y ahí están: setecientos *pavos*. Ojalá no hubiera visto todo el fajo. Tratando de ocultarlo de su vista, *enredé* un poco con el dinero. Sin pensarlo, humedecí un par de dedos para que los billetes fueran más fáciles de despegar del fajo. Otra vez ese olor. ¡Dios mío, es atroz! Una imagen demasiado vívida de las manos y los dedos de Dan-O pasó por mi mente: mi estómago se revolvió. *Tengo que escupir en algún sitio.* No pude evitarlo; iba a vomitar. Envolviendo tres dedos en la manga de camisa que tenía más a mano, hice lo que pude para limpiar la *babilla* de mi lengua.

Dan-O dio un paso hacia mí. «¿Qué pasa contigo, *tío*? ¿Has visto un fantasma, *colega*?».

«Nada. Creo que me ha entrado un bicho en la boca. Sabe a *mierda*».

Extraje cinco billetes de veinte y metí el resto del dinero en el *bolsillito* lateral de mis bermudas, cerré la solapa y di un par de palmaditas para asegurarme de que el velcro se mantenía en su sitio. Me llegó otra bocanada de «eau de Dan-O». Juro que fue más que suficiente para que me llorasen los ojos. ¡TÍO, POR FAVOR! ¡Sal de mi dormitorio! ¡Tengo que dormir aquí!

«Vuelve a la cocina. Te daré tu *pasta*».

Se alejó del umbral de la puerta y buscó la cocina detrás de él, sin apartar la mirada de los cien dólares que tenía en la mano —era la viva imagen de un perro que espera su cuenco de comida. Le señalé una silla y le hice un gesto para que se sentara. Se dejó caer a *mi* orden. ¡Sentado! ¡Quieto! ¡Vuelta! ... Joder, qué mala leche tengo.

Extendí los billetes de veinte sobre la mesa, no queriendo volver a tener ningún contacto con él. Dan-O los cogió, contó el dinero en voz alta y se levantó para marcharse.

«Muy bien, amigo. Has salido ganando. Tengo que irme, colega. Un placer hacer negocios contigo, *tío*. Otro día me paso a tomar unas *birras*... Más adelante».

¿Ya somos «coleguitas»? Qué cabrón.

«Sí, claro, hombre. Muy bien».

La puerta principal se abrió y recibí una ráfaga de despedida de *su hedor*. En un acto reflejo, me tapé la boca y la nariz con la mano. Ajeno a la insolente ofensa, se marchó con ánimos renovados.

En cuanto se cerró la puerta, volví a la cocina y me lavé las manos y la cara con detergente para lavavajillas. Sentí que necesitaba una ducha y una muda de ropa limpia, pero todo lo que pudiera ponerme en ese momento ya estaba empaquetado en la 1DRBUS para nuestro viaje. Ahora sólo estábamos mi flamante cámara nueva y yo. El sentimiento de culpa me atenazó de nuevo. No podía apartar los ojos de la ordenada hilera de cajitas rojas y amarillas que había sobre la mesa. Con un equipo así, las películas *tenían* que ser buenísimas. Ese tipo sabía lo que se hacía.

La fría realidad me dio un bofetón. ¿Qué voy a hacer con sus películas? Mi conciencia me impedía tirarlas, sin más. *Eso estaría mal a todas luces.* ¡Esas personas habían recorrido medio mundo para hacer esas películas! ¿Debería intentar encontrar al propietario, de alguna manera? No…, eso sería muy estúpido. Me arrestarían. Quizá si lo hago poco a poco se me pase el sentimiento de culpa. Se impuso la lógica *enrevesada*. De forma automática, y uno por uno, retiré los precintos y abrí cada rollo a plena luz, exponiendo las películas sin revelar. No parece que se estropeen cuando les da la luz. Pero ocurrió en un nanosegundo. Sabía que esto me colocaba directamente en la misma liga *de mala muerte* que Dan-O, pero no había marcha atrás. *Ya* estaba hecho. Totalmente arruinadas, las películas podían ir directas al cubo de la basura. Después de todo, ya no le sirven a nadie, ¿no es cierto? *Me sentí una auténtica basura.*

Tengo que quitarme esto de la cabeza o afectará a mi viaje a México.

## Los puntos de inflexión del karma — Strike 2: Homicidio imprudente

Acababa de calentarme unos restos de espaguetis cuando Perro irrumpió por la puerta.

«Moose mató a alguien el año pasado». Lo soltó como una *bomba*.

«¿Qué?».

«No fue a propósito ni nada por el estilo. Pero sí, mató a su novia en un accidente de coche. Acabo de enterarme. Me lo ha dicho Jelly. Óptero, ¿recuerdas cuando nos mudamos aquí al principio y tenía la mandíbula destrozada?».

«Sí, sabía que había tenido un accidente grave, pero...».

«Bueno, el resto de la historia es que estaba hasta el *culo* de pastillas y estrelló su coche contra un árbol en *Bonita Road*. Mató a su novia al instante y *jodió* a las otras dos personas que iban en el asiento trasero».

«Me estás vacilando».

«Qué va, *tío*. Le declararon culpable de homicidio imprudente el mes pasado, y tiene que presentarse mañana para su ingreso en prisión. Está en libertad bajo fianza».

«Pero, nos vamos a México por la mañana ...». Estaba *muy* confuso. «¿Quieres decir que se está *escaqueando*?». Mi voz se quebró como la de un niño prepúber en «*escaqueando*».

«Sí. Y *tú* eres su transporte al otro lado de la frontera, Paul».

Vaya, Perro había utilizado mi verdadero nombre. Nadie usaba nombres reales en La Mansión. Ni con los padres. Ni con las novias. Ni con los jefes. Esto era muy serio.

Intentado asimilar la situación, me dejé caer hacia atrás en el sofá, revolviendo la pasta gelatinosa con el tenedor. «De nuevo..., ¿qué iba a hacer?».

«Moose mató a una persona y ahora te utiliza para huir a México. ¿Qué parte de *eso* no entiendes?».

Me quedé paralizado. El tema de *Tonight Show*, proveniente del viejo televisor en blanco y negro de mi dormitorio, era surrealista. Una mezcla inconexa de pensamientos se agolpó en mi mente. Me di cuenta de que había estado conteniendo la respiración durante *quién* sabe *cuánto* tiempo. Mirando fijamente a mi mejor amigo en busca de alguna señal, esperé a que algo rompiera el pesado silencio.

«Eso es mentira, Perro. ¿Por qué le habrían dejado libre todo este tiempo?».

«Jelly me dijo que el abogado consiguió que se aplazara su encarcelación hasta que le quitaran los alambres de la mandíbula y pudiera comer bien. No estoy bromeando, Óptero. Será mejor que reces para que mañana no te pillen llevando a Moose al otro lado, o irás a la cárcel con él».

«¿Qué puedo hacer?». *Vaya, parezco tonto.*

«No lo sé. Decidas lo que decidas, estás *jodido*. Moose te matará si te echas atrás ahora, e irás a la cárcel si te pillan llevándotelo».

Perro no estaba siendo dramático utilizando el término *«matar»*. No estaba muy alejado de la realidad con su resumen del aprieto en el que me encontraba. Moose tenía el físico de un defensa y la actitud de un *pitbull* rabioso. Era el mejor tipo al que tener de tu lado y el peor con el que estar enemistado. Todos lo tolerábamos porque su mera presencia en el agua mantenía a todos los demás surfistas alejados de «nuestra rompiente». Una mañana interrumpió un concurso estatal de surf en la playa, arremetiendo y gritando a cada uno de los concursantes hasta que salían del agua. Un pobre infeliz se mantuvo «en sus trece». Moose se abrazó a él, bajó hasta el fondo y lo retuvo allí hasta que estuvo a punto de ahogarse. Los organizadores retiraron sus carpas, recogieron sus trofeos... y *eso* fue todo.

«¡*Maldita sea*, Perro! Si no me lo hubieras dicho, no lo habría sabido».

«La ignorancia no es excusa para la Ley, Óptero. Tú me lo enseñaste, ¿recuerdas?».

Mi mente era un hervidero y tardé un segundo en interpretarlo. «Querrás decir: La ignorancia de la Ley no es excusa».

«¿Lo ves? Estoy en lo cierto. Estás *jodido*».

Empecé a responder: «Si no hubiera sabido que Moose estaba infringiendo la ley viajando conmigo...». Con un suspiro, me rendí. «Tienes razón. Estoy *jodido*».

Perro extendió su mano derecha, me agarró del hombro y, con fingida empatía, me dijo: «Oye, ¿para qué están los amigos? Y... ¿*qué* vas a hacer?».

La suerte estaba echada. Mis alternativas eran poco agradables, pero claras como el agua. Si abandonaba a Moose y a Jelly ahora, estaba *jodido*, simple y llanamente. También podía empezar a buscar un nuevo sitio donde vivir. Si me la jugaba «colando» a Moose a través de la frontera, había un cincuenta por ciento de probabilidades de que pasáramos desapercibidos.

«No le digas a *nadie* que sé lo de Moose, ¿vale? Tienes que prometerme que lo mantendrás en secreto».

«Entonces, ¿te vas a ir?».

«Nos iremos por la mañana».

Satisfecho de haber cumplido su misión, Perro se fijó en la cámara que estaba a mi lado en el sofá. Le hablé de la visita de Dan-O y de que era robada, pero nunca dije una palabra a nadie sobre las películas. No necesitaba sentirme aún más culpable. No, ese secreto sería sólo *mío*, y me oprimía el corazón mientras terminaba mis, ya fríos, espaguetis.

Hurgar en tus armarios y comerse tu comida era una forma de socializar para Moose. Su familia le guardaba un dormitorio en su casa, a cincuenta kilómetros al este de San Diego, pero él encarnaba la versión estadounidense de Barry, el neozelandés (salvo por el acento y las chicas guapas). Vivía de sofá en sofá y de armario en armario de *casi* todo el mundo en La Mansión.

# CAPÍTULO 3

---

## ... YA

**«Hola, Dios».**

Eran las dos de la madrugada y hacía un par de horas que había renunciado a dormir. La culpabilidad y la energía nerviosa provocaban un flujo constante de preguntas que me asaltaban sin descanso. Me preguntaba si en el supermercado ya se habrían dado cuenta... ¿Podía haber hecho algo para devolverle las películas a ese pobre hombre? ¿De verdad podría ir a la cárcel por llevar a Moose al otro lado de la frontera?

Un escalofrío me recorrió de arriba abajo, tratando de despertar de aquella pesadilla. Tío, estoy completamente fuera de control... ¿en qué coño estaba pensando? Cualquiera de esas cosas haría que me arrestasen y me jodería la vida. Me pregunto a quién demonios estoy intentando emular —o caer bien— que me tiene haciendo cosas completamente estúpidas. ¿A Moose? ¿A Jelly? ¡No quiero acabar como ninguno de ellos! En estos momentos, Moose sólo tiene dos opciones: ir a la cárcel o huir de la justicia. Tiene veinticinco o veintiséis años, y *ahora mismo* no le envidio en absoluto. ¿Y el negocio de plantas imaginario de Jelly? ¿No lo echará de menos, si se va durante dos meses? Por no hablar de su plan para importar lima mexicana, o de la siguiente idea descabellada que todavía tiene que lanzar al mundo... Tiene veinticuatro años, es camarero a tiempo parcial, ¡y eso es lo más destacado que ha hecho! No creo que nadie tenga ni idea de cómo se las apaña para pagar el alquiler cada mes.

Rodé fuera de la cama, comprobé en silencio la puerta de mi dormitorio para asegurarme de que la había cerrado con llave, y me dirigí a la ventana para bajar la persiana. ¡Me moriría de vergüenza si alguien viese lo que estoy a punto de hacer! Bah, ¡qué coño! De rodillas, junto a mi cama, me lie un poco al principio... «Oye, Dios... o sea... Querido Dios... eh... he estado metiendo mucho la pata últimamente, y lo siento mucho... de verdad. No lo digo por decir ni nada de eso, ¿vale?». No creo que esto esté yendo demasiado bien. «*Eh...* Sólo quiero que sepas que me doy cuenta de que no puedo seguir haciendo cosas malas, y que voy a parar antes de hacer algo *realmente* malo, ¿de acuerdo?». Ojalá me pudiera echar un cable para comunicarme mejor con ÉL. «Bien, lo que intento decir es... Dios, si por favor pudieras ayudarme a mantenerme a salvo en este viaje a México y, *eh...* volver de una pieza..., prometo no volver a hacer ninguna de las idioteces que he estado haciendo últimamente».

¡PUM! ¡PUM! ¡PUM!

«¡Óptero! ¡Saca tu *culo* de la cama! Es hora de irse». Moose estaba en la puerta de mi habitación.

Oí cómo rechinaba el pomo. «¡Vamos, Óptero! Estamos viendo tu luz encendida. ¡Vámonos ya!». Jelly también estaba allí.

Bueno, vamos allá. Oh, sí... *«Amén, Dios».*

Cuando abrí la puerta, fingí un bostezo y me froté los ojos. «¡Dios! ¡Me habéis dado un susto de muerte!».

Moose levantó la mano izquierda, sosteniendo una de esas «bolsas de la compra» de plástico y malla tejida que los mexicanos utilizan para todo. Estaba a reventar con un par de aletas, un tubo, unas gafas de bucear, unos *shorts* y lo que parecían dos o tres rollos de papel higiénico. Llevaba puestas las andrajosas sandalias *huaraches* con las que hacía todo excepto surfear y dormir, y una camiseta amarillenta y raída idéntica a la que yo había usado para sacarle brillo a mi furgoneta la tarde anterior.

«El resto de nuestra *mierda* está junto a tu furgoneta. Dame tus llaves para que pueda echar todo esto en la parte de atrás».

La 1DRBUS estaba escrupulosamente organizada. Un lugar para cada cosa y cada cosa en su lugar. Lo último que quería era que alguien *echara* algo detrás.

«Si estamos listos para irnos, estamos listos para irnos. Vamos, os enseñaré dónde poner vuestras cosas».

«¿Qué *passssaaaaa*, Paul E. Óptero? ¿no confías en nosotros?» —preguntó Jelly, en el lenguaje incomprensible de *Los Tres Chiflados*.

«Qué va, *tío*. Venga, ¡vayámonos ya!».

Era obvio que los dos llevaban ya un buen rato levantados, preparándose para el viaje. Unas gruesas cuerdas elásticas de color negro amarraban sus tablas de surf a la baca del techo y el resto de su equipaje estaba tirado, formando dos montones cerca de la puerta del copiloto de la 1DRBUS. Uno de los montones estaba compuesto por lo que cabría esperar de alguien que se dirige a un país tercermundista durante los próximos dos meses: saco de dormir, tumbona, mochila, bolsa de deporte, gafas, aletas, tubo; y una especie de lanza con una goma de látex atada en el extremo, llamada *cabestrillo hawaiano*. El otro montón no era exactamente lo que podríamos llamar un «montón». Una vieja manta enrollada y atada con un trozo de cuerda de cáñamo deshilachada, una bolsa de papel marrón hecha trizas, y una vieja caja de cartón sin tapa. Antes de que pudiera adivinar de quién era cada cosa, Moose cogió el saco de dormir y se metió bajo el brazo la caja de cartón.

«¿Qué llevas en esa caja, Moose?».

Jelly intervino antes de que pudiera reaccionar: «Revistas *guarras*. Moose dice que son un seguro si encontramos Federales, pero en realidad sólo quiere hacerse *pajas* dentro de tu furgoneta».

«Vete a la *mierda*, Jelly. Ya te hablé de los puestos de control, Óptero», dijo Moose, sosteniendo en la mano una revista muy manoseada. «Si les das a los Federales un par de *estas*, serás su mejor amigo. Allí abajo no pueden conseguirlas. Va contra la ley enseñar pelo o *algo así*… No sé… Sólo sé que funciona. A mí me han sacado de algún que otro aprieto».

Pregunté lo más evidente: «Si no pueden conseguirlas, ¿no podríamos tener problemas por tenerlas?».

«Probablemente, pero no te preocupes. Son mejores que el dinero en efectivo para sobornar a los Federales. Confía en mí».

Sí, «confía en mí», viniendo del tipo que no ha dicho nada de utilizarme para librarse de la cárcel esta noche. Sí, seguro que sí.

«De todos modos, no las quiero a la vista, así que métfor debajo de la cama, ¿vale?».

Mientras tanto, Jelly había terminado de guardar su equipaje y se había subido al asiento del copiloto, en la parte delantera.

«¡Copiloto!».

«¡Solamente hasta que crucemos la frontera, Jelly!» —soltó Moose, y luego se quedó pensativo antes de añadir: «*Eh*… que…

tengo que enseñar a Óptero cómo llegar a la autopista de peaje una vez que hayamos pasado la frontera».

Sí, claro. Querer esconderse en la parte de atrás cuando crucemos no tiene nada que ver, ¿verdad?

Moose gruñó y musitó en voz baja, intentando meter su caja de pornografía en el armarito de debajo de la cama. «*¡Joder, Óptero!* ¡Tienes tantas *porquerías* aquí abajo que no hay forma de meter esta caja! ¿Para qué sirve esta *puta* cosa?».

Con un *«ufff»* seguido de un fuerte golpe, echó a un lado el gato, encajó su *tesoro* en el hueco, y cerró la puerta del armario.

«¡Esa *puta* cosa es nuestro gato, Moose! Por si pinchamos o algo».

*¡Joder!* Te preocupas demasiado. Si no lo traes, seguro que no nos hace falta. ¡Busca otro lugar donde meterlo si estás tan *jodidamente* empeñado en tener problemas!».

Y allí estaba yo, meciendo el gato, con las manos extendidas como si de una ofrenda se tratara, reflexionando sobre lo que había dicho Moose, y que, ciertamente, no había absolutamente ningún sitio para meterlo, a menos que lo pusiéramos bajo los pies.

«Vuelvo enseguida». Por una vez en mi vida, voy a esperar lo mejor y voy a prescindir del gato.

Subí las escaleras de dos en dos hasta mi apartamento y apoyé el gato contra la pared, justo detrás de la puerta de mi habitación; volví a bajar, saltando los tres últimos escalones. Estaba de vuelta en la 1DRBUS en treinta segundos, pero no fui lo bastante rápido. Solamente se veía el trasero de Jelly, inclinado sobre la ventanilla abierta —del lado del copiloto— del coche de su novia, al otro lado de la calle.

«¿Qué pasa con Jelly?», pregunté a Moose, que tenía los codos apoyados en el respaldo de mi asiento, su enorme cabeza tapando la mía, en la ventanilla del conductor.

«Pues... Sherri le está diciendo que no puede irse... o algo así».

Tomando aire con fuerza, vociferó —rompiendo el silencio de la noche: «¡¡Vamos, Jelly!! ¿¿Vienes o no??».

Jelly se incorporó, se giró y gritó: «¡Cállate, Moose! Tengo que ocuparme de algo».

Sherri estaba visiblemente destrozada. Le caían lagrimones por la cara, sollozaba, y no hacía nada por ocultarlo.

«Ten un poco de educación, Moose. Quiero decir... ¡*joder*! Sherri parece como si acabara de enterarse de que alguien ha muerto o algo así. ¡Déjalos en paz, tío!». Me sentí momentáneamente orgulloso de haberme enfrentado a Moose. Nadie lo hacía sin que hubiera consecuencias.

Jelly se apartó de la ventanilla y yo oí cómo decía en voz baja algo que sonó como: «*Lo que tú digas. Tengo que irme...*».

«¡*CABRONAZO*!», gritó Sherri, como si acabara de descubrir algo terrible o de sufrir una herida mortal. «¡ME LO PROMETISTE! ¡*Cabrón*, espero que te mueras por ahí! Lo prometiste... Lo prometiste... *tú*...». Sus sollozos superaron su capacidad de hablar con coherencia y se derrumbó sobre el volante. «*¡E...E ... Er ... Eres un...c...ca...cabrón!*».

Sin mirar ni una sola vez hacia atrás por encima del hombro, Jelly llegó a la 1DRBUS y abrió la puerta del copiloto, con semblante serio y apagado. «Vamos... Larguémonos de una *puta* vez».

El sonido *pop-pop-pop-pop* entrecortado del motor del viejo Volksy anunció una extraña caída del telón de la escena, mientras avanzábamos y nos alejábamos lentamente de La Mansión.

**6,66 dólares.**

La frontera estaba a diez minutos en coche desde La Mansión. Conduces algo menos de un kilómetro hacia el norte. Stop. Giras a la derecha y conduces hacia el este durante otros tres kilómetros. Giras hacia la autopista, conduces otros cinco kilómetros hacia el sur, y ya estás en México.

Jelly se quedó con la mirada fija, observando a lo lejos, a través del espejo retrovisor de su ventanilla. Moose estaba tumbado boca abajo sobre la cama, con los pies colgando del extremo más cercano a la parte delantera; tenía la cabeza apoyada en las manos, como si se hubiera acomodado en el suelo del salón para ver la televisión; y parecía concentrado en el paisaje del vecindario, que se desvanecía poco a poco por la ventana trasera. Llevábamos cinco minutos de viaje, estábamos a punto de salir a la autopista y nadie había dicho ni una sola palabra hasta el momento. Sumidos en nuestros propios pensamientos, creo que ninguno se dio cuenta del ostensible silencio.

«Tenemos que parar en el *Speedy Mart* y repostar». Mi voz rompió el mutismo y, con él, la tensión latente.

«¿Estás de *coña*? ¿Aún no has echado gasolina?», espetó Moose desde la parte trasera, sin cambiar de posición.

«No te preocupes. Quiero repostar con gasolina de calidad antes de cruzar la frontera. Pronto no tendremos más remedio que echarle esa mierda de PEMEX. El supermercado está abierto. ¿Alguien necesita *algo*?».

«Sí, claro. ¿Qué vamos a tirar por la borda para hacer sitio?».

Aunque se estaba haciendo el *listillo*, mientras entraba en la tienda a pagar la gasolina pensé que Moose tenía toda la razón.

El local estaba vacío, salvo por el dependiente.

«Surtidor tres. Aquí tiene diez dólares, pero sólo cuesta unos seis llenarlo...», dije, dejando el billete sobre el mostrador.

«¿Se dirigen a México?». Creí reconocer al empleado; seguramente lo había visto en la playa. «Parece que los dos están listos para un largo viaje».

«Sí. Bueno, somos tres. Hay otro detrás». ¿Por qué le he dicho eso? Es decir... Moose se esconde en la parte de atrás para que yo pueda colarlo a través de la frontera y evitar que vaya a la cárcel, y estoy largándolo todo... Demasiado tarde, maldita sea.

«*Guay*. Oye, yo os he visto a ti y al otro chico en la playa. Es Jelly, ¿verdad?».

Asentí y continuó: «¿Y tú quién eres?».

*Odiaba* esta parte. «Me llaman Óptero».

«¿Cómo?».

«Óptero. Paul E. Óptero. Es un nombre estúpido, pero así me llama todo el mundo».

«¿Qué significa?».

«No lo sé. Oye, ¿has acabado ya?».

«Sí, claro». Rompiendo el contacto visual, su voz se debilitó y mostró un atisbo de decepción.

«Buen viaje».

Por fin. El pobrecillo debía de estar aburridísimo trabajando en ese turno, pero no era mi trabajo hacerle compañía a las tres de la mañana. Pensé que me había librado de él y me volví hacia la puerta.

Justo cuando la empujaba, volvió a interpelarme. «Eh, Óptero... No me has dicho quién es el tercero.

Quizá también lo conozca».

Lo único que quería era poner gasolina y ponernos en marcha. ¿Quién es este tipo? ¿el puto Comisionado de Transparencia?

«Volveré a por el cambio en un minuto». *Está bien. Si el cambio no es demasiado, se lo dejaré. No, serán al menos tres o cuatro dólares. Tendré que pensar en algo que decirle cuando vuelva a por ello. Una cosa es segura: no puedo decirles a los chicos que he metido la pata hasta el fondo.*

Dos dólares... tres dólares... cuatro dólares... Así se hace, ¡sigue así! ¡Nunca pensé que estuviera deseando que la factura fuera lo más alta posible! Cinco dólares... Seis dólares... La pistola no hizo el *clic* correspondiente y el combustible se derramó por el surtidor y goteó por el lateral. No cabía ni una sola gota más. Con la pistola del surtidor en la mano derecha, estiré la mano izquierda y accioné la palanca de apagado. Me quedé helado al ver los números que aparecían en el sucio y amarillento cristal del surtidor: 6,66 dólares. ¡Ni de coña voy a dejar que esto acabe en 6,66 dólares!

La 1DRBUS tenía un par de ventanillas de ventilación a cada lado, que se abrían sólo unos centímetros; lo suficiente como para proporcionar algo de aire a las personas que viajaban en la parte trasera. Metiendo la nariz en el hueco de la más cercana al surtidor, pregunté: «*Eh*, Moose, comprueba si las latas de gasolina de ahí dentro están llenas».

El grueso guante de *catcher* de Moose aplastó un fardo de trapos y descorrió bruscamente la cortina, arrancándola parcialmente de su soporte. Gruñendo y quejándose (tenía cierta habilidad para hacer que cada movimiento pareciera una ardua tarea), hizo una mueca y se acercó lo suficiente como para que su nariz topara con el cristal. Su agitada respiración empañó la impoluta ventana.

«¡*Joder*, Óptero. Tú sabrás si están llenas o no. ¡Has empaquetado y desempaquetado todo diez *putas* veces!».

«Necesito tu ayuda durante dos segundos. Mira a ver si las latas se pueden llenar un poco más. Este *puto* surtidor se ha parado en seis sesenta y seis, y no voy a dejarlo así. Es un mal presagio. Es el número del diablo».

Moose, que obviamente estaba perdiendo la paciencia, gritó: «¡¡ÉCHALE GASOFA AL PUTO SUELO, SI TE DA LA GANA... PERO PONGÁMONOS EN MARCHA DE UNA VEZ, COJONES!!».

... *¡Cojones!!!!* ...resonó a través del aire fresco del amanecer. De puntillas, todo lo alto que pude estirarme, conseguí ver por encima de mi furgoneta, espiando a mi nuevo amigo, el autoproclamado «Comisionado de Transparencia»; estaba con las manos ahuecadas en la ventana interior, para evitar así deslumbramientos, con la vista fija en nuestra dirección. Era hora de irse.

Dos *clics* rápidos de gatillo, y diez céntimos de gasolina quedaron desparramados sobre el cubo de basura de la isleta de surtidores, ya de por sí rebosante de envoltorios de comida rápida y de toallitas de papel de color azul. Espero que el tipo de dentro no me haya visto hacer esto. El surtidor marcaba 6,76 dólares. Ya a salvo, coloqué la pistola en el surtidor y me subí de nuevo al volante. A la mierda el cambio; nos piramos de aquí.

Arranqué rápidamente y salimos disparados por la acera hasta la calle. Al pasar por encima del bordillo, la furgoneta se tambaleó, dando un bandazo que me recordó a los de la camioneta sobrecargada de Perro, unas noches *atrás*. No es de extrañar, pensé para mis adentros... la mitad de toda esa carga está aquí ahora... ¡más nosotros tres!

### En la frontera

Siempre me había sorprendido la actitud excesivamente informal de los guardias fronterizos mexicanos. La sensación que transmiten es que no les importa demasiado a quién, o qué, estás introduciendo en su país; una vez que estás (o está) *dentro*, ellos son los *propietarios*.

Sin embargo, me preocupaba que esta vez fuera distinto. Con un solo vistazo a la 1DRBUS, nadie dudaría de que se trataba de una larga excursión hacia el sur. Tablas de surf apiladas en la baca. Ruedas traseras inclinadas hacia afuera, dejando al descubierto el secreto de la evidente sobrecarga transportada en el interior. Y no hacía falta ser muy espabilado para percibir el nerviosismo escrito en la cara de Jelly o en la mía.

La verdad es que nunca me lo había planteado así, pero, ¿se supone que las señales de «Frontera más adelante» de las autopistas sirven *como* de aviso... o para aumentar la ansiedad de los —ya de por sí nerviosos— delincuentes?

## ÚLTIMA SALIDA DE EE.UU. ANTES DE FRONTERA INTERNACIONAL

Nuestros faros iluminaron los blancos letreros reflectantes. Se diría que los carteles de advertencia *nadaban* hacia nosotros en medio de la noche, cada uno de ellos flotando en un fondo de color azul oscuro.

## NO SE PERMITEN ARMAS DE FUEGO EN MÉXICO

Puestos en fila, uno detrás de otro, cada letrero aumentaba de forma patente la tensión.

## FRONTERA INTERNACIONAL.
## TODOS LOS CARRILES SE DETIENEN DELANTE
## PARA INSPECCIÓN

Ver a los guardias de cháchara en la caseta siempre me ha parecido una escena muy poco ortodoxa. Un asentimiento distraído. Un movimiento de mano apenas perceptible para que sigamos nuestro camino. ¿Lo hacen deliberadamente? ¿Esperan que te detengas y les preguntes si ya ha acabado la «inspección»? ¿Es una táctica que tiene por objeto descartar a los más «nerviosos»?

## QUEDA ABSOLUTAMENTE PROHIBIDO DAR
## MEDIA VUELTA

Con un gruñido y un *«ufff»*, Moose se recolocó en el suelo, detrás de mí.

«Deténgase *sólo si* el guardia se lo ordena».

*«¿Qu..?»*. Me detuve en mitad de sílaba. Faltan 50 metros. No hay tiempo para protestar.

## FRONTERA INTERNACIONAL
## SALIDA DE EE.UU. - ENTRADA EN MÉXICO

No había prácticamente nadie cruzando a México a esa hora, un viernes por la mañana. Los conos estaban colocados para convertir los cuatro carriles en uno solo. La caseta de la Policía Fronteriza apenas era más grande que una cabina de peaje, pero dos guardias —enfrascados en una animada charla— ocupaban el lugar. Un tercer agente estaba colgado de la puerta haciendo dominadas. Se descolgó, avanzó unos pasos hasta la acera y se interpuso en nuestro camino, a medida que nos acercábamos.

«Tengo que parar, Moose. El guardia está bloqueando el paso».

Me devolvió un apenas audible *«¡Shhh!»*. Quizá no debería estar hablando con Moose, ya que intenta pasar desapercibido, ¿no? O quizá el imbécil debería haberme dicho que le estaba ayudando a eludir la cárcel y huir a México, ¡ANTES de llegar a la frontera!

Cuando estaba a unos quince metros, apagué los faros. Cualquier cosa para evitar cabrear a estos tipos.

Uno de los dos agentes *encajonados* dentro de la caseta gritó algo en español al policía que se interponía en nuestro camino. Su compañero se asomó desde dentro y le lanzó un archivador lleno de papeles. Con los ojos puestos en nosotros, la carpeta le golpeó de lleno en el pecho y se estrelló contra el suelo. Los papeles se esparcieron, provocando las risas de sus compañeros.

Nuestro hombre se volvió y, en la quietud de la noche, se le oyó claramente arremeter contra los demás:

*«¡Cállate! ¡Pinche pendejo!»*. Para mayor efecto dramático, el archivador lleno de papeles permaneció en el suelo mientras se alejaba de nuestro carril y regresaba a la cabina. Señalándoles con el dedo índice, espetó: *«¡Ustedes besan mi culo!»*.

No era fácil adivinar quién estaba al mando; ahora, los tres guardias se estaban peleando de verdad. Seguí rodando con cuidado para no aplastar el archivador con mis neumáticos; el parachoques delantero ocultaba ahora los papeles desperdigados. Nos estaban ignorando. Sin estar muy seguro de qué hacer a continuación, miré por encima del hombro y dediqué una expresión de desconcierto a Moose.

*«¡Vamos, vamos, vamos, vamos!»*, susurró, moviendo la muñeca con el dedo índice extendido, para mayor énfasis.

Jelly le secundó con una ráfaga de mini-asentimientos que se podían interpretar igualmente como tics nerviosos.

*Aquí no pasa nada...* Aflojé el freno, solté suavemente el embrague y avancé silenciosamente, aunque a una velocidad más lenta que la de un peatón. Nunca nos llegamos a detener del todo. Los ojos de Jelly y los míos estaban pegados a nuestros respectivos retrovisores laterales, esperando cualquier indicio de que nos fueran a perseguir, pero los guardias seguían absortos en su discusión, ignorándonos por completo. Ahora, a unos sesenta metros en territorio mexicano, era el momento de cambiar a segunda marcha la 1DRBUS. Con las luces aún apagadas, nos adentramos silenciosamente en la oscura madrugada de Tijuana.

«¿Qué *cojones* estaban diciendo, Moose?» —Jelly abrió la boca por primera vez desde que abandonamos La Mansión.

«*Cállense, malditos imbéciles*» y «*Pueden besarme el culo*». (Dejamos que Moose se encargase de la traducción del *puto* mexicano).

Moose, que nunca se detiene en el pasado (ni siquiera cuando ese *pasado* fue hace tres minutos), saltó al presente con un «*¡Nos vamosssss! ¡*Enciende las luces y ese *equipazo* de música que tienes, Óptero! Nos vamos a La Ticla». Esta vez sin gruñir, puso su enorme cabeza entre la mía y la de Jelly y soltó un profundo y liberador: «¡SSÍÍÍÍÍÍÍÍÍÍ!».

Demasiado aturdido como para pensar, puse el volumen al máximo y pulsé *play*; ya había preparado la canción *Born to Run*, de Bruce Springsteen, antes de irme a la cama la noche anterior.

Los tres creíamos conocer la letra al dedillo, pero ninguna versión sonaba igual. Sin más preocupaciones, la cantamos lo mejor que supimos. Los subidones de adrenalina y las preocupaciones de los últimos días nos estaban pesando seriamente, y nuestras cabezas necesitaban un descanso. En ese momento éramos tres críos libres de responsabilidades, y nuestras sonrisas de oreja a oreja reflejaban un alivio colectivo. Ninguno de nosotros tenía la menor idea de lo que se nos venía encima —esos serían los últimos momentos que disfrutaríamos de total despreocupación—.

Probablemente fue mejor así.

# CAPÍTULO 4

---

# ADVERTIDOS

### Frijoles a la luz de la linterna

Durante la siguiente hora y media, recorrimos la autopista de peaje hacia el sur, a lo largo de la costa de Baja Norte. Jelly había vuelto a quedarse callado, pasando la mayor parte del tiempo mirando por la ventana. Moose lo zarandeó en un momento dado, intentando animarlo. Pero Jelly es Jelly y, cuando se calla, sólo él sabe cuándo volverá. Tampoco es que Moose y yo estuviéramos charlando. Excepto por el tiempo que tardamos en darle la vuelta a la cinta de casete en el equipo de música, habíamos estado *rocanroleando* todo el camino hacia el sur; primero con *The Boss* y luego con *Lynyrd Skynyrd*.

Un ensordecedor duelo de guitarras marcó el *crescendo* final de la versión en directo de «*Free Bird*», de catorce minutos y treinta y ocho segundos. El clamor de la multitud se fue desvaneciendo cuando superamos una pequeña pendiente de la autopista y aparecieron las primeras luces diseminadas de Santo Tomás.

«Tengo hambre. Vamos a por unos tacos». (Moose *siempre* tiene hambre).

«¿Tacos? ¿Antes del desayuno?» —pregunté.

«Ahora estás en México, Óptero. Los tacos *son el* desayuno». ¡Jelly *por fin* habla! Tal vez su inexplicable enfurruñamiento haya terminado.

«Son las cuatro y media de la mañana. No habrá nada abierto». Yo soy capaz de conducir durante horas sin comer ni orinar, y me parecía demasiado pronto para parar.

«Vamos, hay un pequeño restaurante en la carretera principal que siempre está abierto. Comida de verdad, al estilo Santo Tomás. Te diré dónde tienes que aparcar». El énfasis de Moose cuando pronunció la última frase hizo inútil cualquier objeción.

«¿Qué tiene de especial la comida mexicana de Santo Tomás?».

«Lo que tiene de especial es que ahora estamos *en* Santo Tomás, y Jelly y yo tenemos hambre. «*¡Eh!* ¡Ahí está! ¡Aparca allí!».

«Lo que tú digas».

Moose tenía razón sobre lo de que el lugar estaba abierto. El local estaba justo al lado de la carretera, iluminado como una sala de bingo abierta toda la noche, con dos hileras de luces y un cartel rojo anaranjado de «Abierto 24 Horas» en la ventana, parpadeando de forma intermitente. A pesar de la ostentación de luces de neón, era un lugar minúsculo, la parte delantera de una modesta casa convertida en comedor para viajeros.

Asomándose por un hueco en el rótulo de la ventana, un hombre canoso de unos setenta años nos vio entrar y se dirigió hacia la puerta. La abrió de par en par y nos dio la bienvenida incluso antes de que bajáramos de la furgoneta.

«¡Buenos días, amigos! Pasen, pasen. ¡Tenemos el mejor desayuno para ustedes!».

Parecía tan genuinamente contento de vernos, que me pregunté —no sin cierto cinismo— cuánto tiempo habría pasado desde la última persona que se detuvo allí. Bueno, al menos sabía un poco de inglés; quizá anotase correctamente mi pedido.

«*¡Buenos días, mi bueno amigo!*». Incluso *yo* reconocía que el español de Moose era terrible, aunque sin duda era mejor que el mío o el de Jelly.

«Por aquí. Por aquí. Tengo una mesa muy bonita para ustedes».

Me pregunté cuál de las tres sería su «mesa muy bonita».

Moose iba el primero, luego Jelly; yo iba a la zaga. Para empezar, yo nunca me hubiera parado aquí. En el preciso momento en que crucé el umbral, tuvo lugar un apagón. Incapaz de ver nada delante de mí, me detuve en seco y miré por encima del hombro. De repente, *toda* la ciudad estaba a oscuras. En todas direcciones. No había nada de luz. Todo estaba *jodidamente* oscuro.

El sonido de un cajón abriéndose demasiado —y su contenido estrellándose contra el suelo— , hizo que girase la cabeza hacia la oscuridad que se cernía delante de mí.

«*¡Pinche luz!*», murmuró en la negrura la voz de una anciana.

Encendieron una cerilla que iluminó la habitación durante unos segundos, antes de desvanecerse. Alguien encendió después una linterna. El viejo que nos había recibido en la puerta principal sostenía el foco de luz bajo la barbilla, pareciendo su cara la de un simpático *hombre del saco*. La sombra de una enorme cabeza con una nariz desproporcionada llenaba el espacio iluminado del techo.

«No hay problema, amigos míos. Tenemos *nuestras propias* luces para cocinar su comida».

No me había movido, seguía bajo el umbral. El anciano apuntó su luz a mis pies e hizo un gesto de «ven», haciéndome señas para que me acercara a la mesa.

«Siéntese, señor. Siéntese aquí ahora y le prepararemos el mejor desayuno». Había que reconocerle el mérito. Se desvivía por sus clientes.

La señora de las cerillas encendió una vela —hecha con una concha de abulón llena de cera— y la colocó sobre nuestra mesa. El viejo sacó otra, la encendió con la primera, y la habitación volvió a tener luz suficiente de nuevo. Dos niñas, probablemente de unos seis y ocho años, salieron por la puerta de la cocina, cada una con una mini-linterna en la mano. Una más mayor, de unos trece años más o menos, siguió a las dos primeras y las situó cuidadosamente cerca de nuestra mesa. Una detrás de la silla de Moose, y otra detrás de la de Jelly. Colocó, una después de otra, a las niñas, y orientó la luz de sus linternas, antes de situarse ella misma detrás de mi silla. Ahora, cada uno de nosotros disponía de su propia *asistente personal* para ayudarnos a ver nuestros menús.

Vaya. ¿Mantienen a los niños en «modo de espera»? ¿O están siempre despiertos y vestidos a las cuatro y media de la mañana? Sin embargo, me pareció bonito el esfuerzo que estaba haciendo todo el clan para atendernos.

Otra jovencita trajo a la mesa tres tazas calientes de café solo. Tenía probablemente quince o dieciséis años y era muy guapa; su sedoso pelo —de color negro azabache— le llegaba hasta la cintura, y estaba recogido en dos trenzas, decoradas estas con lacitos de cinta amarilla. Parecía muy tímida, y apartaba la vista cada vez que la miraba. El anciano regresó con un pequeño vaso de zumo lleno hasta la mitad de un líquido de color tostado, y con una vieja taza de té de cerámica que rebosaba de unos gránulos gruesos y blanquecinos. Con un toque de distinción, posó ambas cosas en el centro de la mesa.

«Café con crema y azúcar... *mis* amigos». Sus ojos tenían un brillo especial, acentuado por la luz de las velas. Me pareció totalmente despreocupado por la falta de electricidad, mientras se retiraba hacia la cocina.

En ese momento, el primero en el que nos dejaron solos con nuestras jóvenes «porta-linternas», me incliné y susurré a los otros: «*¡Santo cielo*, chicos! ¿Habíais visto antes a una familia tan desesperada por ganarse unos *pavos*?».

Moose miró sucesivamente a cada una de las niñas, comprobando si habían entendido lo que acababa de decir; luego se encaró conmigo:

«Eres un *puto imbécil*, Óptero. No tienes ni idea de lo que significa esta cultura. Son gente sencilla. Sólo quieren ayudar y ser buenos anfitriones. Así es como se educa a la gente aquí abajo. No quieren quedar mal y no poder atendernos *sólo* porque se haya ido la luz. Por eso sacaron las velas y las linternas. Probablemente gastarán más en pilas y en velas de lo que nos cobrarán por la comida. Lo *más* importante para ellos es enseñar a los niños la forma correcta de tratar a un invitado en su casa».

El anciano regresó con un bolígrafo y una servilleta para tomar nota de nuestros pedidos. Impresionado por la reacción de Moose y su posterior reprimenda, inconscientemente dejé de prestar atención a lo que se decía en la mesa y no oí nada hasta que llegó mi turno de pedir.

«¿Señor? ¿Señor? ¿Cuál es su pedido, *amigo*?».

«*Ehh...* Tomaré lo mismo que ellos». De repente, sentí que todos en la sala me miraban fijamente, incluso las niñas.

«Hemos pedido cosas distintas, *Óptero*», dijo Jelly, sacándome del apuro.

Señalando a *Jelly* esta vez, intenté sobreponerme con elegancia. «Tomaré *exactamente* lo mismo que él».

Esta vez fui yo quien permaneció callado con *mis* pensamientos, mientras los chicos bromeaban y reían durante el desayuno. Moose dio un tutorial improvisado sobre lo que afirmaba ser el método mexicano «oficial», consistente en utilizar trocitos arrancados de una tortilla de maíz como único cubierto. Una vez terminamos de comer, llegó la cuenta. Moose hizo la suma, puso su parte con un cheque y se lo pasó a Jelly.

«Dos cincuenta cada uno, chicos. Además, creo que cada uno de nosotros debería poner un dólar *extra* por todas las molestias que estas personas se han tomado por nosotros. ¿Qué *opinas*, Óptero?».

Jelly soltó una risita e hizo otra de sus estúpidas imitaciones de *Los Tres Chiflados*. «*Sí, Óptero. ¿Quéee te paressse? Ack-ack-ack-ack*». Hacía poco que Jelly se había obsesionado con *Los Tres Chiflados*; los veía a todas horas e imitaba sus actuaciones y diálogos hasta la saciedad. A decir verdad, creo que sentía una obscena satisfacción al vernos a todos *descojonados* cada vez que hacía el *numerito*. Quizá fuera su forma de mantener la cabeza alta; era guapo y tenía una novia preciosa, pero se quedaba torpemente bloqueado en las reuniones sociales. Perro y yo habíamos visto cómo se desenvolvía en las fiestas, y habíamos llegado a la conclusión de que su aparente seguridad en sí mismo era sólo una fachada. La suya era una falsa chulería; cuando se le ponía en un aprieto, sus inseguridades lo delataban.

Jelly añadió su dinero al de Moose y puso todos los billetes y monedas delante de mí. Al no tener billetes pequeños, cogí la pila para hacer cambio de mi billete de diez dólares. Dos cincuenta, más dos cincuenta, más un dólar extra de cada uno... debería haber siete dólares aquí... pero sólo veo seis.

*Puto* Moose. Sí, pongamos cada uno un dólar extra por el servicio especial... Quedaré como un *gilipollas* si saco el tema ahora. Me guardé los cinco billetes de un dólar y las cuatro monedas de veinticinco, y dejé el billete de diez sobre la mesa. *Da igual.*

«¡Muchas gracias, Señores! Gracias por venir, amigos míos». Al viejo no se le había escapado nada.

Las niñas volvieron a apuntar sus linternas, iluminando nuestro camino hacia la puerta. La anciana salió de la cocina para despedirnos. Salimos en fila india, reproduciendo nuestra entrada de hacía media hora; Moose, luego Jelly, y por último, yo. Con una sincronización sobrenatural, la electricidad de la ciudad volvió en el preciso instante en que mi pie más rezagado abandonaba el local.

El anciano juntó las manos en una palmada y, con una sonrisa dentada, exclamó: «¿Ven, mis amigos? Un buen desayuno cambiará su suerte».

La más joven de las niñas se escurrió entre el viejo y la puerta y nos dijo: «¡Vayan con Dios! Adiós, Señores. ¡Vayan con Dios!».

«Oh, sí, amigos míos. Vayan con Dios». Los ojos del anciano se pusieron en blanco y se acarició la barbilla un momento, pensando en la traducción. Una amplia y amable sonrisa se dibujó en su rostro. «Que Dios acompañe todos sus viajes. *Sí, Señores... Vayan con Dios*».

# CAPÍTULO 5

---

# LOS MEJORES PLANES

### Quédate con tu paraquat

Durante nuestras reuniones para planificar el viaje siempre había habido un clima de urgencia palpable. Desde luego, yo tenía *mis propias* razones para planearlo sin estar nunca seguro al cien por cien de que no fuera a llamar a mi puerta —en cualquier momento— el Departamento de Policía de Coronado.

Pero, después de que Perro se chivara sobre la huida de Moose de la justicia, entendí por qué el tipo insistía tanto en el día *exacto* en que nos debíamos ir. Además, ya había surfeado en La Ticla una vez y era muy insistente sobre lo perfectas que eran allí las olas a finales de verano. De no haber sido por Moose, bien podríamos habernos ido a cualquier otra parte en esos días de primeros de septiembre.

Emulando las payasadas de *Los Tres Chiflados*, Jelly había apoyado todas las peticiones de Moose: cuándo salir, por qué tanta prisa, qué ruta tomar, dónde acampar por el camino, cuánto tiempo quedarse. *«Sí..., es justo lo que necesitamos, Moose! Ack-ack-ack-ack...».* Las motivaciones de Jelly no eran tan claras, pero siempre secundaba a Moose en todas sus decisiones. Con dos meses por delante para esta aventura, marqué en el mapa todos los lugares que me parecieron interesantes, pero siempre rechazaban mis propuestas. Hay multitud de destinos de surf alucinantes a lo largo de toda la costa de Baja California, pero por lo visto teníamos que llegar al continente. Y no íbamos a parar hasta llegar allí. Incluso salirse de la carretera para *echar un vistazo* estaba prohibido hasta que hubiéramos llegado a La Ticla: el «Paraíso Tropical» que las historias de Moose habían elevado a un lugar casi místico en nuestra imaginación.

La elección de Baja California se basó en algo más que en decidir un punto de entrada conveniente en nuestra ruta hacia el sur. Viajar a lo largo de la península nos permitió eludir un tramo de casi quinientos kilómetros de autopista continental que atravesaba el corazón de una zona agrícola muy conocida por el cultivo de marihuana. La DEA del presidente Jimmy Carter fumigaba continuamente vastas extensiones de marihuana con su última arma diseñada para su particular «guerra contra las drogas»: el paraquat. La fumigación con paraquat se había convertido en un programa muy publicitado (y algo controvertido), cuya estrategia radicaba en hacer que la marihuana fuera tóxica para el consumidor y, por lo tanto, poco atractiva para toda una generación de *fumetas.*

Todos nosotros éramos «aficionados» a fumar hierba. En su mayoría era hierba de la buena, como «Acapulco Gold», «Panama Red», «Maui-wowie», «Inca Brown» o «Oaxacan». Inventamos hasta un nombre para la «maría» tratada con paraquat. La bautizamos como «hierba de mala muerte». Se podría decir que era la peor hierba que se podía fumar; además, lo último que queríamos era ser sospechosos de «contrabando». Como se acercaba la cosecha de finales de verano, pensamos que tres surfistas de veintitantos años en una vieja furgoneta VW (con cortinas estampadas y matrícula de California), serían un blanco demasiado fácil para los Federales.

Para eludir la zona de aplicación de dicha medida, nos ceñiríamos a la península de Baja California. Nuestra ruta hacia el sur nos llevaría hasta el pequeño y tranquilo pueblo pesquero de Cabo San Lucas, enclavado en el extremo más meridional de la península, en el punto donde las cálidas aguas del Golfo de California convergen con las corrientes más frías del Océano Pacífico. Una vez allí, embarcaríamos en un ferry para realizar la travesía —de catorce horas en mar abierto, dirección sureste— hasta Puerto Vallarta, en la costa continental del Pacífico. Los transbordadores al continente también salían un poco más arriba de la costa, en La Paz, pero habíamos decidido que, cuanto más tiempo pasáramos en tierra firme, mejor. Además, México había anunciado *a bombo y platillo* la finalización de su nueva carretera «transpeninsular». Venía anunciada en mi guía de viajes AAA como «una autopista segura y moderna que une la ciudad fronteriza de Tijuana con la ciudad de La Paz, y de ahí hacia los pintorescos pueblos pesqueros del Cabo Sur...». Como pronto descubriríamos, la carretera transpeninsular era un entramado de carreteras de dos carriles, recién pavimentadas, que unían un sinfín de calles de pueblos pequeños; montañas rusas de autovías desérticas y carreteras de montaña llenas de baches; un mosaico de casi dos mil kilómetros de tierra, grava, asfalto y hormigón, serpenteando de norte a sur.

Al desembarcar del ferry, en Puerto Vallarta, nos dirigiríamos hacia el sur por la «autopista costera mexicana», aún por terminar. Según Moose, la construcción de la nueva autopista se había paralizado repentinamente en el río Ostula, justo al norte de nuestro destino final: La Ticla. Oportunamente consagrada por la AAA como la «Capital Mundial de la Lima», Tecomán sería nuestra última parada para conseguir agua potable, teléfono, gasolina, víveres, asistencia médica o una ducha de agua caliente. Una vez que saliéramos de allí, en el último tramo de dos horas hasta La Ticla, íbamos a estar solos *de verdad*.

## Los puntos de inflexión del karma — Strike 3: Jelly se sincera

Llevábamos media hora de camino desde nuestra parada para desayunar y empezaba a amanecer. El cielo justo antes del amanecer era precioso. Me asaltaron de repente algunos pensamientos al azar: *hmm*, es viernes por la mañana, 1 de septiembre de 1978. En unas horas, Moose será un fugitivo en «busca y captura». ¿Cómo cruzará de nuevo a EE.UU. sin que le detengan? Me pregunto si ya lo habrá pensado. Espero que Perro esté pendiente, en caso de que Dan-O merodee por La Mansión. Ese tipo me pone los pelos de punta. ¿Cuál es el gran secreto que nos oculta Jelly? ¿Por qué «promesa» le gritaba Sherri?

La música llevaba apagada unos minutos y, en la relativa tranquilidad, me asaltó una reflexión. No sabía si estábamos cansados, adormilados, aburridos, aliviados o preocupados, pero en aquel momento encarnábamos la camaradería de la que suelen hacer gala tres extraños en un ascensor.

«*Maldita* Sherri».

Bueno... ¡esto sí que atrae la atención de Moose y la mía también!

«A ver, ¿quién *narices* le dijo que dejara la píldora?» —Jelly siguió hablando. «Todo ese numerito *de mierda* de anoche... Le dio un *telele* porque ya no estaba embarazada...».

70

Vale, ... no entiendo nada. En contra de mi sentido común... «¿*Qué* quieres decir, *Jelly*?».

«Quiero decir que *estaba* embarazada y ahora *no* lo está, *Óptero*».

«Ah».

«Se quedó embarazada en junio. La habrás visto rondando continuamente, como si estuviéramos casados o algo así, ¿verdad?».

«Bueno, ... sí, pero ...».

«No sé por qué no abortó cuando se enteró... quiero decir... ¿quién *coño* le dijo que yo quería formar una familia? Se supone que, después de seis años juntos, lo debería tener claro».

¿Seis años? Desde luego, ya debería tenerlo claro, sí. A ver, el tío es un *capullo* contigo y siempre lo será.

«Total, que me dice hace dos semanas que quiere que nos vayamos a vivir juntos y tener el bebé. Tiene que estar como una puta cabra».

*Pienso exactamente lo mismo. Al menos en la parte de irse a vivir juntos.*

«Así que le digo que lo mejor es que aborte antes de que sea demasiado tarde. Incluso le di el dinero para que lo hiciera. Bueno, supongo que era mi responsabilidad hacerlo. ¿Y qué consigo haciendo lo correcto? Se pone hecha una fiera conmigo».

*Vaya. Cree que esa es la manera de dar un paso adelante y asumir responsabilidades. Qué tipo.*

«Cometí el error, la semana pasada, de contarle lo del viaje».

*Llevamos un mes planeando este viaje a México, ¿y Sherri se enteró la semana pasada? ¿No crees que el «error» pudo ser no decírselo mucho antes? ¿De qué van estos tíos?*

«Cuando se puso como una loca porque me iba a México, le di un ultimátum. Ya sabes, una elección del tipo sí o no, ¿qué prefieres? Le dije que si abortaba no me iría de viaje, y que utilizaríamos el dinero para buscar un sitio para los dos».

«¿Por qué nunca *me* dijiste que estabas pensando en *rajarte*, Jelly?».

*Moose... ¿siendo sensiblero?*

«Sólo lo hice para que abortase. Nunca te hubiera dejado *tirado*. Eres mi hermano, Moose. Los hermanos antes que las *zorras*, tío... Ya sabes *cómo* va».

Entonces, ¿lo hizo? ¿Abortó? ¿Por qué será que no me sorprende?

«*Joder*, Óptero. Eres un *puto* genio. ¿A qué crees que se debió la histeria de anoche?», Moose respondió por Jelly.

Vaya..., me pregunto dónde se coloca todo esto en la gran balanza de lo ético y lo moral... ¿Estafar a tu jefe y cargarte las entrañables películas caseras de una familia? ¿Eludir la cárcel por homicidio imprudente? ¿Engañar a tu novia para que aborte a su bebé?

## Un toque de advertencia

¡BUM! ¿Qué coño ha sido eso? ¿Una explosión?

Una *estúpida* luz de advertencia se encendió en la parte inferior del cuentakilómetros.

¡BUM! Otra vez. Sí, eso ha sido un petardazo. Vale, vamos a ver... La luz roja es para la «correa del ventilador», la blanca significa «aceite»...

¡BUM! «¡Joder, *Óptero*! ¿Qué cojones pasa?» —*Jelly parecía tan asustado como yo.*

«No lo sé, pero tengo que parar antes de que saltemos por los aires...».

Piso el embrague, apago el motor, punto muerto... Oímos un último ¡BUUM!, más fuerte que los otros..., y luego únicamente el sonido de nuestros neumáticos. Con el motor apagado, bajamos por inercia una pendiente larga y sin complicaciones. No sabía qué decir; Moose y Jelly me miraban, claramente esperando alguna respuesta.

«El piloto del aceite está encendido... no tengo ni idea de qu... ¡la PUTA LUZ DEL ACEITE ENCENDIDA!».

Espero que esto no sea tan malo como parece que va a ser.

Nos desviamos hacia la izquierda, cruzando la línea central de la carretera de dos carriles y saliendo por el arcén hacia lo que parecía un claro. *Moose* y *Jelly* se quedaron quietos como si fueran ancianos en un autobús turístico; mientras, yo me bajé y me dirigí a la parte trasera para hacer las comprobaciones pertinentes. No tuve que abrir la tapa para intuir que estábamos en un aprieto. Unos charquitos oscuros trazaban nuestra trayectoria desde la autopista y relucían con un brillo iridiscente. Arcoíris de aceite revelaban una lenta migración del preciado lubricante hacia el parachoques, donde se acumulaba y caía como un metrónomo líquido hasta el tubo de escape situado debajo, cada gota chisporroteando brevemente hasta extinguirse. *Moose* salió de la puerta lateral profiriendo un gruñido y se acercó para ver de primera mano lo que ocurría.

«¿Es grave?».

Dios Santo, Moose, ¿necesitas más pruebas?

Sabía que podía ser el motor quemado, pero lo suavicé por el momento: «No sé lo que es. Debemos haber perdido una junta o algo, porque hay aceite saliendo por todas partes».

La familia de Moose tenía una tienda de neumáticos y frenos desde que tuvo edad suficiente para andar. Probablemente había trabajado tantas horas en el negocio de *su viejo* como yo en el del *mío*. Nunca hablaba mucho sobre el tema, pero intuíamos que odiaba a su padre por ello. Una vez le pregunté cómo era la vida en la cárcel. Me dijo que era mejor que trabajar en la tienda de neumáticos de su padre.

Yo estuve una vez. Moose necesitaba comprar algo en la tienda de neumáticos y yo le había acercado. En los cinco minutos que pasamos con su padre, no recuerdo que el Sr. Moss nos dirigiera más de diez palabras, y las tres primeras fueron un rudo: «¿Qué *coño* queréis?». Decir que había acabado saturado trabajando con coches desde niño sería quedarse muy corto. Sin embargo, en ese momento, Moose pareció saber instintivamente lo que había que hacer y se hizo cargo de la situación.

«Si ha perdido todo el aceite, tenemos que volver a ponerle un poco mientras aún esté caliente o se agarrotará. Sé que trajiste un par de litros extra de aceite, Óptero. Tráemelos, *ya*».

¿Un par de litros extra? Joder, tenía una caja con doce litros escondida debajo de la cama. Me metí por la puerta lateral, saqué tres litros y se los llevé a Moose. Ya tenía el capó abierto y estaba trasteando con la varilla del aceite.

«¡*AYYY*! ¡Maldita sea! ¡Esta *mierda* está ardiendo!».

Sin pensarlo dos veces, me quité la camiseta por encima de la cabeza y se la pasé.

«Muy bien, Óptero. *Ahora sí que estás a la altura*». Cogió mi camiseta y la utilizó para retirar y comprobar la varilla del aceite. «Ni una gota».

*No me digas, Sherlock. Podrías haberte ahorrado la molestia de comprobarlo, ¡¡¡PORQUE ESTÁ POR TODO EL PUTO SUELO!!!*

Giró el tapón del primer bidón y vertió un litro; lo tiró a un lado y vertió el contenido del segundo, antes de comprobar de nuevo la varilla del nivel. De nuevo, no se veía ninguna marca.

«Joder, Óptero, ¿cuánto tiempo lleva la puta luz encendida?».

«No mucho... Creo... No estoy seguro... Estaba escuchando a Jelly... ¿Cómo cojones voy a saber cuánto tiempo ha estado encendida antes de darme cuenta?».

«Bueno, menos mal que tienes estos tres litros extra porque, en caso de que funcione, necesitaremos hasta la última gota».

«He traído doce».

«Muy biennn».

Moose vació el tercer litro dentro del depósito y volvió a colocar el tapón con una vuelta de tuerca. «Arráncalo».

«¿Estás seguro, Moose?». Yo era algo escéptico y me costaba creer que simplemente vertiendo un poco de aceite nuevo estaríamos en marcha, sin más.

«¿Se te ocurre algo mejor?».

La verdad es que tenía razón.

Volví a subirme al volante, cerré los ojos y musité un silencioso: «*Venga, Dios. Por favor*», antes de arrancar. Arrancó como si no hubiese pasado nada, y funcionó suave como la seda.

«¡Síiiiiiiii! ¡Síiiiiiiiii!», gritamos Jelly y yo, chocando los cinco y riéndonos a carcajadas.

«*Eh*, no tan rápido. Compruébalo», dijo Moose, señalando debajo del motor. El recién vertido aceite de motor, de color ámbar, goteaba sobre el polvo con una cadencia débil, pero constante. «Vale, esto es lo que haremos...». Moose nos hacía saber que seguía al mando. «El motor debe tener un retén en mal estado. Conducimos hasta que se encienda de nuevo el piloto del aceite y echamos otro litro. Una vez que sepamos hasta dónde podemos llegar con eso, podremos averiguar qué plan debemos seguir».

«¿Quieres continuar hacia *el sur*? Hay mil trescientos kilómetros hasta La Paz. ¿No sería más seguro dar media vuelta hasta Ensenada?». Me parece lo lógico...

«Vamos, Óptero, por lo menos veamos hasta dónde llegamos hasta que necesite otro litro. ¿No tienes piezas *extra* de repuesto para esta *mierda*? Podemos parar al atardecer, sacar el motor y arreglarlo. Tú mismo has dicho que puedes sacarlo en quince minutos».

Supongo que Moose tiene razón. Tengo todas las piezas que podríamos necesitar, y puedo sacar el motor con los ojos cerrados... ¡Hostia! ... el gato. ¡Dejé que me convenciera para no traer el *puñetero* gato!

«No tenemos el gato. ¿Recuerdas?».

«¡Estamos perdiendo tiempo y aceite, Óptero! ¡Pon la *furgo* en marcha y vayámonos hacia el sur! ¡Lo resolveremos cuando sepamos hasta dónde nos lleva un litro! ¡VAMOS!

«¡Muévete, Óptero. No te preocupes; Moose sabe lo que hace».

No me sorprende en absoluto. Jelly tampoco quiere dar media vuelta.

Cuando volvimos a la carretera en dirección sur, aceleré con mucha suavidad, escuchando atentamente cualquier indicio de problemas en el motor. Sonaba perfectamente.

«El cuentakilómetros marca 116.323 km. Ayudadme a recordarlo, ¿vale, chicos?».

Durante los siguientes kilómetros, pasé más tiempo mirando el estúpido piloto del salpicadero que la carretera. 116.336. Trece kilómetros ya. Quizá Moose tuviera razón, después de todo.

«¿Por qué no pones algo de música, Óptero?».

Tengo que escuchar el motor, Jelly. Nada de música hasta que sepamos qué pasa».

El cuentakilómetros marcaba 116.355.

«Vaya. Ya hemos hecho treinta y dos kilómetros, chicos. Quizá esté funcionando».

116.371. Desde mi particular visión de las cosas, y viendo que el nivel de aceite bajaba cada vez más, di sucesivos volantazos a la izquierda, a la derecha, a la izquierda, a la derecha y de nuevo a la izquierda, para comprobar si la luz de advertencia se encendía moviendo el aceite de un lado a otro. Cogido completamente desprevenido, Jelly se tambaleó hacia mí brevemente, e inmediatamente sucumbió a la inercia inversa y se golpeó fuertemente la cabeza contra la ventanilla. Antes de que pudiera recuperarse del golpe, el ciclo de volantazos se repitió y su cabeza golpeó la ventana por segunda vez.

Quizá debería haberles avisado antes.

«¡¡¡*AYYY!!!* ¡Joder, Óptero! ¡¿Qué haces?!».

«Lo siento, Jelly. Estoy comprobando cómo va el aceite».

«¡Hazlo otra vez y *te* doy un *hostión!*».

Aún no se ha encendido el piloto. No podía creerlo, pero todo parecía ir bien. Pasaron otros ocho kilómetros y seguía sin encenderse la luz de advertencia.

«Bien, chicos, voy a comprobar el aceite otra vez».

Izquierda-derecha-izquierda-derecha-izquierda. La luz del aceite parpadeaba cuando giraba el volante de izquierda a derecha.

«Hasta aquí llegamos, chicos. Cincuenta y seis kilómetros con un litro. ¿Qué opinas, Moose?».

Sin esperar respuesta, apagué el motor y empecé a avanzar por inercia, buscando un buen lugar para salir de la carretera y parar. El sonido de la grava crujiendo bajo los neumáticos resonaba en el silencio, cuando salí del arcén y aminoré la marcha hasta detenerme. Moose murmuró algo en voz baja y extendió un mapa sobre su regazo. Supuse que tenía que hacer sus cálculos, así que cogí otro litro de aceite y me dirigí a la parte trasera para darle otro «trago» al motor.

«*Glup, glup, glup, glup...*». El sonido del espeso líquido deslizándose desde la lata resultaba extraño en la quietud del desierto de Baja California. Un gruñido procedente de la parte delantera anunció la salida de Moose de la 1DRBUS, con un mapa mal doblado *estrangulado* en su puño.

«¿Qué opinas?».

«Parece que funciona. Sólo pierde un poco de aceite».

«Repostaremos en Guerrero Negro. Después de eso, la primera ciudad con algo de sombra es Santa Rosalía, a 430 kilómetros de aquí. Paramos a dormir, sacamos el motor y lo arreglamos. Estaremos de vuelta en la carretera por la mañana y podremos llegar a tiempo para coger el ferry que sale de Cabo el domingo».

«¿No hay ninguna sombra de *aquí* a Santa Rosalía? Estamos vendidos si es así, Moose. ¿Por qué tenemos que llegar hasta la *maldita* Santa Rosalía?».

«No... no lo estamos». Moose se mostró inflexible. «La carretera se desvía hacia el este en Guerrero Negro. Únicamente hay pueblecitos y desierto hasta que crucemos el golfo. No te preocupes. Habrá lugares donde podamos conseguir más aceite, si lo necesitamos. Venga, avancemos otros sesenta kilómetros».

¿Otros sesenta kilómetros? ¿En medio del desierto? ¿Dónde *coño* va a haber «más aceite», Jed Clampett? No debería ponerme nervioso. Todavía tenemos ocho litros. Aunque no encontremos más aceite, tenemos para recorrer los 430 kilómetros hasta Santa Rosalía. ¿Verdad, DIOS?

«De acuerdo, Moose».

Los siguientes 220 kilómetros transcurrieron en tramos de un litro, con virajes «izquierda-derecha-izquierda-derecha-izquierda» cada poco, y atravesando pueblecitos polvorientos cada cincuenta o sesenta kilómetros. En lugar de ir a cien kilómetros por hora y con la música *a todo trapo*, avanzábamos a ochenta y en silencio. Cada kilómetro se hacía eterno. Mírase donde mirase, el desierto parecía no tener fin. No habíamos visto el mar desde que nos desviamos en Guerrero Negro. Y parecía que habían pasado tres días.

«Quedan menos de ciento sesenta kilómetros hasta Santa Rosalía, Moose. Creo que lo lograremos, pero oscurecerá antes de que lleguemos». El sol ya estaba muy bajo a nuestras espaldas, mientras nos dirigíamos hacia el este por la península. «¿Crees que deberíamos parar en algún sitio y desmontar el motor, antes de llegar?».

«*No...* Aunque parásemos ahora, oscurecerá antes de que el motor esté lo suficientemente frío como para *meterle mano*». Moose no estaba dispuesto a cambiar de planes sin un buen motivo. «Continuemos hasta allí».

Me sentí un auténtico *esbirro* y masculle en voz baja: «*Bastante* difícil será ya arreglar el motor a plena luz del día...», pero decidí dejar el tema por el momento. Apenas dos minutos después, la luz del aceite empezó de nuevo a parpadear.

«Algo pasa, *tíos*. La *jodida* luz del aceite está encendida y sólo han pasado veinticinco kilómetros desde el último litro. *Espera...*».

Un rápido *izquierda-derecha-izquierda* lo confirmó. Necesitamos otro litro.

«Qué *putada*. Creo que la fuga va a más. Tenemos que parar y sacarlo, Moose, o no tendremos suficiente aceite para echar cuando acabemos».

Con la luz de advertencia brillando *ahora* intensamente, no podía permitirme esperar la bendición de *nadie*, así que apagué el motor. Sin otra opción a la vista, conduje la 1DRBUS por el accidentado arcén y me adentré en el árido desierto. No había más que unas pocas malas hierbas aquí y allá y, aunque ya eran más de las siete, el brutal calor de la tarde persistía. Sin una brizna de viento, el polvo levantado por nuestra parada permanecía sobre nuestras cabezas, flotando en el aire por el calor que desprendía el suelo del desierto. Una gota de aceite anunció su llegada al silenciador con un chisporroteo audible. Una tenue cortina de neblina azulada coloreó la imagen en mi espejo retrovisor. Contemplando el horizonte, desdibujado por la canícula, me pregunté qué estaría más caliente... si el motor o la grava.

### Alguien ha metido la mano

Era evidente que ninguno tenía prisa por salir del vehículo. Nos quedamos sentados, *cociéndonos* dentro de la furgoneta, y haciendo balance de la cruda realidad. Fuera, el ambiente era aún *más* opresivo. Nuestra aprensión y pesadumbre impregnaron el ambiente. Dejé pasar unos minutos y luego me dirigí a la parte trasera para hacer balance de la situación. Bien, veamos... No hay sombra a la vista. No tenemos gato. No he visto otro vehículo en una hora. El motor echa humo y mis chanclas se pegan, literalmente, al suelo. *Menuda puta mierda.* De vuelta a mi asiento, volví a «reunir» a mis *shorts* con el húmedo vinilo de color verde que tapizaba el asiento del conductor.

«Echa un vistazo al mapa, Jelly. ¿A qué distancia está el próximo pueblo donde podemos conseguir aceite?».

«*¿Quéeee passaa?* ¿Has cambiado de opinión?».

«*Noooo*. Es que hace demasiado calor como para plantearse siquiera trabajar en el motor durante un rato. Será mejor que continuemos. Sobre todo si eso significa pasar la noche en un lugar mejor que este». Cualquier lugar tiene que ser mejor que este, ¿verdad?

«Hagámoslo ahora». «Vamos» —interrumpió Moose. Tenemos que hacerlo *ahora*. Se ha derramado demasiado aceite mientras lo pensamos. Sería un desperdicio volver a llenarlo sin arreglarlo del todo. ¿Estamos todos *a una* o no?

«*¿Qu.....?*». ¿Ahora es culpa mía que nos hayamos parado? Lo que tú digas... De todos modos, prefiero saber que está arreglado a seguir agobiándome por que se queme.

«De acuerdo, Moose. Pero pasarán al menos una o dos horas antes de que el motor esté lo suficientemente frío como para trabajar en él».

«*Gilipolleces*. Vamos a hacerlo ahora. Tenemos trapos y agua, ¿verdad?».

«Bueno ... sí, trapos ... pero ...».

«Vamos, te enseñaré cómo hacerlo. Mi padre me enseñó a trabajar en un motor aún caliente».

Esa es una habilidad que esperaba no necesitar nunca. Bien, Moose. Enséñame. ¡Pero lo vas a hacer tú todo, *joder*, porque yo no me voy a acercar a un motor humeante ni de coña!

«Coge tus herramientas y pongámonos a ello». Dicho esto, Moose se quitó la camiseta por encima de la cabeza, la colocó cuidadosamente sobre el respaldo de su asiento y volvió de nuevo al motor, con el pecho descubierto y con el aspecto de alguien que está preparado para pelear.

«Óptero, coge una garrafa de agua y empapa bien un par de trapos».

«*Hmm*... El primer paso va a ser limpiar un poco este aceite».

Hice lo que me dijo y pronto reaparecí en la parte trasera, con la caja de herramientas en una mano y unos cuantos trapos chorreando en la otra. «Aquí tienes, Moose».

«¿No hay guantes?».

«No he traído».

«Entonces coge cuatro calcetines y empápalos bien».

«¿Para qué son, Moose?». Esto me da mala espina.

«Pues para nuestras manos. Te lo he dicho, voy a enseñarte cómo trabajar en un motor caliente».

Definitivamente, esto no me está ayudando a ser un tipo guay. ¿Tienes idea de lo *jodidamente* caliente que está eso ahora mismo?».

«¡Deja de lloriquear, *Señor Sabelotodo*, y coge los *putos* calcetines!».

Miré a Jelly en busca de apoyo, pero se limitó a encogerse de hombros y apartar la mirada, reconociendo la imprudencia que sería involucrarse.

«*¡Joder!* ¡Los cogeré yo mismo!». Moose se dirigió hacia la puerta lateral.

Perder más tiempo, claramente, no era una opción.

«Vale, voy yo... Voy yo. No quiero que metas tus *manazas* en mis cosas».

Un par de minutos después, «Jelly, la enfermera de quirófano», nos estaba colocando a Moose y a mí unos calcetines de tubo como si fuéramos un par de cirujanos de Barrio Sésamo.

«¡Óptero! Moja bien los calcetines y empecemos a desmontar este *cabrón*. *Sin gato*... Vale... ¡Jelly! Ve delante, saca la rueda de repuesto y tráela aquí».

Con mucho cuidado al principio, Moose y yo empezamos quitando una serie de pernos que sujetaban varias piezas de chapa que protegían el motor. Prácticamente todo lo que trasteábamos, tocábamos o rozábamos, chisporroteaba o humeaba. El aire cálido del desierto secó nuestras improvisadas manoplas de cocina; el consiguiente enfriamiento resultó un cambio bienvenido en la ardua tarea que teníamos entre manos. A pesar de nuestra falta de destreza, acrecentada por los calcetines de tubo, tuvimos el motor desmontado en diez minutos.

Moose continuó dando órdenes como un comandante de batallón que nos prepara para un ataque frontal. «¡Ven aquí, Jelly. Empuja ese neumático debajo del motor y coge algunos trapos húmedos. Óptero, tú y Jelly agarráis el tubo de escape y tiráis con fuerza, zarandeándolo. Yo empujaré la furgoneta hacia adelante y el motor caerá sobre el neumático. Cuando caiga, tenéis que evitar que se vuelque y *joda* a alguien».

«¿Qué tal si empujo yo la furgoneta, Moose? Tú y Óptero sabéis más sobre cómo agarrar el motor y todo eso».

Vale, vosotros dos: coged unos trapos y mojadlos muy bien. Ese tubo de escape aún está al rojo vivo y no quiero que ninguno de los dos se *acojone*, lo suelte, y me queme».

*Nuestro primer intento fue un fracaso.* Agachados, Jelly y yo agarramos el tubo de escape y empezamos a tirar con todas nuestras fuerzas. Sin previo aviso, Moose se metió en medio de la faena, arrancó el tubo de escape de las manos de Jelly y yo me caí a cuatro patas con la afilada grava clavándose en mis rodillas.

«¡*Joder*, Moose! Podrías haber avisado, ¿no?».

«¡Pues estad atentos, *maldita sea!*».

He ahí una frase que apuesto a que Moose aprendió de su padre muy pronto.

Jelly soltó una risita e hizo un gesto con la barbilla en dirección a mis recientes raspones. «Te los has hecho *guapos*, Óptero».

«Sobreviviré, Jelly».

Al menos los calcetines evitaron que las palmas de mis manos también acabasen despellejadas. Reagrupados para un segundo intento, Moose nos mandó sentarnos en el suelo e hincar los talones. Con la única protección de la finísima tela de los shorts en nuestros traseros, el calor que desprendía el suelo no tardó en hacerse insoportable, y el vapor brotaba instantáneamente de dondequiera que nuestras manos —protegidas por los calcetines— tocaran el tubo de escape.

«A la de tres, ¿vale?».

«¡*A la mierda*, Moose! ¡Nos estamos quemando aquí abajo!».

«Creía que queríais que os avisara, *mamones*».

«*Joder, ¡¡¡empuja ya!!!*».

«¡TRES!».

Fue un milagro que ninguno de los tres resultara herido. El motor se soltó de sus soportes y *¡catapum!*, cayó sobre el neumático como un saco de hormigón de cuarenta kilos cayendo desde el techo.

Una vez fuera, y desmontada la carcasa del ventilador, era obvio de dónde procedía todo el aceite. En los viejos motores Volkswagen existe un dispositivo metálico y negro —en forma de «rascacielos» y colocado en la parte superior del motor— que ayuda a refrigerar el aceite. Dos pequeños anillos de goma en la base del *rascacielos* evitan que el aceite se salga. Uno de ellos estaba partido por la mitad, asomando como dos trozos de goma elástica gruesa y verdosa.

«¡Impresionante, Moose!».

«¿Qué es?».

«Mira ahí... esa junta está rota, pero tengo un juego de repuesto nuevo».

«¡Genial, Óptero! ¡Cógelo y pongamos a esta *cerda* de nuevo en la carretera!».

Orgulloso de mí mismo, me puse a rebuscar entre la bomba de gasolina de repuesto, la tapa extra del distribuidor, la bobina... Puse a un lado un paquete de cuatro bujías nuevas. *Ahhh,* ... ahí estaba, en todo su esplendor. Un estuche original, envuelto en celofán y protegido con cartón en la parte inferior; su logotipo Volkswagen en letras de imprenta azules y blancas, prácticamente gritando. «Juntas de motor. Juego maestro para motor VW 1500cc». Cogí el estuche y volví triunfante hacia la parte trasera de la furgoneta. Intentando no parecer demasiado eufórico, se lo lancé a Moose. «Echa un vistazo».

«Muy bien, Óptero. Veamos qué tienes aquí». Moose presionó con ambos pulgares el celofán *barato* y resquebrajó la juntura que recorría la parte posterior, desperdigando por el suelo el batiburrillo de gomas, corcho y cartón. No era ni mucho menos el respeto que merecían las juntas, pero reconozco que quizá puse demasiada confianza en Moose, lanzándole el estuche de la forma en que lo hice.

«No las veo», dijo Moose, hurgando en el montón con sus dedos regordetes.

*«Sí. Es justo lo que necesitamos... Ack-ack-ack-ack* ... No hay juntas en el estuche... *ack-ack-ack-ack...* No hay juntas en el estuche».

No tiene ni pizca de gracia, Jelly.

«No. De *verdad*, tíos, no las veo, *joder*».

«Déjame ver».

Sí, como si supieras qué buscar, Jelly.

«¡Tienen que estar ahí! ¡Quizá estén enterradas, por la forma en que tiraste todo al suelo de esa manera!».

«Que te *den*, Óptero. Te digo que alguien *ha metido la mano*. Los pequeños *donuts* ya no están. Estamos *jodidos*».

Durante los diez minutos siguientes, primero yo, y más tarde Jelly, rastrillamos, escarbamos y pataleamos en la tierra donde estaban esparcidos los retenes y las juntas. Moose estaba sentado en la furgoneta, con los pies asomando por la puerta lateral, murmurando algo y sacudiendo la cabeza. Se nos echaba encima la puesta de sol. Hace poco habría sido motivo de regocijo, pero ahora mismo se había convertido en un gran problema. Teníamos el motor desmontado; nos faltaban las piezas para volver a montarlo, pronto anochecería ... ¡¡¡Y ESTÁBAMOS EN MEDIO DEL PUTO DESIERTO!!!

«Tenemos que volver a montarlo», dijo Moose.

«¿Y luego *qué*?».

«Intentamos llegar al siguiente pueblo, Óptero. No voy a pasar la noche aquí esperando a que me roben».

«¿A QUE TE ROBEN? ¿De qué *coño* estás hablando?».

«Los *banditos* sabrán que estamos aquí *tirados*. Y sabrán que tenemos dinero porque nos dirigimos al sur. Y también sabrán que no podemos hacer una *mierda* para defendernos. Si no llegamos pronto a algún pueblo, seremos un blanco fácil».

«¿Desde cuándo hay *banditos* aquí, en medio del desierto?». Sigo esperando respuesta.

«Lo digo en serio, chicos. Que hayan construido esta carretera no significa que no sigan robando a los *gringos* que son lo suficientemente *tontos* como para acampar en medio de la nada».

«Óptero, ¿no puedes improvisar algo con una de las otras juntas, o con parte de tus aletas, o con *cualquier otra cosa* que selle a esta *cerda* el tiempo suficiente para llegar a Santa Rosalía?».

En fin, que no te atraquen y te maten es sin duda motivación suficiente como para pensar en algo, ¿verdad?

«Pues... puedo intentar hacer algo con una de las juntas de la válvula... No, eso no funcionará... *quizás sí*... bueno... intentaré hacer algo que funcione, ¿vale?».

Pasé los diez minutos siguientes revolviendo entre mis cosas, en la parte delantera. Estaba en piloto automático mental, meditando sobre el material que podría utilizar para crear dos nuevos «donuts de goma», del tamaño adecuado y que sirvieran como sustitutos viables de las juntas del radiador de aceite. Era escéptico respecto a que esto fuera a funcionar, pero no tenía nada que perder... bueno, excepto que sacrificaría algo sin lo que no creía poder sobrevivir en este viaje. Sí, exacto.

Aletas, gafas de bucear, tubo ... *ni hablar*. No voy a acabar en una playa tropical sin el equipo necesario para examinar los arrecifes. ¿La correa de la tabla de surf? No. No con el tipo de surf del que Moose lleva hablando incansablemente desde hace *siglos*. Quizá haya alguna parte de la 1DRBUS que pueda *canibalizar...* ¡Espera, ya lo tengo! La videocámara tiene un par de tapas de goma; una para el objetivo y otra para el visor. Odio tener que hacer esto, pero, ¿qué otras opciones tengo? Además —pensé, venía con una funda estupenda que la mantendrá protegida y a salvo, y siempre puedo comprar tapas nuevas cuando volvamos a casa. Eso es. Haré que funcione. *Eso espero.*

«De acuerdo, Moose. Lo tengo. Voy a hacerlo con esto». Con la mano extendida, le mostré lo que había encontrado.

«Muy bien, Óptero. Ponte manos a la obra, así podremos devolver esta *cerda* a la carretera antes de que nos roben».

No tenía suficientes neuronas disponibles como para darle vueltas a por qué Moose se refería constantemente a mi furgoneta como a una «cerda», a la amenaza de que nos robaran, *y* a cómo iba a fabricar dos nuevos retenes para el radiador de aceite con las tapas de los objetivos de la videocámara. Reservé las dos primeras reflexiones para más tarde y me dispuse a meter mano a las tapas.

Tardé varios minutos en dibujar la forma de las juntas rotas sobre las tapas de goma, antes de empezar a recortarlas. Sabía que sólo tenía una oportunidad y que no se conseguían puntos por la rapidez, sino por el resultado.

Moose se estaba impacientando, y el cielo pasaba de color púrpura a negro. «¡Vamos, Óptero! ¡Hazlo ya!».

«Oye, ¿las quieres bien hechas... o las quieres *ya*?». Vaya. Eso ha sonado a «estar al mando». ¡Guay!

Tras varias tentativas, una incisión aquí y un cortecito allá, quedé satisfecho con la calidad de las dos juntas improvisadas, que eran todo lo buenas que podían ser teniendo en cuenta que las había confeccionado con una cuchilla de afeitar y con goma reciclada.

«Venga, *tíos*. Haremos que funcione». Sentí que debía detenerme un momento para dar gracias a Dios por haberme proporcionado los materiales, las herramientas y la habilidad para llevarlo a cabo, pero me di cuenta de que, en realidad, no había tiempo para eso *ahora*. Me dije a mí mismo que lo haría más tarde, una vez —crucemos los dedos— que estuviéramos de nuevo en la carretera. El motor estuvo arreglado en un momento. Apenas quince minutos después estábamos listos para montarlo de nuevo en la 1DRBUS. Mierda. Seguimos sin el gato, ¿verdad?

«Eh, Moose, ¿cómo *narices* volvemos a colocar el motor sobre sus soportes?». Oye... él fue quien dijo que podía sacarlo y volverlo a meter; yo sólo dije que podía arreglarlo, una vez fuera.

«Te preocupas demasiado. Lo tengo todo controlado». Dicho esto, extendió una toalla de playa y se tumbó sobre ella boca arriba, con la cabeza situada detrás del hueco del motor.

Aquí está bien.

«Jelly, tú y Óptero cogéis el motor cada uno por un lado, lo traéis hacia aquí y lo colocáis sobre mi pecho, del lado correcto.

«De acuerdo, Moose, *si tú lo dices...*, pero seguirá estando *demasiado* bajo para llegar a los soportes y tampoco podemos levantarlo sobre algo porque entonces estará *demasiado* alto como para pasar por el hueco».

Vaya, no creía que Jelly prestara atención a otra cosa que no fuera Jelly.

«Haremos lo siguiente: ponéis el motor sobre mi pecho, luego hacéis retroceder la furgoneta hasta que el motor pase el hueco... *Ah*, y poned algunas piedras contra los neumáticos para que la *furgo* no se mueva. Luego levantaré el motor hasta que pueda deslizarlo hasta los pernos de sujeción. Cuando lo tenga alineado, Jelly, sientas tu *culo* en el suelo y pateas el motor hasta los pernos».

*Eso me dejaba a mí excluido.* «¿Qué voy a hacer *yo*, Moose?».

Tú te meterás debajo de la furgoneta conmigo y enroscarás

las tuercas en los pernos de montaje en cuanto el motor esté colocado en su sitio».

«No sé hacer eso, Moose».

«¿Tienes un plan mejor o esperamos a que los *banditos* nos echen una mano?».

Vale. Tenía razón.

Moose nos repitió las instrucciones una vez más (supongo que no quería quedarse tirado en el desierto de Baja California con un motor sobre el pecho), y nos pusimos manos a la obra. Jelly y yo nos empleamos a fondo para levantar el motor y lo cargamos unos metros, hasta donde Moose estaba tumbado de espaldas. No había manera humana de que ninguno de los dos pudiéramos levantarlo solos, y yo estaba sufriendo imaginando a Moose con el motor en peso (y sosteniéndolo allí) mientras Jelly y yo tomábamos posiciones, maniobrábamos con ello y localizábamos los pernos debajo del chasis en los que tenían que ir las tuercas... y todo en plena noche. No obstante, hicimos lo que nos dijo Moose y, con la mayor delicadeza posible, colocamos el motor sobre su pecho. Con el silenciador clavándose en su vientre y el volante oprimiéndole la barbilla, gritó: «*¡Ahora! ¡Ya! ¡Ya! ¡Ya!*».

Empujamos la *Wonderbus* hacia atrás, por encima de él, con su mitad inferior asomando, como si se tratara de un animal recién atropellado. Jelly se colocó en posición, listo para la señal de patear el motor hacia los pernos. Yo me deslicé junto a Moose, con una tuerca de fijación en cada mano. Tardé un minuto en *culebrear* lo suficiente como para poder llegar al lugar donde debían colocarse las tuercas. Incómodamente encajonado entre Moose y el interior del neumático trasero izquierdo, mi nariz chocó contra la parte inferior del motor, que reposaba sobre su pecho. Mis dos brazos estaban extendidos por encima de mi cabeza… Estaba, en una palabra, *indefenso.*

«De acuerdo. Estoy bien. ¿Puedes levantarlo?». Mi madre me mataría si se enterara de esto. No sabía si esperar que Moose pudiera hacerlo o rezar para que no pudiera. Todo esto era una auténtica locura.

El pecho de Moose se hinchó, luego se quedó inmóvil; su codo derecho golpeó bruscamente mis costillas por debajo de la axila izquierda. Sus piernas se pusieron rígidas, las venas de su cuello se abultaron de forma extraña y bramó un *«¡Aggghh…!»* primigenio que desató en mí un instinto de lucha o huida adrenalínico —rayando en pánico— en lo más profundo de mi ser. El motor se tambaleó y osciló durante un instante antes de que lo apartase temblorosamente de nuestras caras y lo intentase colocar en el oscuro hueco que había encima. Demasiado rápido; la parte superior chocó contra el techo del compartimento del motor con un estrepitoso golpe.

«Está demasiado alto. Tienes que bajarlo un poco». No sabía cuánto tiempo podría sostenerlo —mucho menos bajarlo un par de centímetros— y luego mantenerlo firme de nuevo en esa posición. Precisamente para eso están los gatos.

«¿Qu…? *¿Cuánto más abajo? ¿cuánto más? ¡Avísame, cojones!».* Los brazos de Moose empezaron a temblar mientras bajaba el motor muy poco a poco. Empezó a balancearse de lado a lado mientras luchaba por controlarlo, con sus brazos perdiendo fuerza por el agotamiento.

«¡AHÍ, MOOSE! ¡MANTENLO AHÍ! ¡JELLY, PATEA! ¡PATEA! ¡PATEA!».

¡Dios mío, espero que encaje a la primera!

No lo veía con fuerzas para volver a bajar el motor con

suavidad, y mi cabeza estaba entre *este* y el suelo. Jelly dio de nuevo una patada al motor, pero los pernos no conseguían encajar en su sitio. Demasiado alto una vez, demasiado bajo la siguiente, demasiado a la izquierda, más a la izquierda...

Mierda.

«¿Estás bien, Moose? Sólo nos falta un poquito. ¿Puedes mantenerlo *algo* más estable?».

«*¡Aggghhhh!* Chicos, tenéis cinco segundos antes de que se me caiga. *¡HACEDLO, JODEER!* AGGGGGGHHH!!!!».

En ese instante, el motor se deslizó, colocándose en su sitio. Un par de movimientos con mis dedos hicieron girar la primera tuerca, fijando *la bestia* en su sitio. Los brazos de Moose se desplomaron sobre su pecho como si fueran pasta demasiado hecha. Se le escapó una risita nerviosa muy extraña en él.

«¿Estáis bien?». Jelly me respondió dándome una patada en el pie.

Moose y yo permanecimos tumbados, demasiado exhaustos como para mover un músculo, él riéndose entre resuellos y yo sacudiendo suavemente la cabeza.

«*Eh*... Empuja la furgoneta hacia afuera, ¿vale? No creo que podamos salir por nuestra cuenta».

Jelly obedeció, y la imagen del motor sobre nosotros dio paso al cielo más impresionante y estrellado que jamás había visto. Aún tumbados y mirando al cielo, fui el primero en interrumpir el *bonito* momento.

«Eh, Moose, ¿de qué te reías hace un rato?».

«Pensaba en cómo la cárcel me ha salvado la vida. Si no hubiera pasado tanto tiempo levantando pesas allí dentro, se nos habría caído esa *jodida mierda* encima».

Vaya.

Tardamos unos diez minutos en volver a fijar la plancha, conectar los cables y poner el resto de piezas en su sitio, antes de verter el último aceite que nos quedaba y poder probar el motor. Se encendió enseguida y ronroneó como un gatito. No había señal de fuga de aceite. ¿No es genial? Volvimos a la autopista y condujimos los ciento sesenta kilómetros hasta Santa Rosalía, a velocidad normal, parando sólo una vez para confirmar que el aceite seguía en el motor, donde *debía* estar. Cuando llegamos a la ciudad, encontramos un lugar donde parar a pasar la noche. Los chicos se instalaron fuera: Moose en su saco de dormir, en el suelo, y Jelly en su tumbona. Yo coloqué las cosas dentro de la 1DRBUS y desplegué mi cama tamaño de matrimonio. Apenas dijimos nada más; los tres estábamos demasiado agotados, mental y físicamente, como para hacer otra cosa que no fuera dormir.

# CAPÍTULO 6

---

## «TENEMOS DOS DE LOS MEJORES...»

### Una lata de *«Luuuu-briiiiii-cannnn-te»*

Moose se levantó al amanecer y sintió que era su obligación despertarnos a Jelly y a mí para compartir con nosotros lo doloridos que tenía los brazos y el pecho esta mañana.

«Creo que anoche me dio un tirón. Apenas puedo levantar los brazos».

«*Entonces*... te vas a morir de hambre».

Muy buena, Jelly.

«¿Cómo de cerca estuviste de dejar caer esa *cosa* sobre nuestras cabezas, Moose?».

«No iba a dejar que cayera en *mi* cabeza. Acaban de quitarme los alambres de la mandíbula. *Qué putada. Ehhh*, ¿comemos algo antes de ponernos en marcha?

«Yo no tengo mucha hambre. Id vosotros». Imaginarme esa mole aplastándome el cráneo hizo que se me quitara el apetito. «Además, quiero comprobar algunas cosas en la 1DRBUS antes de ponernos en carretera. Y, bueno... por si acaso... quiero comprar algo más de aceite para llevarnos».

«¿Por si acaso *qué*, Óptero?».

¿Qué? ¿Creía Jelly que todo había sido un sueño?

Moose se cruzó de brazos, masajeándose ambos bíceps. «No, es una buena idea. Los mexicanos lo llaman *lubricante*».

*Me alegro mucho de que sepa algo de español. Este viaje sería mucho más complicado sin él.*

«¿Cómo se pronuncia, Moose? Dilo un poco más despacio, ¿vale?».

*«Luuuu-briiiii-cannnn-te».*

«Vale, entendido. *Lu-bri-can-te*».

Dicho esto, los chicos cruzaron la carretera hacia una zona de locales en busca de desayuno, y yo cogí un trapo para comprobar la varilla del nivel. *Hmmm,* no está mal. Sólo ha bajado un poco. Supongo que las tapas de los objetivos están aguantando.

Quizá debería ser inventor o algo por el estilo.

Aun así, llegar hasta aquí anoche nos costó hasta la última gota de aceite que teníamos. Creo que debería comprar al menos seis u ocho litros. En fin... Por si acaso. No vi nada remotamente parecido a una tienda de recambios de automóvil al otro lado de la carretera, así que cerré la furgoneta y fui en dirección opuesta a la de Moose y Jelly.

Cada escaparate que encontraba era algo *nuevo* para mí.

Todo era «nuevo». Obvio, por otro lado...

En el escaparate de la primera tienda había una figura de neón cuya forma era una jarra derramando un líquido. El cartel de la puerta rezaba «Agua Pura». Estaba acostumbrado a ver algunos estantes de agua embotellada en el supermercado, pero ¿una tienda entera dedicada por completo a vender agua? A continuación había una «Veterinaria», seguida de una «Farmacia», un «Dentista» y luego una «Licorería». Todo era tan aleatorio... O quizás no. Es decir, poder comprar medicación o licor antes o después del dentista podría resultar muy útil.

Los edificios colindantes estaban a medio construir y, cosa extraña, empezaban a deteriorarse. ¿O es posible que estuvieran terminados y estaban siendo expoliados de sus materiales? Resultaba difícil confirmar una cosa u otra. Me estaba quedando sin opciones, así que entré en la siguiente tienda, pensando que al menos podría pedirles que me indicaran la dirección correcta en mi búsqueda de *«lu-bri-can-te»*. El interior del humilde local era una mezcla ecléctica de: garaje excesivamente lleno de trastos y chatarra, tienda de golosinas y juguetería. Herramientas de todo tipo colgaban de arandelas de alambre hechas con perchas viejas y clavadas a una viga, en lo alto de la puerta. Coloridos paquetitos de papel, envueltos en celofán, de lo que parecían ser chicles (y caramelos de los que nunca había oído hablar) estaban organizados en hileras ordenadas, a lo largo de un mostrador ubicado junto a la ventana. Dos neumáticos de bicicleta desgastados, uno muy grande y otro —seguramente— de la parte trasera de un triciclo, colgaban de un pincho metálico encajado en una grieta de la pared, construida con tablones de madera. En un rincón estaban aparcados un vagón de juguete, con varios aperos de jardín de plástico de tamaño infantil, y un cortacésped (también de juguete) de color naranja, amarillo y verde, descolorido por el sol.

Una anciana se levantó hierática desde detrás del mostrador, examinándome con la mirada y sin decir ni una sola palabra.

«¿Dónde está el *lubricante*, por favor?». Parece que mi español dista de ser perfecto. Con la ayuda de Moose seguro que me haría entender, ¿eh?

Me miró como si fuera un marciano. «¿Qué?».

«¿Dónde está el *lubricante*, por favor? Ya sabe, … aceite para *mi carro*». No tengo ni idea de qué significa «mi carro», pero espero que sea algo lo suficientemente parecido como para que lo adivine sola.

Con una expresión entre molesta y perpleja, se quedó observándome.

¡Espero no haberla insultado sin querer! Esto no va muy bien.

«¿Dónde está el *lubricante*?». ¿Quizá sea indígena y no hable muy bien español? Lo intenté más despacio, pronunciando cuidadosamente cada sílaba: *«lu-bri-can-te»*.

«No está».

Sí, más o menos lo deduje mirando su tienda, señora.

*«Sí. Sé lubricante no está. ¿Dónde está..? quiero decir...¿dónde está lubricante?».*

«¿Qué es?».

«¡Sí! ¿Qué es lubricante?». ¿Estará siendo complicado para ella entenderme, a causa de mi gramática?

Sacudió la cabeza y volvió a sentarse en silencio detrás del mostrador.

Voy a necesitar a Moose para esto...

Me resultó un poco largo el camino de vuelta; los chicos ya estaban allí, apoyados en el lateral de la 1DRBUS.

«¿Dónde está el aceite, Óptero? Tenemos que poner a esta *cerda* en la carretera».

«No lo he encontrado, Moose. Nadie parece saber lo que es *lubricante*, o tal vez lo estoy diciendo mal. Necesito que lo preguntes tú».

«Cojamos la carretera y vayamos hasta Loreto. Repostaremos y compraremos aceite en PEMEX, a la salida de la ciudad. Además, se llama «*aceite*». Sólo te estaba tomando el pelo. ¿Te lo has pasado bien? El desayuno estaba *de muerte*».

«Sí, Óptero. El desayuno estaba *de muerte. Ack-ack-ack-ack*».

¿Estaba Jelly metido en el ajo desde el principio o sólo disfrutaba haciéndome quedar como un *imbécil*? Me da igual. Los dos son unos *gilipollas.*

## Cruces blancas y bolitas moradas

Tal como dijo Moose, compramos una garrafa de aceite en la estación PEMEX del extremo sur de la ciudad y nos pusimos de nuevo en camino. Excepto por estar *cabreado* y un poco hambriento, las tres horas siguientes fueron el paraíso. Empezaba a relajarme y a disfrutar del viaje mientras la autopista bordeaba las lagunas y playas más hermosas que había visto en mi vida. El colorido intenso de las rocas, la arena y el agua era impresionante, y me costaba absorberlo todo. Las concentraciones ocasionales de cruces pintadas de blanco y flores, a ambos lados de la calzada, eran un recordatorio constante de que debía mantener los ojos puestos en la carretera. Me pregunté por un momento cuántos años habrían hecho falta para acumular tantos monumentos *in memoriam*, dedicados al conductor imprudente. Cuando se agrupaban una docena de cruces o más en un mismo lugar, ¿se estaría conmemorando un gran accidente, o simplemente sería una curva de la carretera especialmente peligrosa, y con frecuencia inadvertida?

Volvimos a repostar en Loreto y continuamos hacia el sur, hasta que la carretera se desvió de repente hacia el oeste, alejándonos del golfo y emprendiendo una subida constante y sinuosa hacia las montañas. Se podría pensar que, a medida que subiéramos, haría más fresco; pero *no,* alejarnos del mar tuvo el efecto contrario. Aunque soportable durante la mañana, el aire se volvió caliente, pesado y agobiante. Lo único que lo movía éramos nosotros, conduciendo a través de él. Moose roncaba en la parte trasera; Jelly se repantigó en el asiento del copiloto en un vano intento por encontrar un lugar cómodo donde apoyar la cabeza. Me incliné hacia delante, con los codos apoyados en el volante, haciendo todo lo posible por mantener la espalda alejada de la ardiente tapicería de vinilo verde oscuro, que se me pegaba a la piel desnuda siempre que había ocasión. Reduje la marcha a tercera, dado que la pendiente se hacía más pronunciada y la carretera se estrechaba, ralentizando nuestra velocidad, ya de por sí *dolorosamente* lenta.

«Eh, Jelly, ¿por qué crees que hay tantas cruces a lo largo de este lado de la carretera, y ninguna de bajada?».

Antes de que pudiera contestar, un autobús apareció de repente en la curva, a toda velocidad y tocando el claxon. En un extraño lapsus que pareció detenerse en el tiempo, establecí contacto visual con el conductor —perfectamente situado frente a la única superficie limpia de un parabrisas, por otro lado, lleno de barro; una hilera de bolitas (de color morado y verde) *bailando* sobre su cabeza. Con un instintivo *¡hostia puta!*, di un giro hacia el arcén tanto como me atreví, dado que a nuestro lado había un precipicio completamente desprotegido, salvo por una ordenada hilera de rocas encaladas que definían el borde. El autobús pasó a tanta velocidad que la corriente de aire que provocó arrastró a la 1DRBUS hacia él durante una fracción de segundo que fue aterradora.

«¡*Cojones*, Óptero! ¿Quieres que acabemos muertos? ¡Ese autobús casi nos aplasta!».

«Sí, ya lo he visto, Jelly» —contesté, inexpresivo.

Detrás de nosotros, Moose se despertó bruscamente. «¿Por qué nos hemos parado?».

«Óptero casi nos estrella contra un autobús».

«¿De qué estás hablando? Ocupó toda la *puta* carretera y ¡casi nos despeña! Tengo que revisar los neumáticos. Nos dimos de lleno contra algunas de esas *jodidas* rocas».

Dicho lo cual, apagué el motor, salté de la furgoneta, y rodeé la parte delantera hasta el lado del copiloto para echar un vistazo. El neumático delantero parecía estar bien. El de detrás, también. *Ohh, mierda.* Aceite.

«Estamos perdiendo aceite otra vez. Y mucho».

«¿Por una roca?», preguntó Jelly.

«No creo. Sale por el mismo lugar que antes. Creo que son esas *malditas* juntas. Probablemente el motor se ha calentado en exceso subiendo las *jodidas* montañas y ha fundido las tapas de los objetivos. Es un poco raro que haya ocurrido precisamente en este momento».

Los últimos minutos parecen un episodio de *En los límites de la realidad*.

«¿Creéis que ese autobús estaba destinado a hacernos parar antes de que quemáramos el motor? Da igual... Me alegro de que tengamos una garrafa de aceite nuevo para llegar a la próxima estación PEMEX».

«No podemos quedarnos aquí, en medio de la carretera. Echa un poco de aceite y llevemos esta *cerda* hasta arriba».

Oye, tengo una idea, Moose. ¡Atravesemos el puerto, apaguemos el motor y bajemos por el otro lado!

Y así lo hicimos. Añadíamos aceite. Conducíamos un tramo. Y seguíamos la costa siempre que era posible. Y lo repetíamos de nuevo. Así *todo* el trayecto hasta el concesionario VW de La Paz, a unos 280 kilómetros. Visto ahora, 280 kilómetros no parecen tan lejos, pero necesitamos otros *veintiséis* litros de aceite, y nos llevó el resto del día y hasta bien entrada la noche conseguirlo.

Con el último litro de aceite agotado, y conscientes del riesgo que corríamos yendo más lejos, decidimos acampar frente al concesionario Volkswagen La Paz, en Baja California Sur. Situados en la intersección de la Carretera Transpeninsular y la principal avenida del centro de La Paz, llamábamos mucho la atención. Los chicos colgaron su mosquitera en un lateral de la 1DRBUS y la extendieron sobre la gruesa cadena que restringía la entrada a la zona de acceso al taller. Sacaron las neveras, el saco de dormir de Moose y la tumbona de Jelly. Encendimos el hornillo y preparamos una cena tardía a base de jamón y frijoles en lata.

Los lugareños tocaban la bocina y nos saludaban al pasar. Moose puso a prueba su español, tratando por todos los medios de explicar a dos agentes de policía por qué *demonios* estábamos acampando *allí*. Señalar la densa mancha de aceite de motor en la parte trasera de la 1DRBUS fue lo que mejor funcionaba a la hora de *rellenar* los silencios incómodos. Nos permitieron quedarnos —probablemente porque les dimos pena— y también porque supondrían que no llegaríamos muy lejos si nos obligaban a marcharnos. Pero también nos dejaron muy claro que se trataba de un trato de una sola noche, y que más nos valía encontrar un camping en el que alojarnos al día siguiente. Mientras me quedaba dormido, pensé en que no recordaba de qué color era el autobús que casi nos manda al precipicio, pero sí recordaba con claridad las bolitas moradas y verdes que «enmarcaban» el rostro del conductor.

## Entre Moose y la comida

Con las primeras luces, el ¡*bang-bang-bang-bang*! de una mano golpeando fuertemente el lateral de la 1DRBUS quebró el silencio del amanecer. Después de unos segundos, se oyó de nuevo otro ¡*bang-bang-bang-bang*! Moose murmuró algo incomprensible en cualquier idioma. La mosquitera se levantó por la parte central y apareció un hombre de mediana edad y aspecto serio que vestía una camisa de color azul intenso y unos pantalones negros. Sobre un bolsillo de la camisa lucía un distintivo VW y, sobre el otro, un parche bordado con su nombre: «Roberto Nueves, Administrador de Autoservicio». Los tres necesitamos un momento para espabilarnos y recordar dónde estábamos y qué hacíamos allí.

Durante los minutos siguientes, Roberto Nueves toleró pacientemente el penoso español de Moose. Cuando vio la gran mancha de aceite en la parte trasera de la furgoneta, Roberto supuso que habíamos llegado renqueando hasta allí desde un poco más al norte de San Quintín, vertiendo aceite durante más de mil trescientos kilómetros. Me pareció curioso que no preguntara por qué no habíamos dado la vuelta y regresado a Tijuana. O, mejor aún, a casa, a San Diego.

Roberto estaba encantado de que hubiéramos batallado tanto para llegar a *su* servicio técnico de VW, ¡y ahora iba a actuar como un héroe, solucionando nuestro problema! Cuando hubo «asimilado» que habíamos gastado treinta y ocho litros de aceite para llegar a su taller, levantó la mano: *«Un momentito, por favor».* Los mecánicos habían empezado a llegar al trabajo en grupos de dos y tres. Roberto llamaba a cada grupo que llegaba y, con tono entusiasmado, les contaba nuestra historia. No fue necesario entender el idioma. Cuando llegó a la parte de los treinta y ocho litros de aceite *y* los últimos mil trescientos kilómetros de nuestro viaje, los enormes ojos de sorpresa, las sacudidas de cabeza y las carcajadas fueron de lo más elocuente. Moose sacó una decena de sus revistas *guarras*, le dio dos a Roberto y (con el visto bueno de este) distribuyó el resto entre los mecánicos reunidos a nuestro alrededor.

Tras el papeleo pertinente, nuestro nuevo mejor amigo, Roberto, nos preguntó dónde nos alojaríamos, ya que esperaba que las reparaciones duraran hasta el día siguiente —y no podía permitirnos acampar en el concesionario otra noche más.

*Mierda,* habíamos sacado y desmontado el motor, y lo habíamos vuelto a montar en la furgoneta, en menos de noventa minutos... ¡a oscuras, en medio del desierto y sin gato! ¡¡Y ahora necesitaban casi dos días enteros!! Bueno, vale, al menos lo harían bien y con las piezas correctas.

Como no teníamos ni idea de adónde ir, Roberto nos pidió que cargáramos nuestros bártulos en la parte trasera de su camioneta y nos llevó a las afueras de la ciudad, a lo que denominó un «camping autorizado». En realidad era más un *solar polvoriento* —cercado por tres lados con alambre de espino— que un camping. Había seis o siete caravanas destartaladas, unos cuantos almacenes de aspecto ruinoso y dos pequeños cobertizos de chapa ondulada que parecían construidos para dar sombra al ganado. No había electricidad. Ni había agua corriente. A unos cincuenta metros de la caravana más cercana, a través de un hueco en la valla de alambre de espino, se podía divisar un orinal de lo más solitario.

¡Caray, estoy deseando «cagar» ahí dentro mientras disfruto del calor de la tarde!

Un anciano diminuto y arrugado por el sol, que sólo llevaba puestos un bañador negro descolorido y un par de chanclas de goma destrozadas, salió de una de las caravanas. Tras una breve conversación con Roberto, señaló uno de los dos cobertizos con techo de chapa y levantó tres dedos. Roberto le dijo algo a Moose en español, y Moose se volvió hacia nosotros:

«Un dólar por noche *cada uno*».

Todos me miraron, así que saqué tres billetes de un dólar de mi bolsillo y se los entregué a nuestro anfitrión. Dobló los billetes varias veces, se los metió en la riñonera, y desapareció de nuevo en su pequeña caravana, necesitando dar dos portazos para que se cerrase del todo.

Con una sonrisa de oreja a oreja y un ademán exagerado, Roberto señaló nuestro alojamiento de chapa con un alegre «Tu casa», y dijo que vendría a buscarnos en cuanto terminaran las reparaciones de la 1DRBUS.

Solamente son las 9 de la mañana y ya tiene que haber unos 37 grados a la sombra. Abandonados en medio de ninguna parte, simplemente nos quedamos mirando cómo se alejaba.

Jelly dispuso su tumbona mientras Moose y yo hacíamos lo posible por limpiar de guijarros, hierbajos y pegatinas un trozo de tierra lo bastante grande como para extender nuestros sacos de dormir. De vez en cuando, una enorme hormiga roja caminaba por el duro pavimento en busca de algo aprovechable sobre lo que alertar a la colonia. Un *ejército* de moscas sobrevolaba nuestras cabezas con patrones geométricos definidos, refugiándose del implacable sol.

«Eh, Óptero, ¿qué se siente al no tener tu enorme cama hecha a medida para dormir? Apuesto a que mi tumbona te está pareciendo bastante atractiva ahora, ¿no?».

«Sí, Jelly, lo que tú digas. Mañana volveré a mi cama y tú seguirás disfrutando de tu porquería de tumbona».

«¿Y tú, Moose? ¿No te gustaría haber sido lo bastante listo como para pensar en traer una tumbona? ¿Cómo van las hormigas por ahí abajo?».

«Vete a la mierda tú *y* tu tumbona. En cuanto te duermas voy a ponerte *mocos* en la cara, y luego veremos quién les gusta más a las hormigas». Dicho esto, Moose se puso de lado y soltó una enorme y sonora ventosidad en dirección a Jelly.

Creo que me mantendré al margen de esta refriega.

El segundo lanzamiento de zapatilla tuvo lugar unos cinco segundos después, cuando el primer *ataque* oloroso de Moose alcanzó las fosas nasales de Jelly. Con un movimiento rápido, se llevó la mano a la cara, estiró las piernas y se incorporó en su querida tumbona de la marca Army Surplus. El sonido que se oyó a continuación fue como el de una larga cremallera, al tiempo que la vieja lona se rajaba bajo él, haciéndole caer de *culo* al suelo.

No recuerdo haberme reído tanto en toda mi vida. A Moose se le caía la baba y se le saltaban las lágrimas. Ninguno de los dos era capaz de acabar una frase. A los pocos minutos estábamos apretándonos el estómago para calmar los calambres. Jelly no dijo ni una palabra más el resto de la tarde. Se negó a aceptar la derrota y, en su lugar, colocó una primera nevera, y luego otra, en sendos extremos de la maltrecha tumbona, antes de hacerse la cama sobre ellas. Había estado reservando celosamente mi carrete para documentar nuestras aventuras en La Ticla, pero no fui capaz de resistirme a este momento *Kodak*, así que saqué una foto de Jelly en su improvisado camastro. ¡Demasiado divertido como para dejarlo pasar! Me quedé dormido, con el abdomen como si acabara de hacer cien abdominales.

Al ponerse el sol, Moose nos despertó a los dos. «Óptero, saca la mosquitera. Jelly, saca tu *culo* de las neveras para que pueda comer algo».

Jelly se levantó sobre un codo —luego se quedó paralizado en su sitio— antes de volver a tumbarse *muy lentamente* boca arriba. Susurró: «Ahora no puedo levantarme. Necesito ayuda. Vamos. Ayudadme. ¡Que alguien me ayude, *joder*!».

Moose contestó con un berrido: «¡Vamos, Jelly! ¡Tengo hambre y tengo que comer algo! ¡Baja de las *putas* neveras!».

Qué encantador.

*«Es-es-escorpión...»*.

Fue entonces cuando lo vimos. Un enorme escorpión estaba alojado parcialmente en el ombligo de Jelly, con su larga cola y su temible aguijón arqueados amenazadoramente sobre él.

Esta vez me congracié con Jelly. «¡No te muevas! ¡Parece cabreado!».

Moose adoptó una táctica ligeramente diferente. «¿Ves lo que has hecho, Jelly? El karma se está vengando de ti por toda esa *mierda* que nos dijiste sobre ser más listos y traer una tumbona y todo eso. Esto es una venganza cósmica *al estilo mexicano*».

¿Ahora es filósofo?

«¿Qué crees que debemos hacer, Moose?». No tengo la menor idea. «Tal vez si te quedas quieto, Jelly, volverá por donde ha venido».

«No, tienes que quitártelo de encima. Inclínate hacia un lado rápidamente y se caerá».

Sí, Moose. Es entonces cuando, sin duda, clavará la punta de ese enorme aguijón en la piel de Jelly, para evitar perder el equilibrio.

Pasó un minuto y seguíamos mirando fijamente al escorpión. Jelly sudaba tinta y estaba un poco pálido. Finalmente, Moose cogió una caja de cerillas de su bolsa, sacó una, la encendió y la lanzó hacia Jelly.

*«¿Qué cojones? ¡¿Qué estás haciendo?!* ¡Vas a conseguir que lo mate!».

Moose no dijo nada, ni siquiera me miró. Sacó otra cerilla, la encendió y —mientras aún estaba ardiendo— la dejó caer de nuevo sobre el torso desnudo de Jelly.

¡A eso lo llamo yo forzar la situación!

En un abrir y cerrar de ojos, Jelly se balanceó hacia un lado y se puso de pie de un salto. El escorpión cayó al suelo polvoriento; Moose lo aplastó con su sandalia y, sin más demora, sacó la nevera y la abrió. Lo único que quedó para rememorar ese momento fue el penetrante olor a pelo de pecho *chamuscado*.

Moose fue el primero que habló, con media tortilla doblada en la boca: «Mira, Jelly, o te picaba o no te picaba. Pero yo tengo que comer, y era hora de averiguar por dónde iba a salir la cosa...».

Vaya. Ruego a DIOS para que nunca me quede atrapado entre Moose y la comida.

Jelly no dijo ni una palabra más el resto de la noche. No estoy seguro de si seguía enfurruñado en su catre, en estado de *shock*, o simplemente le daba miedo parecer un cobarde si sacaba el tema. Moose y yo, en cambio, no podíamos hablar de otra cosa. Las burlas de Jelly... El pedo fétido de Moose... El desgarro de la tumbona... La tumbona rota sobre las neveras... El escorpión... Las cerillas... La mancha de piel rojiza y sin vello, del tamaño de un cuarto de dólar, que Moose había bautizado como «el tercer pezón de Jelly». Estuvimos contando la anécdota hasta bien entrada la noche, riéndonos de las mismas *idioteces* una y otra vez.

¿Pudiera ser que Moose y yo estuviéramos estrechando lazos? ¿Haciéndonos amigos? DIOS, espero que no. Yo sólo quiero ser guay. No necesitaba ser su colega y, desde luego, no tenía ningún interés en ser «compinche de un delincuente perseguido por la Justicia».

A media mañana del día siguiente ya habíamos recogido nuestras cosas y estábamos listos para que Roberto viniera a buscarnos. Nos sentamos y sudamos *de lo lindo* bajo el tejado de chapa ondulada. (Es asombroso cómo la mente consciente y subconsciente puede afectar a las funciones fisiológicas básicas de una persona. Ninguno de nosotros tuvo en ningún momento la menor intención de utilizar el orinal situado en el extremo del camping. Podríamos aguantar hasta llegar a los baños con aire acondicionado del concesionario). Pasaron varias horas. Transpirábamos tanto que estaba seguro de que nos quedaríamos sin agua potable antes del anochecer. ¿Y qué haríamos, entonces?

*Tic-tac-tic-tac,* el segundero recorría la esfera de mi reloj. Comprobaba la hora una y otra vez; los minutos y las horas pasaban con lentitud. El día se nos hizo eterno. Apenas hablábamos entre nosotros, preferíamos sufrir en silencio a hablar y expresar nuestras preocupaciones.

Si no hubiera tenido tanto calor —y no hubiera estado deshidratado—, se me habrían saltado las lágrimas de emoción, en el momento en que Roberto y su preciosa camioneta aparecieron para sacarnos de aquel camping *de mal agüero.* Seguramente había recibido alguna clase improvisada de inglés, porque nos saludó con un «¡Hola, *my friends*! ¿Cómo fue la acampada?».

*«¿Está lista mi furgoneta?»* —respondí, sin querer perder ni un minuto más en volver a la civilización.

«Sí. Está arreglada».

«Sí» no debió incluirse en la lección de inglés de esta mañana, ya que lo dijo en español.

Subimos nuestras cosas a su camioneta sin necesidad de que nos lo pidiera y nos dirigimos de vuelta al concesionario. Moose intentó entablar conversación con Roberto, pero la canícula, las traducciones fallidas y las calzadas llenas de baches se confabularon para que fuera imposible mantenerla.

Cualquiera diría que la 1DRBUS estaba puesta a la venta. Estaba aparcada justo delante del concesionario; se veía resplandeciente a la luz del sol, cuando entramos en el aparcamiento. Me impresionó lo bonita que se veía. La habían limpiado por dentro y por fuera, la habían encerado, los cristales estaban impecables, habían revisado los neumáticos y pulido los cromados. A su alrededor estaban congregados una docena de mecánicos, aprendices, vendedores y personal de oficina. Era un auténtico dilema decidir qué era más sorprendente: mi *Wonderbus*, la concentración de gente, o la expresión de satisfacción en la cara de Roberto. La cabeza alta, los hombros hacia atrás, el pecho henchido. Un momento de gloria, delante de su equipo y del personal del concesionario, que fue extraordinario. En concreto, hubo un hombre y dos mujeres a los que se les veía radiantes, inequívocamente orgullosos de habernos prestado sus servicios. Nos abrazamos y nos dimos la mano con todas y cada una de las personas allí presentes. Nadie podía dejar de sonreír. La barrera lingüística no fue un problema. Todos éramos uno, y teníamos una misión común. Creo que estaba literalmente en estado de *shock*.

La cuenta ascendió a poco más de noventa dólares por todo. Alguien de la oficina sacó una vieja cámara Polaroid y posamos para dos fotografías. La primera era de nosotros: tres *gringos* y nuestra furgoneta; la segunda, de todos, organizados en dos filas, delante de la Wonderbus. ¿Yo? Me sentí profundamente agradecido, y se me hizo un nudo en la garganta que tardó mucho en desaparecer. Estas personas se habían entregado en cuerpo y alma para ayudar a unos extraños en apuros. Era una bondad pura y genuina, tan ajena en mi vida, que me fue difícil de asimilar. Nos *querían*.

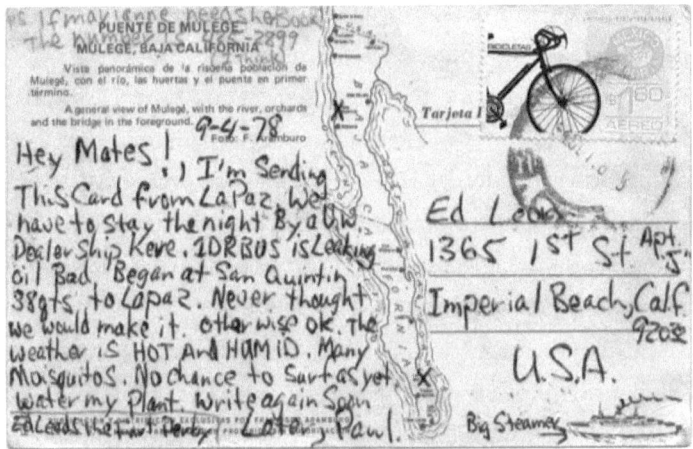

Envié esta postal a Perro («Ed León») desde el concesionario VW de
La Paz, Baja Sur, México, el día que salimos hacia la terminal del ferry,
en Cabo San Lucas. Como puede ver, nuestra patada en el culo kármica
estaba en marcha: «38 litros (de aceite) hasta La Paz», «Aún no habíamos
hecho surf» y «Mosquitos para parar un tren».
(El «Ed» de abajo a la izquierda se refiere a «Moose».
Menudos gases se tiraba el tío).

## Nunca conduzcan de noche

Esa noche, mientras nos dirigíamos hacia el sur desde La
Paz a Cabo San Lucas, resonaban en mi mente las repetidas
advertencias que nos habían hecho sobre conducir por las
carreteras al caer la noche. Pero ya habíamos perdido tanto
tiempo que, si no continuábamos la marcha durante la noche,
perderíamos otra salida del ferry al continente.

Sobre la rueda de repuesto, situada en la parte delantera
de la 1DRBUS, había instalado un foco luminoso de alta
intensidad. Cuando estaba encendido, parecíamos un tren de
mercancías acercándose en la oscuridad. Por desgracia, los faros
convencionales eran tan tenues que no podíamos conducir con
seguridad, a una velocidad decente —y viendo lo suficientemente
lejos como para evitar algo que surgiera de la oscuridad. Así que

hicimos lo que era más seguro para *nosotros*. Dejamos el foco de alta intensidad encendido todo el camino. Todas las personas con las que nos cruzábamos nos hacían señales con las luces, tocaban el claxon o nos gritaban. Éramos un peligro para todos, pero era *eso* o ir despacio y perder el ferry. Pasamos de estar eternamente agradecidos por el trato recibido en el concesionario VW a ser unos «gringos desagradecidos» en menos tiempo del que se tarda en ver una película. Y seguimos adelante.

El foco proyectaba un haz bien definido y de gran angular. Era panorámico de lado a lado y muy delgado de arriba abajo. Para que iluminara lo suficientemente lejos como para ser de ayuda, había que orientarlo de modo que tuviera un «horizonte» claramente definido en la parte superior (al mismo nivel que la parte inferior del parabrisas) y una vista muy nítida de la carretera, situada entre el foco y la oscuridad reinante bajo el parachoques. Sin embargo, con cada bache o desnivel de la carretera, la perspectiva cambiaba con una brusquedad desorientadora, volviendo a la normalidad con la misma rapidez.

Un tramo especialmente largo de la carretera discurría por un paisaje desértico, frecuentemente salpicado por cauces provocados por tormentas estacionales que los mexicanos llamaban *arroyos*.

La carretera se adentraba varios metros en cada uno de estos cauces secos, los atravesaba y salía de nuevo a la llanura desértica, en el otro lado. Como nuestro foco de luz no permitía ver la caída inicial hasta el último segundo, en ocasiones se produjeron algunas entradas muy bruscas y angustiosas, lo que hizo que más de una vez estuviéramos literalmente «volando». Durante la caída, el foco apuntaba hacia abajo (dejándonos completamente a ciegas sobre lo que había más allá de unos metros), hasta que tocábamos fondo y nos nivelábamos de nuevo. Cuando salíamos (volviendo a subir por el otro lado), la luz se proyectaba hacia el cielo, privándonos de la visión frontal de la carretera durante unos segundos, hasta que coronábamos la cima y reanudábamos la marcha normal.

Tras superar alrededor de una docena de bruscas subidas y bajadas, la carretera se calmó durante varios kilómetros. Empezamos a relajarnos y a hablar sobre todo lo que nos había pasado. La conversación se centró en lo mal que habían salido las cosas hasta ahora. Nos quejamos de las averías y de los retrasos. Me quejé de los *palurdos* de Santa Rosalía; gente que no entendía, o no quería entender, que necesitaba aceite de motor, aunque lo expresara mal... Moose se quejó de haber perdido el primer ferry a Puerto Vallarta y dejó muy claro que lo pagaríamos *caro* si no llegábamos a tiempo a la siguiente salida. Era difícil no sentir impaciencia por no haber llegado ya a nuestro destino. No hicimos mención alguna a la inmensa muestra de afecto y apoyo que nos brindó la gente del concesionario. Ese *regalo* que habíamos recibido apenas unas horas antes.

De sopetón, la carretera se hundió bajo nosotros y caímos en el cauce más profundo hasta el momento. Como el haz de luz apuntaba hacia abajo, no pudimos ver nada en absoluto durante uno o dos segundos. Al tocar fondo y estabilizarnos, el foco de luz estuvo lo suficientemente elevado como para iluminar la vista de delante. Es en ese momento cuando un ejército de bovinos apareció repentinamente de la nada, justo frente a nosotros. Pisé el freno a fondo y empezamos a deslizarnos directamente, y sin posibilidad de desacelerar, hacia el ganado. Cien pares de ojos reflejaron genuino terror. Ilusiones fantasmales, una tras otra tras otra..., pasaban de un lado a otro sin parar. La manada se dividía como el Mar Rojo de Moisés, mientras avanzábamos derrapando y a una velocidad apenas reducida sobre la grava suelta. Treinta, cuarenta, cincuenta metros. Nos deslizamos y deslizamos y deslizamos... De golpe, alcanzamos el otro lado del *arroyo* y salimos a la superficie, volviendo a encontrarnos en una carretera llana y sin ganado. Ante nosotros se abría una carretera totalmente despejada. Era como si no hubiera pasado nada. Como si todo hubiera sido una alucinación. O un mal sueño. Salimos volando —veinte segundos de caos y pánico—, volvimos a subir *y eso fue todo.*

Mensaje recibido. No sois más que una mota de polvo en el viento cósmico. Sobreponeos de una vez.

## «Tenemos dos de los mejores...»

Cabo San Lucas era un pequeño y tranquilo pueblo pesquero al final de la carretera, y no resultó complicado encontrar el muelle. Unas cuarenta embarcaciones pequeñas estaban amarradas a un lado de la bahía, muy poco profunda. Al parecer, se estaba llevando a cabo una importante ampliación del pequeño puerto. Dos excavadoras empujaban montículos de tierra, de color rojizo y aspecto fértil, hacia unos setos que sobresalían a lo largo de la orilla. Una grúa sumergía reiteradamente bajo el agua un gran cubo de color amarillo, desgastado y raído, antes de arrastrarlo a lo largo de un espigón de rocas que señalaba la entrada al embarcadero. No parecía estar sacando nada sólido del agua, así que supuse que sólo estaba dragando un poco de arena y depositándola en la base del espigón.

El ferry era mucho más grande de lo que había imaginado. Aunque nunca había visto uno en la vida real, deduje que probablemente un crucero no sería mucho más grande que esta *mole.* Todo tipo de coches, furgonetas, autobuses y camiones estaban alineados en un carril asfaltado junto al muelle, preparándose para embarcar en la bodega para la travesía nocturna a Puerto Vallarta. En el extremo donde el carril se unía con la parte delantera del ferry, un pequeño saliente del muelle se encontraba con la proa, totalmente abierta y abatible, del barco. Me recordaba a la mandíbula de un enorme tiburón, en posición amenazadora, preparada para engullir a una presa desprevenida.

Estábamos agotados por el viaje nocturno, pero aliviados por haber llegado con casi una hora de antelación antes de la carga de vehículos. Nos pusimos en fila detrás de un camión semirremolque y enseguida apareció otro gran camión detrás de nosotros. Un tipo delgado, vestido con un mono azul y llevando varios portapapeles, se acercó y me entregó unos documentos para rellenar. Por suerte, los formularios incluían traducciones al inglés entre paréntesis debajo de cada espacio en blanco. La típica información que cabría esperar: marca, modelo, país de matriculación, número de matrícula, nombre del propietario, tipo de carga a bordo, etc. El agente dejó claro que sólo el conductor podía permanecer en el vehículo, así que mientras yo rellenaba el papeleo y esperaba para cargar, Moose y Jelly fueron a la ventanilla y compraron el pasaje para los tres y la furgoneta.

Fue un poco extraño descender por la rampa y entrar en el enorme *caparazón* de la embarcación. Supongo que nunca la había considerado *minúscula*, pero la 1DRBUS parecía de juguete entre todos aquellos autobuses y camiones. El tipo delgado del mono me hizo señas para que avanzara hasta que la rueda de repuesto sobre mi parachoques delantero besó —literalmente— el *culo* del camión remolque que nos precedía. Me quedé un rato en el asiento del conductor y la tenue luz del casco de la nave se oscureció aún más, opacada por el camión de enormes proporciones que se acercaba a mi parachoques trasero. Mi retrovisor sólo me permitía ver una imponente placa VOLVO que ahora abarcaba toda mi luna trasera. Ese momento quedó grabado en mi memoria por el peculiar *phssssshat!* de los frenos de aire del camión.

*Hmm...* No sabía que Volvo fabricara camiones. Es tranquilizador. Probablemente tengan buenos frenos de mano.

Tras echar un último vistazo en el interior de la 1DRBUS para ver si se me olvidaba algo, salí y cerré la puerta. *Ups,* olvidé dejar las llaves en el contacto. Me sorprendió un poco la insistencia sobre ello EN MAYÚSCULAS durante el papeleo. Es decir, ¿en qué circunstancias necesitarían sacar su vehículo del barco sin usted? ¿No acabó el viaje, pero su vehículo sí? Será mejor que lo deje estar.

Dando un paso atrás para tener una mejor perspectiva, la 1DRBUS parecía un calzo para rueda —de colores licor de crema irlandesa y cerveza de raíz— entre los dos enormes camiones. Temía que su destino final fuera absorber un golpe inevitable, en caso de que uno u otro camión se desplazara y borrara la distancia que los separaba.

El camino para salir de la bodega era tortuoso y traicionero. Las escaleras eran excesivamente altas; los pasillos eran angostos y estaban muy mal iluminados. Dos pisos más arriba me topé con otro miembro de la tripulación, vestido con el mono de trabajo y yendo en dirección contraria a la mía. Los dos tuvimos que ponernos de lado y apoyar la espalda contra la pared para poder pasar; si alguno hubiera llevado un bulto o una maleta, no habría habido espacio suficiente. La irrespirable bodega apestaba a tubo de escape diésel, neumáticos y grasa de taller mecánico. Mirar hacia arriba y vislumbrar el cielo azul provocó en mí un repentino deseo de respirar aire puro.

Una vez arriba, localicé a los chicos en el bar de popa. Ya se habían hecho amigos de una pareja sueca de habla inglesa que estaba de vacaciones por allí, y no tardaron en pagar las bebidas de los cinco. Los suecos no tenían coche en la bodega. Viajaban como los típicos turistas: en aviones, trenes y coches alquilados. Empecé a contarles la aventura de dejar mi furgoneta *abajo*, pero me di cuenta enseguida de que la conversación iba a girar en torno a ellos y a lo maravilloso que es vivir en Suecia.

No importa. Ellos pagan las bebidas.

Al cabo de una hora, un rumor corrió como la pólvora entre la gente del bar de la cubierta de popa. Había un huracán en algún lugar *entre* donde estábamos y *hacia* donde nos dirigíamos. Rápidamente se convirtió en el único tema de conversación.

«Me pregunto si se cancelará la travesía», preguntó la mujer sueca.

Todos los ojos se volvieron hacia Moose en busca de una respuesta. «No, no lo creo. No ganan nada quedándose aquí perdiendo tiempo».

Ya, Moose. Excepto quizá no hundirse ni ahogarse. Eso supondría ganar algo con la espera.

La megafonía se activó y un hombre que se identificó como el capitán del barco manifestó que se dirigiría a todos en español y que luego repetiría todo en inglés. Entendí una o dos palabras del mensaje en español, pero no supe a ciencia cierta si estaba diciendo que nos quedaríamos donde estábamos —o si afirmaba, desafiante, que nada nos detendría. Terminó con un alegre: «Gracias por su atención».

Tras unos segundos de silencio, el capitán habló de nuevo, esta vez en perfecto inglés. «Amigos míos, me presento: soy el capitán del barco. Muchos de ustedes, sin duda, han oído hablar de una tormenta que recientemente se ha convertido en huracán sobre el océano, al oeste de Puerto Vallarta. Las tormentas oceánicas son bastante frecuentes en esta zona desde finales de verano hasta principios de otoño, y estamos bastante familiarizados con sus efectos. Para su mayor tranquilidad, les diré que acabamos de regresar de los astilleros de Mazatlán, donde nos han equipado con dos de los motores diésel más avanzados y potentes que jamás se hayan utilizado en un barco de este tamaño. Tenemos plena confianza en que no tendremos dificultades para sortear la trayectoria del huracán, y de que llegaremos a Puerto Vallarta según lo previsto. Sin embargo, es posible que experimentemos un oleaje más agitado de lo normal debido a la tormenta. Esto no supone ningún peligro ni para los pasajeros ni para el barco, pero puede hacer que una parte de nuestra travesía resulte incómoda para aquellas personas susceptibles de marearse. Por lo tanto, si alguien decide desembarcar ahora y viajar en el próximo transbordador, cuya salida está prevista para pasado mañana, puede hacerlo sin ningún tipo de recargo. Lamentablemente, para quienes tengan un vehículo a bordo, no nos será posible devolvérselo en este momento. Será custodiado en un almacén seguro de Puerto Vallarta hasta su llegada, al final de la semana. Todos aquellos que deseen desembarcar ahora y esperar al siguiente transbordador, por favor, identifíquense ante un miembro de la tripulación ahora. Gracias por su atención».

«¿Lo veis, chicos? Nada de qué preocuparse», dijo Moose, con una sonrisa de gato Cheshire.

Yo... ¡tengo una lista de cosas de las que deberíamos preocuparnos! ¿Me estás tomando el pelo? ¿De verdad vamos a esquivar un huracán en mar abierto? «¿Es posible que experimentemos un oleaje más agitado?». Pero, claro, si decido quedarme, mi furgoneta seguirá adelante hacia Puerto Vallarta sin mí... ¿Qué posibilidades hay de que Moose y Jelly me esperen en Puerto Vallarta? *Mierda*, ya me veo en el «almacén seguro», buscando la 1DRBUS, que para entonces estará a mil seiscientos kilómetros al sur, en la playa de La Ticla. *Qué puta mierda.* No hay muchas opciones, que digamos... En fin... Vamos allá.

«¡Suena genial! Tomemos otra copa y brindemos por la aventura que nos espera».

«Sí, Moose. Brindemos por la aventura, *ack-ack-ack-ack*».

Por favor, Jelly. Ahora no. No es el momento de imitar a «Los Tres Chiflados se van de crucero». Esto es una locura, y lo sabes tan bien como yo.

Pedimos otra ronda, pero esta vez los suecos declinaron y dijeron que tenían que hablar entre ellos.

«Bueno, Óptero, parece que esta ronda corre de tu cuenta. Tú eres el que ha propuesto un brindis».

Qué *cabrón*. Gracias, Jelly.

Hicimos nuestro *estúpido* brindis y «chocamos» nuestros vasos de poliestireno antes de bebernos de un trago nuestras bebidas. Yo bebía vodka con naranja porque, aparte de cerveza, no sabía qué otra cosa pedir. Pronto volvíamos a hablar de surf y del continente, mientras sonaba la bocina del barco y nos alejábamos del muelle. El enorme ferry empequeñecía todo lo que había en el puerto, mientras retrocedía lentamente para salir hacia mar abierto. Al parecer, el capitán del barco no se sentía cómodo intentando dar la vuelta en un canal tan estrecho, así que íbamos a tener que retroceder hasta el final. Cuando nos acercarnos a la zona donde antes la grúa había estado arrastrando el cubo a lo largo del espigón, un extraño temblor y un ruido sordo retumbaron en las entrañas del barco, bajo nuestros pies.

«¿Qué *coño* ha sido eso?». No pregunté a nadie en particular.

«Relájate, Óptero. Probablemente estén cambiando de marcha».

Sí, Moose, claro. Motores nuevos y una vieja transmisión de mierda. Probablemente el capitán no pisó el pedal del embrague lo suficiente.

El barco ralentizó un poco la marcha, pero continuó retrocediendo más allá del final del muelle. Y el capitán giró 180° —en dirección sur, hacia mar abierto— antes de detenerse por completo. Los miembros de la tripulación corrían de un lado a otro con caras de preocupación. Los motores se quedaron en silencio. Un único y bien definido anillo de humo negro se elevaba desde la chimenea principal.

«¿Ya hemos llegado? *Ack-ack-ack-ack*».

«Sí, ya casi, Jelly». Tengo que admitir que, esta vez, fue gracioso. Ayudó a romper la tensión.

La megafonía volvió a sonar: «Amigos míos, les habla su capitán. Parece que las obras del puerto han dejado un obstáculo sumergido sin señalizar en nuestro camino. Afortunadamente, sólo tuvimos un ligero y breve roce con el punto elevado y la inspección no ha revelado daños en nuestra nave. Por desgracia, hemos estimado que es mejor dejar de utilizar uno de nuestros motores, debido a la posibilidad de que una de nuestras hélices se haya deformado ligeramente al chocar contra dicho obstáculo. Sin embargo, pueden estar seguros de que tenemos pleno uso del motor y la hélice restantes. Y, como se trata de uno de los motores diésel más avanzados y potentes que jamás se hayan utilizado en un barco de este tamaño, confiamos en que no experimentaremos más retrasos en nuestra travesía. Gracias por su atención».

Espera. ¿No ha olvidado mencionar la opción de esperar

al siguiente ferry? ¿Ahora no sólo tenemos que esquivar un huracán, sino hacerlo con un solo motor en funcionamiento? ¿Las compañías aéreas mexicanas siguen esta misma política de mierda? «Bienvenidos a bordo de nuestro avión hoy, damas y caballeros. Sólo disponemos de un motor en funcionamiento para este vuelo, pero no se preocupen porque comprobamos la varilla la semana pasada y tenía aceite de sobra...». Quiero salir de aquí.

¿«Qué *passssaaaa*, Óptero? Parece que has visto un fantasma».

«¡¿Qué ocurre?! ¿Te estás cachondeando de mí? Estamos condenados. ¡Ese es el *puto* problema! Quiero salir de aquí.

Justo en ese momento, la chimenea expulsó una nueva bocanada de humo negro y el motor que aún funcionaba volvió a ponerse en marcha.

«Demasiado tarde para lloriquear, Óptero. Estamos de camino al continente. ¿Por qué no te tomas otro *destornillador*, te relajas, y disfrutas del viaje?».

Ojalá Moose no me intimidara tanto. Me encantaría tirarlo por la borda ahora mismo. Tengo ganas de vomitar, y no creo que sea por el vodka.

Los dos se alejaron y me dejaron solo; sin duda era lo mejor que podían hacer en ese momento. Me apoyé en la barandilla y miré hacia el agua. En efecto: sólo un chorro salía propulsado desde la popa. Cabo se alejaba en la distancia con relativa rapidez, así que tal vez estuviéramos navegando bien, después de todo. Unos minutos más tarde, sólo se veía el océano en todas direcciones. Algo nuevo para mí. Esto me provocó emociones muy dispares. Sí, tenía la sensación de estar viviendo una aventura. Pero, sobre todo, seguía sintiendo pavor por lo que pudiera ocurrirnos. El océano me parecía tremendamente inmenso. Reflexioné sobre la profundidad que habría bajo nosotros en ese momento.

Había visto las secuelas del huracán Camille en fotografías y en la televisión. En 1969, había tocado tierra entre Nueva Orleans y Mobile, Alabama. Recuerdo perfectamente a mi madre pegada a la radio y escuchando con gran interés los comunicados, llorando porque su mejor amiga vivía en una pequeña ciudad situada justo en la trayectoria de Camille. La amiga sobrevivió, pero su casa quedó completamente arrasada. A lo largo de kilómetros y kilómetros, bosques llenos de enormes árboles quedaron destrozados. Era como si hubiera pasado una desbrozadora gigante, talando los árboles como si fueran césped. Muelles y embarcaderos fueron barridos de la faz de la Tierra. Esas eran las imágenes que se me pasaban por la cabeza mientras me apoyaba en la barandilla y observaba cómo el sol desaparecía bajo el horizonte.

Encontré a los chicos en una especie de bar de aperitivos situado en la parte delantera del barco. Cada uno sostenía un plato de carne de cerdo desmenuzada, arroz y frijoles, con tortillas recién hechas. Pedí un plato para mí y comimos como si no hubiéramos probado bocado en una semana. Nos tomamos cada uno una botella de cerveza y decidimos que era hora de dar por terminada la noche.

Nuestro camarote era lo bastante grande como para albergar dos series paralelas de literas, colocadas en una y otra pared. En un rincón (lo más alejado posible del umbral de la puerta), una abertura dejaba entrever un pequeño armario en el que había un retrete, un lavabo y una ducha *de juguete*. En la ducha no cabía Moose entero; y *yo*, aunque era bastante delgado, medía unos ocho o diez centímetros de *más* como para caber bien. Aun así, *era* una ducha, y ninguno de nosotros se había bañado en varios días. Hicimos lo que pudimos para lavarnos y nos fuimos a dormir.

Puerto de Cabo San Lucas, hacia 1978.
Unos años más tarde, dejaron de operar barcos tan enormes como el nuestro.

Nuestro ferry «maldito», el *Puerto Vallarta*, atracado en Cabo San Lucas, con la compuerta delantera («fauces de tiburón») desplegada, listo para acoger en su enorme «vientre» un cargamento de camiones, autobuses, y *a nosotros*.

Moose y Jelly (con camiseta blanca) disfrutando de bebidas «gratis»,
cortesía de nuestros nuevos amigos suecos (arriba).
Yo, saliendo de Cabo a bordo del ferry (abajo).

Parecía que sólo habían pasado unos minutos cuando el sonido insoportable de un timbre a todo volumen —durante dos minutos ininterrumpidos en los que se apagaba y se encendía— nos despertó (y, probablemente, a todo el mundo en varios kilómetros a la redonda). Se oyó la megafonía, con la voz del capitán: «Buenas noches, amigos míos. Sentimos despertarles a estas horas tan intempestivas. Nos han informado de que nuestra tormenta ha recibido el nombre de Norman. Norman se ha intensificado inesperadamente hasta convertirse en un huracán de categoría 4, pero también ha cambiado su rumbo hacia un poco más mar adentro. Afortunadamente, se prevé que el centro de la tormenta esté a unos cien kilómetros al oeste de nuestra ruta prevista para esta noche. Sin embargo, nos encontraremos en el lado más violento del huracán que se aproxima y puede que, en ocasiones, tengamos que virar más cerca de él para hacer frente a las grandes marejadas y fuertes vientos que se prevén en las próximas horas. Debido a estas condiciones, pedimos a todas las personas que permanezcan a cubierto y que no se aventuren a ningún lugar exterior o expuesto de este barco, bajo ningún concepto, hasta nuevo aviso. Creemos que esta restricción estará en vigor durante varias horas. Gracias por su colaboración».

Al principio de la tarde se notaba cómo el barco subía y bajaba con el oleaje, pero enseguida nos acostumbramos al movimiento y no le dimos mayor importancia. Pero ahora el barco se tambaleaba de *mala manera*, subiendo bruscamente durante seis a ocho segundos y luego desplomándose en caída libre durante el mismo lapso de tiempo. Colgada de un gancho en la parte interior de la puerta del camarote, la toalla mojada de Moose medía eficazmente cuánto nos inclinábamos hacia arriba o hacia abajo. Supuse que la oscilación total era de unos quince grados de punta a punta, e intenté calcular de cuánto sería ese ángulo, en centímetros de subida o de bajada, en cada extremo del barco.

«Oye, Jelly, ¿cuánto crees que mide este barco?».

«¿Por qué?».

«Porque creo que puedo averiguar lo fuerte que es el oleaje usando la toalla de Moose como plomada». Vaya, ahora mismo sueno como un «empollón». No importa. Quiero saberlo. Además, me siento un poco mareado y eso me distraerá.

«Claro. Adelante. Vi una postal del ferry en el bar. Creo que decía que medía 160 metros *o algo así*».

OK, con eso me vale. Vamos a ver ... 39 pulgadas por metro, dividir por 12 ...

«Son algo más de *500 pies*».

«*Joder*, Óptero. Deberías haber sido astronauta o algo así».

*Ojalá...*

«Gracias, Moose».

Las matemáticas son fáciles. Ahora bien, la geometría... La odio. Necesitaré papel para calcular esa parte.

«¿Sabéis si estamos en el centro del barco, o más cerca de un extremo?».

Miradas perdidas y encogimiento de hombros.

«¿Por el *medio*?».

«Gracias, Jelly. Tomo nota». A decir verdad, no estoy seguro de que suponga una diferencia. *Odio la geometría.*

Multipliqué y dividí, hice dibujos burdos, garabateé y borré. Tras varios intentos, llegué dos veces a la misma respuesta.

«Vale, creo que si utilizamos la toalla para que nos muestre el ángulo de inclinación, podemos averiguar más o menos lo grande que es el oleaje ahí fuera. En nuestro caso, creo que la subida y bajada de la proa supone alrededor de un metro y medio por cada grado de inclinación».

«¿Qué significa eso, Señor Sabelotodo? *Ack-ack-ack-ack*».

«Significa que, desde la parte más baja del oleaje hasta la cresta del siguiente oleaje, puede haber un metro y medio; ...multiplicado por los grados que la toalla se desvía de la vertical hacia arriba o hacia abajo. Supongo que es una oscilación de unos quince grados en este momento; eso significa que la altura del oleaje es la mitad de cinco veces quince, o, dicho de otro modo... unos treinta y siete pies».

«¿Por qué la mitad, Óptero?».

*Lo más inteligente que le he oído decir a Moose en todo el viaje.*

«Porque, al igual que en el surf, la altura de una ola se mide desde atrás, no desde la parte baja de la misma. Normalmente es la mitad, así que es lo que estoy calculando».

En ese momento, empezamos a descender en una secuencia de tiempo que me pareció especialmente larga, y la caída fue como la de un ascensor, pero con un balanceo largo y suave hacia la izquierda incluido.

*Mi estómago no aguantará esto por mucho más tiempo.*

«¿Cómo de grande ha sido esta, Óptero?».

«No estaba mirando la toalla, Jelly». En realidad tenía los ojos cerrados mientras me aguantaba las ganas de potar. «Sólo hay que multiplicar los grados por cinco y dividirlos por dos. O en el orden que quieras hacerlo. La respuesta es la misma. Tengo que tumbarme».

«¿Cómo calculabas los grados, Óptero?».

*No debieron enseñarle eso en el reformatorio...*

A estas alturas ya me estaba agarrando el vientre y respiraba hondo para no *perder* la cena. «Imagínatelo como si fuera una pizza de La Bella, Moose». Estoy seguro de que es algo que puede visualizar fácilmente. «La pizza entera es de 360 grados. Córtala en cuartos, y cada uno de ellos es de 90 grados. Corta uno de los cuartos en 3 trozos de 30 grados cada uno. ¿Lo *pillas* desde ese punto? Voy a vomitar».

Me precipité hacia el retrete al mismo tiempo que el barco se hundía hacia abajo y se escoraba con fuerza hacia un lado. Caí de rodillas, con la cabeza en la ducha. Una combinación anaranjada de carne de cerdo desmenuzada, judías fritas y *destornilladores* brotó de mi boca, salpicando la pared y el suelo de la diminuta ducha. Otra sacudida del barco fue correspondida con otro embate, salvo que esta vez también salió disparado por mi nariz, quemándome de mala manera.

«¡Dios mío, Óptero! ¿Estás bien?».

«No, estoy fatal, Moose».

Jelly fue el siguiente, unos minutos después. Llegó hasta el retrete, y se arrodilló detrás de mis piernas mientras hundía la cabeza en la taza. Yo estaba demasiado ocupado *agitándome*. Tras diez minutos así, gimió lastimeramente y suplicó:

«Dios mío, por favor, haz que este *puto* barco deje de moverse».

No creo que Dios aprecie que digas palabras malsonantes, Jelly.

Tras una prolongadísima y angustiosa elevación, una breve y tranquilizadora pausa en el nivel, y el ulterior descenso y posterior arremetida, Moose exclamó: «¡Creo que esa era de casi 30 grados! ¿Cómo dirías que es el oleaje *ahora*, Óptero?».

¿En serio, Moose? ¿Quieres que haga números ahora? Estoy

echando los higadillos. Está todo perdido. Tengo hasta vómito de Jelly sobre mis piernas, de cuando trató de sentarse y le vino otra arcada. Y...¿quieres que me ponga a hacer cálculos justo ahora?

«No importa, os lo preguntaré más tarde, cuando estéis mejor. Yo también me estoy poniendo malo...; seguramente porque lo estáis apestando todo».

Antes de que pudiera decirle que se trataba de un oleaje de 20 metros, oí abrirse de golpe la puerta del camarote y a Moose vomitando en el pasillo. Jelly también lo oyó y se echó a reír, levantando la cabeza del retrete y resoplando tan fuerte que el vómito salió a borbotones por ambas fosas nasales y le rodaron lágrimas por las mejillas. Los tres estábamos terriblemente mareados. El mar estaba cada vez más embravecido y, a las subidas y bajadas, se sumaba con frecuencia un fuerte balanceo de lado a lado.

Me pregunto si se puede morir de mareo. ¿O tal vez simplemente crees que vas a morir y directamente saltas por la borda, para acabar cuanto antes?

Les habla su capitán: «Estamos seguros de que no tendremos dificultades para esquivar la trayectoria del huracán, y de que llegaremos a Puerto Vallarta según lo previsto. Sin embargo, es posible que experimentemos un oleaje más agitado de lo normal debido a la tormenta».

Duró horas y horas. Finalmente, pude mantenerme más o menos de pie en la ducha, apoyando los codos a ambos lados, presionando las rodillas contra un tabique y arqueando la espalda contra el otro. Cuando estuve lo bastante seguro de que podía mantenerme en dicha postura, abrí el grifo del agua con la esperanza de limpiar algo de nuestro vómito acumulado. El chorro diluyó parte de lo mínimamente digerido, pero solamente la mitad se fue por el desagüe, provocando el retroceso del agua. Intenté pisotear los trozos más rebeldes, «pastoreándolos» hacia la rejilla con los dedos de los pies.

El barco se tambaleaba tanto que pensé que íbamos a zozobrar. De pronto, una mezcla asquerosa de vómito, papel higiénico y agua con heces brotó tanto del inodoro como de la ducha, soltándose la rejilla del desagüe. Algo había fallado en el sistema de saneamiento del barco. El contenido de los depósitos de aguas fecales oscilaba de un lado a otro, balanceándose ligeramente al ritmo del vaivén del barco.

Llevando encima gran parte de su propia cena, Moose volvió arrastrándose al camarote desde el pasillo. Consiguió llegar al cuarto de baño, encontrándose con un guiso de residuos de cloaca que le llegaba hasta los tobillos y que salía a recibirle como la marea que llega a la playa. Sin embargo, estas no eran aguas cristalinas. Al igual que su homónimo (Alce), herido mortalmente por la bala de un cazador, bramó, se retorció, resbaló y cayó al suelo, en un vano intento de esquivar lo inevitable.

Los tres. Hermanos de sangre. Tan vejados y humillados como se puede estar... sin estar muertos.

«Tal vez deberíamos haber esperado al próximo ferry».

No ha sido exactamente el crucero de Los Tres Chiflados que esperabas, ¿ch, Jelly?

# CAPÍTULO 7

## EL CONTINENTE

### Batman en la selva

Finalmente, el ferry llegó a Puerto Vallarta. Una tarde cálida y despejada, una suave brisa y unos paisajes maravillosos nos dieron la bienvenida. La anunciada travesía de catorce horas había durado veintiséis, pero la vivimos como si hubiera durado ciento veintiséis. Conseguimos asearnos y lavar la ropa más o menos bien, pero fue imposible conseguir que las zapatillas se secaran del todo. Demasiada humedad. En el barco no volvimos a comer ni a beber nada que no fuese gaseosa. Nos sentíamos demasiado débiles como para preocuparnos por nada que no fuera salir de aquel barco del *demonio*.

Finalmente, al anochecer, saqué la 1DRBUS de la bodega del barco y abandonamos el puerto. Volvíamos a ir con retraso. Y, una vez más, corríamos en contra de la luz del día. Nos detuvimos para cenar justo antes de salir de la ciudad, y la comida pareció devolvernos el ánimo. Decidimos seguir la marcha todo lo que pudiéramos, acampar hasta el amanecer y luego continuar nuestra ruta en dirección sur.

Desde Puerto Vallarta, a medida que te alejas hacia el sur, la carretera serpentea a través de una densa selva tropical. En varios tramos, la vegetación es tan espesa y tupida que se diría que conduces por un túnel húmedo, oscuro y lluvioso, ya sea de día o de noche. Tras la puesta de sol, puedes encontrarte en la más absoluta oscuridad y resulta del todo espeluznante. Murciélagos, ratas, mofetas pigmeas y sapos constituyen los únicos rastros de vida animal.

Con la máxima confianza puesta en nuestro motor recién reparado, avanzamos por la carretera a muy buen ritmo. El aire, húmedo a más no poder, obligaba a mantener los limpiaparabrisas a toda máquina, tan solo para poder divisar la línea blanca que dividía la carretera frente a nosotros. Nuestro foco luminoso de alta intensidad, una vez más en acción, iluminaba a los murciélagos que se acercaban hacia el haz de luz antes de desaparecer en la oscura niebla reinante.

Teníamos «Dazed and Confused», de Led Zeppelin, a todo volumen: las notas graves iniciales tensionaban el *subwoofer*, hacían vibrar las ventanas y también nuestros sentidos:

*Ba doo-doo-doo-doo... Ba doo-doo-doo-doo...*

De repente, algo no estaba sonando del todo bien con el equipo de música. Percibí un extraño zumbido o gemido, constante e incesante, muy sutil. Pulsé el botón de pausa del reproductor y el extraño sonido no se acalló con la música. No sabía de dónde procedían los «lamentos», pero se podían sentir en la piel y en las entrañas. Te envolvían.

*Waaaoooohhmmmmmm ... Waaaoooohhmmmmm ...*

Parecía *algo* de otro mundo —y espeluznante hasta la médula.

«¿Y ahora *qué*, Óptero?».

«No lo sé, Moose».

Instintivamente, levanté el pie del acelerador y la 1DRBUS empezó a perder velocidad. Todos intercambiamos miradas preocupadas y desconcertadas. El «*Waaaoooohhmmmmm...*» fue desvaneciéndose gradualmente hasta que desapareció por completo.

«Vale, *eso* ha sido raro. No tengo ni idea de lo que ha podido ser, pero ya no se oye. Dejemos el equipo de música apagado un rato».

¿Será la transmisión? Es lo único que se me ocurre que pueda provocar un sonido así... Supongo que... *joder*, no lo sé...

Seguimos avanzando y, después de tres o cuatro minutos sin novedad, pulsé el botón del *play;* la melancólica voz de Robert Plant volvió a llenar la noche. En el momento justo, cuando iniciaba un largo instrumental con *"was created below..."*

*Waaaoooohhmmmmmmmm ... Waaaoooohhmmmmm ...*

*¡Joder!* Otra vez,

*Waaaoooohhmmmmmmm ... Waaaoooohhmmmmm ...*

De nuevo, pulsé el botón de pausa y solté el acelerador. Los quejidos volvieron a desvanecerse en la quietud de la noche.

«Voy a dejar la música apagada un rato, chicos».

«Lo que quieras, Óptero. Ese ruido me está asustando».

«A mí también, Moose». Parece que no basta con que conduzcamos por un túnel lleno de niebla y rodeado de maleza, con murciélagos lanzándose en picado hacia nosotros. ¿También la selva se lamenta de que pasemos por aquí?

No sabía quién o qué nos perseguía en aquel momento, pero aquel sonido nos perturbó muchísimo. Volví a acelerar, prestando mucha atención a la transmisión. Efectivamente, a noventa y tres o noventa y cuatro kilómetros por hora, el gemido lastimero y tembloroso volvió a escucharse.

*Waaaoooohhmmmmmm ... Waaaoooohhmmmmm ...*

Esta vez sin el fervor añadido de «Dazed and Confused» retumbando sobre nuestras cabezas, rastreamos la procedencia del sonido hasta las rejillas de ventilación del techo, situadas sobre los asientos delanteros. Los antiguos «Splitties» (Furgonetas VW anteriores a 1968, de parabrisas dividido) tienen una «ceja» que sobresale unos centímetros por encima del parabrisas. La superficie inferior tiene unas aberturas con rejilla que conducen el aire fresco desde el *exterior* del parabrisas hacia una cámara de ventilación de rejilla situada en el techo, en el *interior* del parabrisas. Se abren y se cierran con una manivela, y el giro de un pomo dirige el flujo de aire hacia atrás o hacia los lados. La espesa niebla había estado atravesando la cámara durante más de una hora, acumulando pequeñas gotas de humedad hasta llenarse parcialmente de agua. A la velocidad adecuada, el aire que pasaba por encima del agua alojada dentro de la cámara se oía exactamente igual que cuando acercas los labios a una botella de refresco medio llena y soplas. El tono cambiaba dependiendo de que tuviera más o menos líquido, o de que variara el caudal de aire.

Además, la cubierta de chapa amplificaba y propagaba el sonido a través del techo, de tal forma que parecía posible que la fuente del sonido viniera del interior. Cada vez que la rejilla de ventilación emitía el misterioso sonido, yo reaccionaba inconscientemente soltando el acelerador y reduciendo la velocidad. Cuando esto ocurría, las vibraciones disminuían y cesaban por completo, a medida que el volumen de aire que fluía por el «charco» en la ventilación descendía por debajo del umbral necesario para vibrar.

Reanudando la velocidad, el «*waaaooooohhmmmmm…*» volvía a oírse. Cuando nos dimos cuenta, me desplacé de un lado a otro un par de veces, derramando suficiente agua del conducto como para silenciar el zumbido. *¿Y qué, si nos empapábamos un poco?* El caso del espeluznante *lamento* se había resuelto.

Nos reímos mucho durante unos minutos sobre lo asustados que habíamos estado debido al enigmático sonido, aunque no se nos podía culpar por ello. Transitábamos por una carretera oscura, lluviosa y desierta, habitada únicamente por alimañas nocturnas y atravesada por una selva cubierta de maleza que ocultaba el cielo por completo. Era como una película de terror.

Extendí la mano hacia el botón del «play», pero de repente se oyó un sonoro ¡PUM! Un murciélago emergió de la oscuridad y, como una polilla gigantesca, se estampó contra la parte central del parabrisas dividido. Maltrecho, pero aún entero y con las alas desplegadas, fue alcanzado inmediatamente por la escobilla del limpiaparabrisas, que se deslizó sobre él, inmovilizándolo contra el cristal. Mi campo de visión se vio enturbiado por manchas de sangre que se extendían en arcos de color escarlata. Con los limpiaparabrisas a toda velocidad, el show se repetía: *izquierda-derecha-izquierda-derecha-izquierda-derecha;* sólo faltaba un grito estremecedor para rematar la escena. Hundí hasta el fondo mi pie izquierdo en el pedal del embrague; el derecho pasó rápidamente del acelerador al freno. Los neumáticos chirriaron; pasamos de cien kilómetros por hora a detenernos en seco, quedándonos a horcajadas sobre la línea central de la estrecha carretera de dos carriles.

Jelly gritó: «¡Apaga el limpiaparabrisas! A lo mejor consigue escapar».

«¡Sus sesos están salpicados por el *puto* parabrisas! No va a ir a ninguna parte».

Si mis ojos pudieran abrirse más en este momento, saltarían por encima de mis cejas.

«¡Quítalo de ahí!». Moose estaba flipando. «¿Qué *cojones*? ¿Cómo has podido atropellar a un *puto* murciélago? ¿No tienen un *radar* o algo así?».

«¡Sí, tienen un *jodido* radar! Nunca se chocan con nada. Es imposible». Al menos eso es lo que dicen todos los libros. ¿Cómo ha podido...?

«Bueno, ¡da lo mismo! Sal ahí y sácalo del parabrisas. ¡Dios Santo! Este viaje está *condenado*, ¿y encima hay que salir a matar a un *puñetero* murciélago vampiro?».

¿Ahora es un murciélago vampiro?

Totalmente *acojonado*, abrí lentamente la puerta y asomé un poco la cabeza. Miré hacia atrás, escudriñando la negrísima selva y preparándome para que un ser demoníaco surgiera de las tinieblas. Temeroso de salir directamente, abracé la puerta contra mi pecho, utilizándola como si fuera un escudo y comprobando tres veces mi entorno: arriba, abajo, izquierda, derecha... y otra vez. Extendí lentamente un pie hacia la calzada —hice una última comprobación de la selva que teníamos detrás— y bajé el segundo pie. Jelly se acercó y me metió un dedo en la axila, pensando que sería gracioso. En mi estado de pánico, me golpeé la frente con fuerza contra la parte superior de la jamba de la puerta, mis *shorts* se engancharon con el cierre y me raspé el codo, cayendo de bruces en mi asiento.

¿«Qué *passssaaaa*, Óptero? ¿Has visto un fantasma? *Ack-ack-ack-ack*...». Jelly se reía histéricamente, pero Moose no.

«¡Para de *joder* y deja que saque el murciélago de ahí, Jelly! ¡No tiene ninguna gracia!».

Así que salí con el mayor tiento posible y levanté la escobilla del limpiaparabrisas para liberar al quiróptero. Por desgracia, estaba tan enrollado en ella que no se caía por sí solo. Aprovechando la adrenalina residual —gracias a Jelly, que me había dado un susto de muerte—, agarré un ala ensangrentada y tiré del pobre bicho para liberarlo. Se me resbaló de los dedos y cayó sobre mis pies. Sin pensarlo, me pasé la mano por el bajo de la camiseta, ansioso por deshacerme de los fluidos corporales del murciélago *fallecido*. Me vino a la cabeza la imagen de Dan-O limpiándose los mocos en la manga. *¡Joder!*

El murciélago ya era historia y estábamos de nuevo en marcha.

Estuvimos callados un minuto, y entonces Moose nos preguntó, en tono solemne: «¿Qué opináis? ¿Creéis que estamos *malditos*? Esto tiene que ser una especie de *mal fario*, ¿no?».

Boquiabierto y asombrado por su actitud infantil —al reconocer la existencia del destino—, me volví hacia él:

«Oh, sí, Moose... ¿como el apagón en la ciudad durante nuestro primer desayuno? ¿o la fuga de aceite durante mil doscientos kilómetros? ¿o que sólo faltara la pieza que necesitábamos para la reparación, de un «Juego completo de juntas de motor VW» sin abrir? ¿Un centenar de vacas atravesadas en medio del arroyo? ¿El ferry encallado en Cabo? ¡¿El maldito huracán Norman?! ¿Qué mal augurio he olvidado?».

«No te preocupes, Moose. Estamos de camino al paraíso, ¿no, Óptero?».

*O al infierno. Ahora mismo, no sabría decir con seguridad...*

«Oídme, yo voto por que sigamos todo lo que podamos

esta noche. De todas formas, sigo demasiado *acojonado* como para dormir. Amanecerá en un par de horas y podremos decidir entonces qué hacer, ¿de acuerdo?».

A ver, ¿cuáles son las opciones? ¿Dar media vuelta y volver a casa? ¿Acampar aquí, en esta selva infernal? *Ni de puta coña.*

## Un poco de helado templado

Hacía una hora que había salido el sol cuando llegamos al primer pueblo lo bastante grande como para tener su propia gasolinera PEMEX. Un transportista estacionó y bajó de su camión, aparentemente para estirar las piernas y tomar un café. Parecía anglosajón, así que me dirigí a él:

«Buenos días».

«¡Buenos días! ¿Cómo les va? ¿Van hacia el norte o hacia el sur?».

«Al sur. Un poco más allá de Tecomán, a un lugar para practicar surf llamado La Ticla».

«Saben que el puente sobre el río Ostula no está terminado hasta allí, ¿verdad? Es decir, lo estaba... pero ya no. Se lo llevó la riada *de nuevo* hará cosa de un mes. Es la tercera vez que intentan pasar la carretera por ese lugar, y la tercera vez que se hunde. Es una *jodienda,* porque me ahorraría mucha carretera si fuera directamente a Acapulco, en lugar de pasar por *más* malditas montañas».

«Vaya, así que... ¿hace siempre este recorrido?».

«Sí. Acapulco-Puerto Vallarta, Puerto Vallarta-Acapulco. Hoy vuelvo a Puerto. Esperé toda la noche en la carretera. Nunca hago este último tramo durante la noche. Demasiado peligroso. Los mexicanos la llaman "Selva de Cuitzmala". Yo la llamo "el infierno en la tierra"».

«Sí, pasamos por allí anoche. Un lugar espeluznante. ¿Qué significa *cootie-mala*?».

«*Kuits-mala*. Estoy seguro de que significa "problema" o "preocupación" *o algo parecido*».

«Entonces, ¿la *Selva de los Problemas* estaría cerca?».

«Bueno, si no exactamente, se acerca lo suficiente, sí. Esa selva es muy peligrosa. Nunca pasa nada bueno ahí dentro. Hay tribus de indígenas en esa selva que aún creen en brujería, magia negra, y esas *mierdas*. No vuelvan a pasar por allí de noche. Probablemente tuvieron mucha suerte».

«De acuerdo... gracias...».

«De nada». El camionero vio mi mirada de desconcierto y añadió: «*De nada*. Significa algo así como «no se preocupe» en español. Lo van a necesitar».

Más que *acojonado*, decidí que sería mejor guardarme para mí la historia del camionero, al menos por el momento. La reservaré para una noche en la que estemos sentados alrededor de una hoguera, en la playa de La Ticla.

La carretera nos condujo por la zona este de la animada ciudad costera de Manzanillo. Estoy seguro de que hubiera sido divertido pasar allí uno o dos días explorando, pero pasamos de largo. Seguimos adelante hasta llegar a Tecomán, la última ciudad propiamente dicha antes de llegar a La Ticla. El trayecto no fue aburrido en absoluto. Algunos tramos se desviaban hacia zonas accidentadas, cada pocos kilómetros, para luego volver al nuevo y liso asfalto de la carretera costera que estaban construyendo los mexicanos. Pequeños pueblos *fantasma* salpicaban la ruta, asistiendo a los trabajadores de las obras de construcción de la carretera. Cada uno de ellos tenía unas cuantas tiendas, así como un almacén con un curioso surtido de materiales y equipamiento. La *cantina* constituía el lugar más emblemático en todos estos pueblecitos. Aunque era un día laborable y temprano por la mañana, en *todas* y cada una de las que pasamos había varios hombres reunidos en la puerta, con botellas de cerveza en la mano. Había de todas las edades; resultaba difícil saber si llevaban allí desde la noche anterior o se estaban preparando para empezar una nueva jornada laboral.

Pasamos por delante de algún que otro gran rancho a las afueras de Puerto Vallarta; y más tarde, en la periferia de Manzanillo, por fincas de gran opulencia que llamarían la atención en los barrios más pudientes de California. En claro contraste con esto, la mayoría de las personas que veíamos eran terriblemente pobres. Por supuesto, en el centro de las ciudades había un buen número de familias que podrían considerarse de clase media, pero una vez que te alejabas de la ciudad, la miseria y la escasez imperaban por doquier.

Llegamos a Tecomán por la tarde, y la avenida principal bullía de actividad. Era la típica pequeña ciudad mexicana, con una gran plaza central dominada por el enorme edificio de una iglesia católica (¿o debería decir «castillo»?). Estos *colosos* me resultaban enormes, comparados con el resto de edificios que predominaban en las ciudades. Las construcciones más altas y arquitectónicamente más vistosas que puedas imaginar, vigilando a campesinos y transeúntes por igual. Un recordatorio permanente de aquellos que habían llevado a cabo la reorganización (conquista) de varias tribus indígenas al azar, dando pie a una sociedad extremadamente jerarquizada.

Fuimos directamente a un dispensario de «agua purificada» y llenamos todos los recipientes que teníamos disponibles con agua potable, ya que Moose había dicho que el agua de La Ticla podía ser, en sus propias palabras, «un poco dudosa». Por primera vez desde que cruzamos la frontera entre Estados Unidos y México hacía una semana, los tres paseamos juntos viendo los lugares de interés y empapándonos del ambiente local. Entramos en prácticamente todas las tiendas del recinto del mercado. No eran el tipo de tiendas para turistas que se encuentran en Tijuana, llenas de chorradas inútiles. Eran tiendas *de verdad* que abastecían a la población local. Compramos fruta fresca: bananas, guayabas, papayas y algo llamado *papausa*. Compramos sólo una *papausa*, a pesar de que el dependiente insistió en que era una maravilla. Parecía un melón *mutante*, de color verde grisáceo, cubierto de bultos irregulares, y tenía una grieta que dejaba ver una pulpa interior blanda y húmeda, de color rosa. Moose fue el primero en probarla. No dijo si estaba buena o no, pero volvió a hundir dos dedos en la raja, sacó una segunda *ración* de papilla rosa y se lamió hasta la mano. No creo que hubiese mucho más que añadir. Viéndole hundir de nuevo sus dedos pringosos de baba acabó con cualquier deseo —por mi parte— de probar un bocado.

«¡*Joder*, Moose! Qué manera de disuadirnos...».

*Esta vez, para variar, Jelly no estaba dispuesto a hacerle la pelota a Moose.*

Moose esbozó una sonrisa tonta con la boca entreabierta, mostrando la papilla rosa cubriéndole los dientes y la lengua, dando a entender que le estaba encantando. «¡Prueba un poco! Está *de muerte*. Es como comer helado templado».

Los dos *pasamos* de comprar más papausa, pero Jelly volvió a por dos bolsas grandes de limas.

Lo juro. El tío tiene algún tipo de fetiche con la lima o un rollo así...

Le pregunté: «¿Para qué son todas esas limas, Jelly?».

«Son para hacer ceviche. Pescado crudo, cebollas, tomates y pimientos empapados en zumo de lima durante un par de días. ¿Nunca has oído hablar del ceviche?».

Rociándonos a los dos con escupitajos rosas, Moose añadió: «¡Muy bien, *Chef* Jelly! Óptero, Jelly hace el mejor ceviche del mundo, y yo voy a traer pescado de El Faro para que lo haga».

Preguntaría dónde está El Faro, pero «pescado» y «faro» fueron las palabras que más escupitajos provocaron.

## Llevando a cabo los movimientos correctos

Provistos de combustible, comida y agua, y con una hora más de luz de la que necesitábamos para llegar, salimos a la carretera para la última etapa hasta La Ticla. Estábamos muy emocionados y sentíamos cierto vértigo, al estar ya tan cerca del «Paraíso». Moose insistió en ir de copiloto. Daba saltitos en su asiento como un niño de preescolar, señalándonos continuamente una cosa u otra. La autopista de dos carriles estaba recién terminada en este tramo. Íbamos a buen ritmo, en dirección sureste y jugando al escondite con el océano. Atravesamos laderas cubiertas de maleza y algunas zonas agrícolas aisladas, cada una de ellas de no más de un kilómetro y medio. Una sucesión de curvas desvió la carretera casi 180 grados de la costa, adentrándonos hacia el interior y alejándonos del destino al que nos dirigíamos.

*«¡Yuuuju!* ¡Ya casi estamos! ¡Sólo quedan tres kilómetros para el desvío! *¡Síiiiiiiiiii!».*

Apenas disipado el grito visceral de Moose, nos encontramos con una barricada al otro lado de la carretera. Media plancha de contrachapado desgastado exhibía una gran flecha negra, pintada con spray, que señalaba un camino de tierra muy accidentado al lado de la carretera. Esto no se parecía en nada a los tramos de carretera a medio construir que habíamos encontrado hasta ahora. Más bien parecía un desvío de emergencia del tipo «*Oh, mierda*».

«No recuerdo esta parte. Tomemos la salida y veamos si nos lleva al otro lado del río».

Sí, Moose, si el puente que cruza el río se parece en algo a esta *mierda* de camino de cabras, seguro que llegamos al otro lado en un santiamén.

El camino de tierra nos llevó en línea recta colina abajo, giramos bordeando un terraplén durante unos noventa metros, y luego desembocamos en un solar de tierra donde había gran variedad de excavadoras y camiones volquete estacionados. Dos hombres con aspecto oficial — con cascos y chalecos de color naranja— nos hicieron señas para que nos acercáramos a ellos.

«El camino está cerrado aquí».

«¿Qué han dicho, Moose?».

«Dicen que el puente no está terminado, pero que los camiones cruzan el río sin problemas, y que nosotros también deberíamos poder hacerlo».

Vaya. Se diría que en inglés es mucho más complicado. Han dicho todo eso en unas cinco palabras.

«¡Genial! Pregúntales por dónde debemos cruzar».

*Pobre Moose.* «¿Que dónde está mejor para pasar? Necesitamos yo y mis dos amigos cruzar La Ticla. ¿Que dónde pasando grandes camiones?».

Eso me ha sonado incluso a tortura.

«Su coche es demasiado pequeño. No lo logrará. Pero si quiere ver dónde cruzan los camiones, gire a la izquierda y mírelo Ud. mismo».

«¿Qué ha dicho, Moose?

«Ha dicho que podemos cruzar con los camiones un poco más a la izquierda».

«*Jo, tío*, eso es genial. Creí que estábamos *jodidos*. ¡Vamos!».

Dicho esto, giramos a la izquierda, avanzamos otros noventa metros más o menos, y divisamos el río Ostula por primera vez. A pesar de ser el principal desagüe de una gran zona agrícola, rodeada por montañas de mil metros a lo largo de treinta kilómetros hacia el este, no era *exactamente* lo que yo llamaría un río. Más bien era un riachuelo fangoso de unos 50 metros de ancho que discurría por el centro de un arroyo, plagado de rocas y cantos rodados, que debía medir unos 140 metros de orilla a orilla. Había un gran número de camiones viejos y destartalados en el lado opuesto, en fila y esperando el visto bueno para cruzar. Un gran camión de plataforma con medio cargamento de cajas de madera se adelantó, tocó el claxon y saludó a un grupo de personas que estaban reunidas a un lado de la zona de espera. Quince o veinte personas se apresuraron y subieron a la parte trasera del camión, muchas de ellas cargadas con bolsas, mochilas, etc. Una vez cargado *hasta los topes*, el camión avanzó con precaución hacia el pedregoso arroyo. El conductor se esforzaba por esquivar las rocas y los surcos más grandes, pero era evidente que algunos eran inevitables. En más de una ocasión, lo que evitó que los pasajeros salieran despedidos de la parte trasera del camión fue que se agarraran con fuerza a las barandillas de los laterales.

Estudié su trayectoria y la forma con la que abordaba la ruta.

Hay que evitar las rocas grandes. Prestar atención a los puntos donde el agua es más profunda. Hacer todo lo posible por mantener una velocidad constante y no dejar de avanzar nunca, bajo ningún concepto, para no quedarse atascado.

Observamos una segunda travesía, casi idéntica a la primera. Pero esta vez el conductor sí se detuvo —tras una maniobra especialmente violenta— y no pudo volver a poner el camión en movimiento. Gritó algo a la gente que estaba en la parte trasera de su camión. Todo el grupo saltó y ayudó a empujar el camión para desatascarlo. Algunos se mostraron visiblemente enojados una vez reanudada la travesía, pues el conductor siguió avanzando y tuvieron que hacer el resto del camino a pie.

«¿Te has fijado bien, Óptero?» —dijo Jelly, que parecía muy nervioso.

«Seguro que sí, Jelly. Esta es la Wonderbus. ¿Verdad, Óptero?».

Estaban poniéndome a prueba. Incluso durante la penosa peregrinación por el desierto de Baja, había estado hablando maravillas de mi 1DRBUS. Ahora no tenía más remedio que cumplir.

«No hay problema». Sólo tenía que memorizar la ruta y no detenerme, pasara lo que pasara.

Observamos cómo otro camión más superaba con éxito la prueba y decidimos que era el momento de ir a por todas. Aceleré el motor y di un par de toques de claxon para que supieran, al otro lado, que era nuestro turno de cruzar. Lo último que necesitábamos era toparnos con un camión lleno de gente ¡justo en medio!

Avanzar por el arroyo desencadenó en mí un torrente de pensamientos y emociones. Todos los que cualquiera esperaría tener, siendo la *pole position* para: «¿Qué coño estoy haciendo?». Pero también tenía un sentimiento de calma, firme determinación y orgullo. Iba a conseguirlo. Mi madre diría que no *debería*. Mi padre, que no sería capaz. *Que le jodan.* Lo estaba haciendo.

A duras penas, pero lo estaba consiguiendo. Fue increíble. Me sentí como un piloto de caza evitando las ráfagas de fuego antiaéreo. Llevando a cabo los movimientos correctos; sorteando un peligro el tiempo suficiente para eludir otro sin duda más arriesgado. Avanzando por hondonadas de agua lo bastante profundas como para ocultar los cuatro neumáticos por completo. *¡Ajá!* Salimos por el otro lado, recibidos con silbidos, gritos y varios *bocinazos* de camiones.

Yo. Lo había hecho yo. Paul E. Óptero lo había conseguido. Tenía el pecho henchido y una sonrisa de oreja a oreja. ¡Gracias, Dios!

Una vez en tierra firme, se me vino a la cabeza que tendríamos que repetir la travesía al volver. *Pero bueno...* No era el momento de preocuparse por eso ahora. Nos quedaremos al menos seis semanas aquí —o el tiempo que podamos apañarnos con el agua de que disponemos. Aunque quizá tengamos que plantearnos lavarnos los dientes con cerveza o tequila. Los tres levantamos los puños y jaleamos animados mientras girábamos por última vez hacia el pueblo, situado a unos doscientos metros por un camino embarrado. Por fin estábamos en La Ticla. ¡Aleluya!

Hacia la playa, en dirección oeste, por la avenida principal que atraviesa
el centro de la preciosa ciudad de La Ticla.

# CAPÍTULO 8

---

# LA TIERRA PROMETIDA

### Vivir en el paraíso

Era tan hermoso y virgen como Moose nos lo había *pintado*. Un mar de un azul intenso, surcado por una serie tras otra de olas largas y perfectas; cuando rompían, el rocío desprendido por sus crestas reflejaba la luz del sol. Una inmensa playa de arena fina se arqueaba con elegancia, siguiendo la costa, hasta donde alcanzaba la vista —de norte a sur. Se divisaban densas arboledas de altos y esbeltos cocoteros por todas partes. Aves tropicales se paseaban por las aguas de un estanque reluciente, formado al levantarse un banco de arena en la desembocadura del río Ostula. Montículos de gran tamaño —cada uno una mezcla de hojas de palmera marchitas, cocos y madera a la deriva— salpicaban la playa como si jamás se hubieran tocado.

Llegamos a nuestro nuevo hogar, un viejo y maltrecho refugio de bambú y palmeras que los mexicanos llamaban *palapa*. Estaba estratégicamente ubicada en la linde de un palmeral de cocoteros, en una pequeña lengua de arena que separaba el extremo del río que daba al océano Pacífico de las playas del norte.

Y no se veía un alma; ni sobre las olas ni en la playa. De hecho, después de cruzar el arroyo y atravesar el «centro» de La Ticla, sólo encontramos un pequeño número de aldeanos, la mayoría de los cuales nos espiaban desde los umbrales de sus sencillas chabolas. Tenían una estatura física muy inferior incluso a la del mexicano medio. Parecían tímidos y preocupados.

La playa de La Ticla. Nuestro campamento se encontraba bajo los cocoteros de la derecha.

Qué contradicción tan cruel —pensé. Aquí están, rodeados de un esplendor tropical con el que la mayoría sólo fantasea, pero viviendo en chozas de una sola habitación, sin electricidad, ni agua potable, ni saneamiento. Manteniéndose con una dieta tan carente de nutrientes adecuados, parecían estar condenados a seguir siendo un pueblo diminuto. Hasta ahora, el mundo se había olvidado de ellos, pero eso estaba a punto de cambiar. La construcción de la nueva autopista convertiría pronto lo cotidiano en una realidad irreconocible. El pequeño goteo de viajeros no tardaría en convertirse en una avalancha. Y eso les daba muchísimo miedo.

No éramos tan diferentes a ellos y estábamos aquí para disfrutar de su paraíso perdido, antes de que la construcción de la autopista lo expusiera irreversiblemente al mundo. Ahora comprendía por qué Moose no quería parar a surfear en ningún otro lugar, siempre con tanta *maldita* prisa. Probablemente seríamos el último trío de surfistas *gringos* que disfrutaría de este lugar en exclusiva. Por los siglos de los siglos.

Todos los animales, salvo uno, entraban y salían de las casas de La Ticla a su antojo, siendo los burros la única excepción.

## ¿Qué hay del surf?

Casi había oscurecido cuando nos instalamos completamente en nuestra palapa. Moose y Jelly recuperaron una hoguera abandonada hecha con rocas, y yo recogí suficiente madera seca como para prender un buen fuego. Acerqué la 1DRBUS lo suficiente como para que las puertas del lado del copiloto se abrieran hacia la cabaña. Preparé mi cama en la furgoneta, y los chicos bajo la palapa. Estábamos totalmente exhaustos y el descanso nos sentó de maravilla.

A la mañana siguiente, *Moose* se levantó el primero, e intentó avivar las brasas de la hoguera de la noche anterior lo suficiente como para poder hacer café. Desde la palapa teníamos una vista clara del océano, pero no de las olas. El mar había estado agitado y rugiendo casi toda la noche, pero esta mañana no se oía ni un susurro.

«Eh, Moose, ¿cómo se ven las olas?».

«No lo sé. Estoy ocupado haciendo café, Jelly. Saca tu *culo* de la cama y ve a ver».

Jelly se encaminó hacia una pequeña elevación de arena que se interponía entre nosotros y el océano. Permaneció allí varios minutos, escudriñando en todas direcciones, antes de agachar la mirada y sacudir lentamente la cabeza como si hubiera perdido una apuesta segura.

«No hay nada, Moose. Ni una ondulación. En mi vida he visto un mar *tan* calmado como este».

«Vamos, coge tu tabla y salgamos a remar. Óptero, tú también».

«¿Para qué? Está *plano*. No hay olas. ¿Estás seguro de que este es el sitio?».

«Tú mismo lo viste anoche. Series de olas hasta donde alcanzaba la vista. Por supuesto que es *aquí*».

Los tres nos quedamos en la loma, observando el mar durante media hora. La ola más grande que vimos no nos llegaría ni a las rodillas. Era patético.

«El oleaje es pésimo. No pasa nada, mejorará más tarde».

Claro, Moose. ¿Más tarde «hoy» o más tarde «la semana que viene»?

«Vayamos a comer». Ahí estaba. Por orden de importancia:

Surfear, comer, fumar, surfear, comer, siesta... y empezar de nuevo.

En realidad, no me importó mucho ver el mar como un *plato* aquella primera mañana. Había disimulado mi preocupación ante la posibilidad de encontrarme con olas gigantescas. Olas que estuvieran *muy* por encima de mi nivel de confianza, y que me obligaran a tomar una drástica decisión: *echarle huevos* o sentarme a mirar. Al menos así, tal vez, tendría la oportunidad de prepararme para los retos que me esperaban.

Pasamos el día explorando la zona en un par de kilómetros a la redonda. Nos encontramos con una enorme tortuga marina volcada cerca de la orilla, luchando inútilmente por enderezarse. Les dije que debíamos hacer algo para ayudarla, pero Moose se empeñó en que no interviniéramos. Me explicó que los nativos la habían dejado así para que muriera, y más tarde harían un guiso con su carne. Me pareció muy triste, pero estuvimos de acuerdo en que probablemente era peor idea cabrear a los lugareños que ayudar a la tortuga. Me acordé de la reducida estatura de las personas que habíamos visto asomarse desde sus chozas el día anterior.

Teniendo pescado, cerdos, pollos y tortugas en su menú, ¿por qué parecían tan desnutridos? ¿O tal vez nosotros crecimos en exceso y ellos representan lo que Dios pretendía crear en un principio? Dejaré las preguntas para otro momento...

Paul Wilson

Una de las muchas tortugas marinas que vimos en las playas de La Ticla.

El oleaje permaneció plano durante tres días hasta que por fin mereció la pena salir a surfear. Eso nos obligó a pasar mucho tiempo en el campamento. Moose se hizo amigo de un lugareño llamado Miguel, que trabajaba en la construcción de la carretera y que le vendió algo de hierba; además, cambió con otro tipo algunas de sus revistas *guarras* por una botella de auténtico mezcal —con gusano grisáceo incorporado— de elaboración artesanal.

Caminamos por la playa en dirección sur para examinar los alrededores, y nos encontramos con la misma tortuga marina que habíamos visto *al revés* tres días antes. Lejos de dar señales de vida, dos de sus patas eran muñones supurantes, y las moscas se arremolinaban en torno al cadáver en descomposición. Nadie se la había llevado para hacer sopa desde que la vimos por primera vez. Qué *horrible* desperdicio. Habíamos tenido la oportunidad de salvarla y me sentí fatal por no haber hecho *nada* al respecto.

Moose comentó que seguramente unos niños habrían volcado la tortuga por simple diversión, sin intención alguna de utilizarla como alimento. Y que los perros o cerdos salvajes le habrían arrancado las patas a mordiscos, estando aún con vida.

*Tío, este lugar no perdona...*

Se me pasó por la cabeza la idea de que podríamos morir aquí y nadie lo sabría nunca; ni siquiera encontrarían nuestros cuerpos. Era como si fuera otro planeta.

Esa noche probamos el mezcal. Su olor me recordaba al de disolvente de pintura, y me quemó al bajar por la garganta. El segundo y tercer trago no fueron mejores. Moose dijo que era una mezcla especial, un brebaje que incluía cactus peyote —y que era más una droga que una bebida. *Oh, bueno... Esto es México...*

Craso error. Después de un trago y medio, ya estaba *listo*. No me emborraché, pero me *colocó* de una forma que nunca había experimentado anteriormente. Las sombras que proyectaba la hoguera se desplazaban sobre la vegetación de la selva que nos rodeaba. Volví a mirar el humo para asegurarme de que realmente *se elevaba*, que no *volvía* para ser absorbido por la fogata. Las sustancias psicodélicas que había probado en la universidad no tenían nada que envidiar a esto. Moose dirigía una orquesta imaginaria con un palo ardiendo. En el aire flotaban estelas de color amarillo, rojo y naranja.

Si este elixir mágico es lo que «priva» a los lugareños, no es de extrañar que el puente no se mantenga en pie y que esa pobre tortuga marina cayera en el olvido. Se deben poner hasta el *culo* con esta *mierda*.

Sí, en el pasado había tomado tequila con un gusano en el fondo de la botella. Era *fuerte*, pero nada del otro mundo. Este mejunje tenía que provenir del mismo cactus peyote y tener el mismo principio que producía la droga: mescalina. Era LSD en botella.

Los tres perdimos el conocimiento en menos de una hora. *Muertos* para el resto del mundo. Desmayados encima de los sacos de dormir. Caímos víctimas de los poderes místicos del gusano antes incluso de meternos en la cama.

## «¡Estas son muy peligrosas!»

Al día siguiente, un fuerte dolor de cabeza me despertó antes de que lo hiciera la luz del amanecer. Agua. Necesitaba beber agua. La ansiaba tanto como Moose ansía la comida. Nuestro campamento era un desastre. Quienquiera que hiciera una fiesta aquí anoche no se molestó en recoger los desperdicios. Afortunadamente, el mar estaba calmado de nuevo, por lo que nos quedamos tumbados hasta pasado el mediodía.

«Vayamos a pescar a El Faro».

«¿En el océano, Moose?». *Sí, sonó así de estúpido cuando lo dije.*

«¡Por supuesto, en el océano, Óptero! Ahí es donde se guardan los peces *aquí. Ack-ack-ack-ack*».

Gracias, Jelly.

Moose, comprobando que *esa* es la carretera que nos lleva a El Faro.

Área de descanso a medio camino entre La Ticla y El Faro.
(Hoy en día es una moderna autopista)

Cogimos el cabestrillo hawaiano, las aletas, las gafas y los tubos, y nos dirigimos hacia el sur —a bordo de la 1DRBUS— por la carretera que lleva a El Faro. Llamarla «carretera» sería ser generoso. Se asemejaba más a dos senderos paralelos que a una verdadera carretera, con subidas y bajadas a lo largo de un sinfín de cuestas pronunciadas, hondonadas y curvas caprichosas, como si fuera la montaña rusa infantil de una feria. Estaba embarrada y con grandes surcos en algunos puntos, sobre todo en las cuestas. Para subir algunas pendientes fue necesario coger carrerilla. Las bajadas eran más bien derrapes controlados, ya que hacía todo lo posible por mantenernos alejados de la maleza a uno y otro lado. Varias veces, a medida que nos acercábamos a El Faro, los senderos paralelos se fundían con la playa durante unos cientos de metros, delimitados por los trozos de madera a la deriva, para luego volver a adentrarse en la selva. La hora que tardamos en recorrer los veinte kilómetros hasta El Faro fue como estar en un safari por la selva, y lo pasamos muy bien. El sendero nos condujo a una playa —de arena blanca e impoluta— de una pequeña cala rodeada por un arrecife submarino cercano a la costa. Una barrera de islotes, que se extendía desde un peñasco hacia el sur, bloqueaba todas las olas del océano, excepto las más grandes, y el agua se veía cristalina, tranquila y seductora. Moose nos hizo saber que habíamos llegado.

Un tramo amplio de la «carretera» La Ticla-El Faro.
(Creo que la de la izquierda era la casa del alcalde)

Buceamos durante un par de horas, probando suerte cada uno con el cabestrillo hawaiano. No conseguí pescar nada, a pesar de que lo lancé a unos cuantos ejemplares de gran tamaño. Moose y Jelly consiguieron atrapar un par cada uno, así que estaba claro que nuestra cena sería a base de pescado, aunque no sabíamos qué *tipo* de peces eran.

A última hora del día empezaron a aparecer nubarrones procedentes del sur. Junto con las nubes, llegó a la cala una pequeña embarcación pesquera de base plana —que los lugareños llaman *panga*—, y se detuvo a poca distancia de la playa. Uno de los dos hombres que iban a bordo se metió en el agua, que le llegaba hasta la cintura, y empezó a desatar algo que habían amarrado en un lateral de la embarcación. Cuando lo hubo conseguido, encallaron la panga y ambos procedieron a arrastrar un enorme tiburón —la cola por delante— hasta la arena. Con una longitud de unos tres o cuatro metros, el tiburón sólo era un poco más corto que el barco, y su torso era tan grueso como el de una vaca.

«¿Qué clase de tiburón es ese, Moose?».

«No lo sé. ¿Y tú, Señor Sabelotodo? ¿Lo sabes?».

«No tengo la menor idea, ¡salvo que es la *leche* de grande!». Esperemos que no sea del tipo que se come a la gente...

Uno de los pescadores se alejó corriendo y regresó diez minutos después al volante de una vieja camioneta. Los cinco hicimos todo lo que pudimos para meter a la *bestia* en la parte trasera, pero era demasiado larga y pesada, por lo que la enorme aleta caudal se quedó arrastrando por el suelo. Ataron la panga boca abajo encima del tiburón y se fueron. Empezaba a levantarse viento y las nubes cada vez eran más oscuras, pero decidimos seguir a los pescadores y su presa hasta El Faro, antes de emprender el camino de vuelta a La Ticla.

Al llegar al pueblo, los niños —en su mayoría chicos— acudían de todas partes y corrían entusiasmados junto al tiburón. La camioneta estacionó junto a otros pescadores que estaban recogiendo y cubriendo sus aparejos, de cara a la noche. Vimos cómo seis hombres se esforzaban por arrastrar al tiburón desde la camioneta hasta una lona azul, hecha jirones, que no era lo bastante grande como para albergar la cabeza y la cola a la vez.

Flash ... ¡KABOOM! Un relámpago inesperado y un trueno casi simultáneo nos sobresaltaron a todos.

Consideré que no debíamos quedarnos más tiempo y así se lo hice saber a los chicos.

«*Mierda*. Va a *caer* a base de bien. Será mejor que nos pongamos en camino *ahora* o habrá demasiado barro para volver». Puede que la 1DRBUS tenga superpoderes, pero el barro es el barro.

Hicimos señas a los pescadores de que nos íbamos, justo cuando se produjo otro fogonazo... *¡KABOOM!* ... seguido de un trueno, este más próximo que el anterior.

Uno de los hombres que había capturado al tiburón nos llamó la atención. «La tormenta hará que el camino sea intransitable esta noche. Estaréis atrapados en el barro antes de llegar muy lejos».

«¿Qué ha dicho, Moose?». Dudo mucho que esta vez la traducción sea: «No te preocupes, todo va bien».

«Ha dicho que la tormenta está aquí y que la carretera estará demasiado embarrada como para pasar... *Algo* así».

*Flash* ... *¡KABOOM!* Empezó a llover.

«*Tíos*, odio decirlo... pero creo que probablemente tenga razón. A duras penas superamos algunas de esas cuestas *en seco*. Un poco más de barro y estaremos más atascados que la *mierda*». Me imagino pasando la noche en un cenagal inundado, con Moose orinando por la ventana para no tener que salir. Nooo. De momento, nos deberíamos quedar por aquí.

«Por favor, quédense. Tengo un cobertizo en el que estarán a salvo esta noche».

Moose nos tradujo: «Nos invita a quedarnos en su granja esta noche».

*Flash* ... *¡KABOOM! Flash* ... *¡KABOOM!*

De acuerdo, Dios. Hemos captado el mensaje.

El pescador parecía preocupado y nos hizo un gesto para que le siguiéramos: «¡Debemos irnos ahora!».

La lluvia empezó a caer de *verdad*, y no necesité que Moose me lo tradujese. «¡Subid! ¡Tenemos que irnos...! Le seguiremos».

Sólo eran dos o tres kilómetros, pero podías intuir que incluso *esta* corta distancia pronto sería intransitable si el aguacero se prolongaba por más tiempo. Nos condujo a un pequeño cobertizo de chapa ondulada, de color blanquecino y rojizo, situado en un pequeño claro al borde de la selva virgen. Un refugio de bambú y palmeras albergaba una especie de garaje, más cerca de la carretera. El pescador entró, encendió una vieja lámpara de aceite y nos hizo señas para que le siguiéramos. El interior no medía más de cuatro metros cuadrados, y tenía un tejado inclinado a unos dos metros sobre el suelo raso; no era gran cosa. El rugido del viento y el incesante repiqueteo de la lluvia contra la chapa eran desquiciantes.

El hombre movió su lámpara meticulosamente de arriba abajo —recorriendo lentamente cada pared—, examinando cuidadosamente el interior del cobertizo. Divisó un gran escorpión que huía para ponerse a cubierto y lo aplastó rápidamente con su sandalia. Sobre la puerta, adherido a una antigua viga de madera, se veía un avispero de barro del tamaño de un pomelo. Con la habilidad de un tahúr y la destreza de un mago, se quitó el pañuelo azul del cuello, cubrió el nido y lo arrancó de un solo movimiento. Automáticamente, la cólera del airado enjambre eclipsó el estruendo de la tormenta en el exterior. Con los diez dedos, agarró cuatro esquinas de un trozo de tela y giró los meñiques para cerrar el *letal* zurrón.

¿Es mi imaginación, o el hatillo está oscilando por los esfuerzos coordinados del enjambre? Que el Señor nos asista si se dan a la fuga.

Sostuvo el pañuelo con el brazo extendido, se alejó veinte o treinta metros en la oscuridad, se detuvo y se preparó. Un relámpago iluminó su pose de hechicero mientras lanzaba el hatillo tan lejos como pudo; acto seguido, dio media vuelta y regresó corriendo «como alma que lleva el diablo» hasta el cobertizo. El viento racheado dispersó rápidamente al rabioso enjambre, impidiendo a las avispas alcanzarle o volver al cobertizo.

De vuelta, se mantuvo atento y volvió a escudriñar minuciosamente el interior. Con un respingo, retrocedió ante algo que vio en un rincón, cerca del suelo, y se alejó hacia la puerta. La intensa luz del candil acentuaba la expresión de su rostro.

Habló con vehemencia: «¡Quédense atrás! ¡Estas son muy peligrosas! ¡Espero que sólo haya una!».

Cogió un trozo de bambú seco y astillado, arrancó una buena púa, se acercó al bicho sigilosamente y lo ensartó hasta que quedó empalado. Lo acercó a la luz para que lo viéramos mejor. Tenía el tamaño de una pelota de tenis, a pesar de que estaba destrozado y machacado; pero todavía tenía fuerzas para intentar escapar.

¡Hostia puta! Me alegro de pasar la noche en mi furgoneta.

«Araña bananera. Vienen desde Brasil. Matan a mucha gente».

Moose parecía un poco preocupado. «Dice que es la araña bananera. Oí hablar de ellas la última vez que estuve aquí. Algunas crías llegaron de *polizones* en barco desde Ecuador o algo así. Ahora se están extendiendo por todas las plantaciones de aquí. Ah, sí, también ha dicho que han matado a mucha gente».

¿Ah, sí? Es importante saberlo, ¿no crees? Esto es de locos. Es decir, el tipo ha aplastado un escorpión enorme con su sandalia como si fuera algo normal, y se ha deshecho de un nido lleno de avispones cabreados en un periquete. Sin problema. Y luego encuentra a la reina de las arañas, ¡y eso es lo que más le llama la atención!

Nuestro amigo extendió la mano —con la palma hacia arriba— en dirección al cobertizo, como haría un *maître* señalando la mesa más solicitada en el mejor de los restaurantes:

«Es seguro aquí ahora. Duerman bien, mis amigos».

Concluido su trabajo, el pescador se marchó, dejándonos en su cobertizo para pasar la noche.

«Vale, chicos. Sacad lo que necesitéis de la furgoneta. ¡Pasaré la noche dentro, con las puertas y ventanas cerradas a cal y canto!».

Les reconozco el mérito. Ambos tendieron los sacos de dormir en el suelo raso y se prepararon para pasar la noche como si nada. Entretanto, la tormenta se volvió más fuerte e intensa. Cada uno o dos minutos se producían simultáneamente relámpagos y truenos. Una lluvia violenta —que creaba un estrépito insoportable sobre el techo de chapa del cobertizo— rugía en el interior de la 1DRBUS.

A los veinte minutos, Jelly fue el primero en *rajarse*. Dio unos golpecitos en mi ventana y me preguntó tímidamente si podía dormir en el suelo, en el extremo de mi cama. Me comentó que el candil se había quedado sin aceite y que le preocupaba que una de esas arañas se le subiera encima en la oscuridad. Moose se acercó media hora más tarde e intentó hacerse una cama entre los dos asientos delanteros. ¿Yo? Estaba cómodamente estirado en mi mullida cama de matrimonio —*y sin bichos*. Flash ... ¡KABOOM! ¡Lo siento, mamones!

La tormenta amainó por la mañana, pero esperamos hasta mediodía para que se secara todo antes de intentar volver a La Ticla. Ya no volvimos a ver a nuestro amigo pescador antes de abandonar la ciudad. Supusimos que probablemente estaba capturando otro tiburón.

Nuestro alojamiento en El Faro.

## Una carrera corta en la selva

Nuestro campamento en La Ticla estaba exactamente como lo habíamos dejado, salvo por dos agujeros del tamaño de un balón de fútbol en el techo de la palapa. Me preguntaba quién mataría a más gente: ¿esa maldita araña bananera o los cocos que caen a doce metros sobre sus cabezas dormidas? Además de los dos que habían caído en nuestro campamento, se veían varios cascarones marrones esparcidos por el suelo de los alrededores. Sin duda, la tormenta también había pasado por aquí con fuerza la noche anterior.

Lo mejor de todo es que —después de casi una semana esperando—, a la mañana siguiente ¡por fin había *buenas* olas! Nada descabellado, sólo olas compactas de unos dos metros, con alguna ocasional que mediría dos metros y medio. El tamaño perfecto para volver a nuestra *rutina*.

La mayoría de los surfistas tienen preferencias en cuanto a surfear olas que los llevan en una determinada dirección más que en otra. «Pie *regular*» es surfear con el pie izquierdo delante, de cara a la ola, mientras la llevas hacia tu derecha. Ir en sentido contrario (pie derecho delante), favoreciendo las olas que puedes surfear hacia tu izquierda, se conoce como «pie *goofy*». Nadie sabe con certeza dónde se originaron estos términos, pero son un elemento muy presente en la cultura del surf. Moose y Jelly eran *regular*, y yo un *goofy*.

La Ticla constituye un punto de ruptura, una protuberancia costera formada por innumerables ciclos de agua de lluvia fangosa vertida en el océano a través del arroyo, en cuyo fondo quedan depositados los residuos. Mi ola preferida estaba hacia el norte —donde podía surfear hacia la izquierda—, y los otros dos se quedaban en el sur. La distancia entre las dos rompientes dependía de lo intenso que fuera el oleaje en cada momento. Cuando el oleaje era reducido, entraba, rompía en un solo pico y dos de nosotros podíamos salir en la misma ola, cada uno surfeando en dirección opuesta al otro: se conoce como *«split peas»* en el vocabulario surfero, siempre en constante evolución. Olas más grandes implicarían que podíamos estar a cincuenta metros de distancia unos de otros, disfrutando a nuestro aire.

Era nuestra primera sesión de surf desde que llegamos, así que estuvimos en el agua toda la mañana. Sólo descansábamos para remar mar adentro, picar algo y echar un trago de agua. Nunca me había divertido tanto haciendo surf, y mi sonrisa de oreja a oreja me delataba. La sesión de tarde se desarrolló con olas cada vez más grandes, superando ampliamente los tres metros. (La «cara» de una ola, la parte de ella que se ve desde la orilla, puede tener de cinco a seis metros de altura en una ola de tres metros. Créanme, *es* grande). Esto nos obligó a aumentar la distancia entre nosotros, que nos separamos un mínimo de

100-150 metros. Acercarse más que eso al pico de una gran ola rompiente en La Ticla podría hacer que te atrapara «dentro». Así es como se llama cuando las olas rompen más allá de donde estás, y te encuentras inmerso en un mar turbulento de aguas blancas, incapaz de avanzar hacia ninguna parte.

La otra forma de quedarse atrapado en el interior es «pifiarla» en la ola que estás surfeando y que te *engulla*. Eso es lo que hace el labio de la ola al romper: te engulle —literalmente. «Te quedas atascado en pleno centrifugado». Esta es una de las varias expresiones que se utilizan cuando te encuentras en el lado equivocado de un serie de olas gigantes y *cabreadas*. En el peor de los casos, su tremenda fuerza es capaz de revolcarte de forma violenta y que no sepas dónde está la superficie y dónde el fondo. Para colmo de males, una vez que uno se da cuenta de dónde está la superficie, la densa espuma que se forma impide que puedas dar una brazada en condiciones. Puede incluso mantenerte un rato inmovilizado, hasta que logras salir a la superficie. Nunca es agradable, sobre todo cuando el oleaje es enorme y está rompiendo con fuerza.

En efecto, en mi primera ola de más de tres metros de esa tarde, perdí el control y me encontré «en la lavadora», en pleno *centrifugado*. Tras el primer envite, me orienté lo suficiente como para llegar a la superficie y tomar un poco de aire, antes de que el ancho labio de la siguiente ola se abatiera contra mí. Me llevó hasta el fondo, haciéndome rebotar con fuerza contra el lecho arenoso. Mi tabla fue arrastrada tan virulentamente que la correa que me unía a ella se rompió como una vieja goma elástica. Sólo quedamos la espuma y yo. No había ninguna tabla a la que aferrarse hasta que pudiera salir de la zona de impacto y recuperarla en la playa.

Cada ola era más grande —y rompía con más fuerza— que la anterior. Una y otra vez, luchaba por llegar a la superficie para tomar una rápida bocanada de aire antes de que la siguiente me volviera a hundir al fondo. Hacia el quinto o sexto asalto, me pregunté cuánto tiempo más podría mantener la fuerza y los nervios de acero necesarios para llegar a la superficie de nuevo.

Por fin llegó la última gran ola de la serie, lo que me permitió mantenerme a flote. La fuerte resaca me había llevado a lo largo de la orilla lo bastante lejos como para encontrarme en una zona de aguas tranquilas, en el extremo norte de la rompiente. Tosía, escupía y tragaba aire como un recién nacido en la sala de partos. Unos rizos bien definidos, emergiendo desde la superficie cristalina del agua, brillaban en mi pecho. Los más dominantes en perfecto *tempo* con mi tos; el resto, en sincronía con los latidos de mi corazón. Estaba muy aturdido y no estaba seguro de cuál era la mejor dirección hacia la que nadar. ¿Debería dirigirme *más* hacia el exterior, y luego hacia el norte, hasta alejarme de la zona de impacto? ¿O directamente hacia dentro, esperando que la siguiente sucesión de olas no me alcanzara antes de llegar lo bastante lejos?

Miré hacia el sur, donde estaban haciendo surf Moose y Jelly. Pensé que me ayudaría a saber en qué dirección nadar si sabía dónde se encontraban, y una parte de mí quería averiguar si se habían dado cuenta de lo cerca que había estado de ahogarme. Estaban sentados encima de sus tablas. Jelly parecía enloquecido, agitando los brazos por encima de la cabeza, y Moose gritaba algo con las dos manos ahuecadas sobre la boca. Con los oídos llenos de agua, apenas podía oírlo... pero sonaba... algo así como...

«¡TIBURÓN!».

Venga, chicos. En serio. Eso no tiene ni pizca de gracia.

Les devolví el saludo con la mano, cerré los ojos y seguí avanzando por el agua, esforzándome por estabilizar mi respiración y recuperar los sentidos.

«¡Ópterooooo! *¡Joder, Óptero!* ¡Tiburóooooooonnn! Jelly también gritaba ahora, con tanto esfuerzo que se le quebraba la voz. Parecía histérico, así que abrí los ojos y volví a mirar en su dirección. Ambos señalaban y hacían gestos enloquecidos para que mirara mar adentro, desde donde estaba.

Más vale que no sea una broma. A decir verdad, lo hubiera preferido...

Allí estaba. Una aleta de tiburón surcando la superficie del agua. A menos de cincuenta metros de mí y acercándose, trazando un ángulo de unos cuarenta y cinco grados de derecha a izquierda. Era tan grande como el que habíamos visto la otra tarde, cuando ayudamos a los pescadores en El Faro.

Nunca llegué a saber si era de los que se comían a la gente...

Observé cómo se deslizaba bajo el agua.

*Mantén la calma. Perciben el miedo. Bien, ... ¿y ahora qué?*

Allí estaba de nuevo, a mitad de distancia ahora, zigzagueando lentamente de izquierda a derecha y cada vez más cerca...

Si estás intentando asustarme, ¡está funcionando! No, no puedo perder los nervios.

Caminé por el agua tan suavemente como pude.

¿Quizá esté dando vueltas y aún no me haya detectado? Sí, claro.

Conseguí ralentizar mi respiración, pero el corazón me latía con tanta fuerza y tan deprisa que salían desde mi pecho ondulaciones —propagadas por el agua—, como los surcos de un disco de vinilo. El tiburón se sumergió bajo la superficie de nuevo. Su siguiente maniobra lo llevaría directamente hacia mí cuando volviera a aparecer.

Como estaba tan ocupado con el tiburón, no me di cuenta de que se acercaba la primera ola de otro gran lance hasta que sentí su arrastre, interponiéndose entre mí y la trayectoria del escualo. Lo más parecido a lo que puedo comparar los siguientes segundos fue a mí mismo como si fuera un pez volador de dibujos animados. Presa del pánico —con los brazos y las piernas entumecidos—, intenté nadar hacia la ola y, de algún modo, *conseguí* mantenerme en su interior, siendo arrastrado por ella hasta la orilla. Completamente convencido de que me devoraría salvajemente en cualquier momento, salí del océano y alcancé la playa como si estuviera caminando descalzo sobre brasas. Presa de un miedo completamente irracional, no dejé de correr hasta que mis pies acabaron ensangrentados —debido a los guijarros y la maleza—, cincuenta o sesenta metros hacia el interior de la selva.

# CAPÍTULO 9

---

# SALIR CORRIENDO

### Las playas de Normandía

El oleaje duró casi una semana, pero Moose y Jelly fueron los únicos que lo disfrutaron. Ya fuera una simple excusa o la realidad misma, consideré que los cortes y rasguños que tenía en pies y tobillos seguramente bastarían para atraer a otro tiburón, y no quería saber nada del tema. Filmé varias horas de película con los chicos surfeando multitud de olas realmente buenas. Mi nueva cámara Nikon XL8S Super-8 cumplía con todo lo anunciado y más. Teleobjetivo con zoom motorizado. Cámara lenta y congelación de la imagen. Fundido de entrada y salida. Era increíble. Pensé que lo superaría con el tiempo, pero cada vez que terminaba un rollo, lo etiquetaba y lo guardaba, me sentía fatal. Nunca podría ver nada de esto sin sentirme torturado por la culpa de lo que les había hecho a las películas del dueño anterior. Les había robado toda la felicidad.

Ya habíamos cogido los restos de madera más cercanos a la desembocadura del río, así que cada nuevo día teníamos que aventurarnos más al norte por la costa para encontrar trozos lo bastante secos como para que ardieran bien. A causa de mis pies, los chicos me habían permitido saltarme mi turno de recoger leña durante unos días, pero para el cuarto día ya se habían hartado y no pude zafarme más. No me hacía ni pizca de gracia ser el encargado de la leña aquella tarde. Previendo una situación similar a la que habíamos vivido en El Faro la semana anterior, el cielo se había ido oscureciendo desde el mediodía. Podíamos oír de vez en cuando el suave rugido de un trueno lejano, procedente de algún lugar sobre el océano. Era ahora o nunca, así que caminé unos cientos de metros por la playa al anochecer y empecé a recoger leña.

Los primeros relámpagos visibles brillaron en la playa, al sur, y empecé a contar: «uno-mil, dos-mil, tres-mil, cuatro-mil, cinco... *[estruendo]*»... A unos cinco kilómetros. No había de qué preocuparse.

*¡Flash!* Ese parecía mucho más cercano. *Por supuesto*, mi recuento se vio interrumpido por un sonoro *¡KABOOM!* antes de que terminara: «dos-mi...». A la mierda. Con lo que llevo, tenemos leña de sobra para esta noche. Se acabó. *¡Flash–KABOOM!* ¡Mierda! En ese momento, un rayo cayó en mitad de un cocotero que había junto en la playa, a unos cuantos metros de distancia de nuestra palapa. El destello me deslumbró, y la descarga eléctrica me dejó temblando.

Empecé a trotar y uno de los leños que llevaba se cayó a mis pies, así que me detuve y me agaché para recogerlo. *¡Flash–KABOOM–BOOM!* Un rayo cayó en la selva, frente a mí, y otro lo hizo simultáneamente en la playa, justo a mi espalda. Juro que sentí el hormigueo de la electricidad en la arena, bajo mis pies, y el aire de repente adquirió un extraño olor a producto químico para piscinas. Aparecieron espectaculares telas de araña de luz intensa por doquier —recordando una soldadura por arco—, que ahora alcanzaban el mar, la arena y la selva, y me rodeaban por *tres* lados. Me zumbaban los oídos por la incesante cacofonía.

*Hostia*. Dejé caer el resto de la leña que llevaba y eché a correr a toda velocidad por la playa y hacia la palapa.

¿Qué coño es esto? ¿La jodida Normandía? ¿Cuándo se abre fuego contra mí?

«¡No sabíamos si lo ibas a conseguir! ¿Dónde está la leña?».

«Sí, Óptero. *Ack-ack-ack-ack*. ¿Y la leña?».

No tuve tiempo de recobrar el aliento y espetar una respuesta cuando una ráfaga de viento y un repentino aguacero nos obligaron a los tres a refugiarnos en la 1DRBUS. [*Relámpago...*] *¡KABOOM!* retumbó directamente sobre nuestras cabezas, seguido del característico sonido *¡ka-bum!* de un coco atravesando el techo de nuestra palapa, en el exterior.

Todavía respiraba con dificultad... «¿Qué os parece si... probamos... en otro sitio... durante unos días?».

«Manzanillo. El tipo al que le he comprado la *maría* me ha dicho que ha oído que hay tres chicas surfistas americanas en Manzanillo. También me ha dicho que una gran tormenta podría pasar cerca de aquí en un par de días».

Entonces, ¿esto no ha sido una gran tormenta?

«¿Cómo de grande es la tormenta?».

«Me comentó que las cuadrillas están trasladando todo su material de construcción al otro lado del río durante un par de días, por si la cosa se pone *fea*».

¿Cuándo ibas a compartir ese pequeño detalle, Moose? ¡Joder! Me da igual. Sólo quiero largarme de aquí.

«Recojamos todo y larguémonos mañana, después del desayuno, ¿vale?». ¡Mierda, me iría ahora mismo si no nos estuvieran atacando!

«Eso depende de cómo estén las olas mañana. Si están como ayer, nos quedaremos. ¡Quién sabe cuándo volveré a tener esta oportunidad...!». *Moose dejando claras sus prioridades.*

Jelly intervino: «De todas formas, si llueve mucho más, el río podría dejarnos atrapados aquí».

Eso sí que sería *jodido.*

El destino quiso que el oleaje fuera perfecto a la mañana siguiente, así que los chicos salieron a surfear. Confiando en que nos iríamos de allí, me quedé en el campamento recogiendo todas mis cosas. Me invadió una sensación de profundo vacío. Aquí estaba yo, en La Ticla, habiendo surfeado por fin una de las más codiciadas playas de México continental. Una vez. Solamente. Una mañana durante unas cinco horas. Y ahora estaba solo en el campamento, guardando nuestras cosas para irnos de allí. Me quedé sentado, con la mirada perdida, *hechizado* por el momento. Era desgarrador pensar en lo mucho de mí que había desaprovechado, en mi inútil búsqueda de aceptación, en lugar de poner esa misma energía en vivir una vida que mereciera de verdad la pena.

## La nevera del Sr. Recker

No estoy seguro de la hora que era cuando los chicos volvieron al campamento, pero ya había pasado la hora de comer. Me alegré de verlos, porque el cielo empezaba a ponerse de nuevo muy *feo.* Naturalmente, Moose tuvo que comer y fumar un poco de *hierba* antes de que pudiéramos ponernos en marcha. No obstante, al cabo de media hora ya lo teníamos todo recogido.

Subimos lentamente por la embarrada carretera que atravesaba el pueblo hasta llegar a la carretera La Ticla-El Faro, giramos a la izquierda y volvimos al arroyo. Como la primera vez, dos grandes volquetes se preparaban para cruzar y se veía a un grupo de campesinos a un lado, con la esperanza de encontrar transporte hacia el norte. El agua tenía un curioso tono rojizo y parecía moverse un poco más rápido que la última vez. Es posible que también abarcara más anchura esta vez, pero no me pareció más profunda. Seguía siendo solamente un amplio arroyo cenagoso con un camino de tierra que se adentraba por un lado y reaparecía por el otro. Nos bajamos y vimos cómo cada conductor que nos precedía hacía señas para que subieran al camión un buen número de hombres, mujeres y niños, antes de vadear el arroyo. Los camiones pasaban por breves momentos en los que se encallaban y *casi* se quedaban atascados, pero todos lograban su objetivo, igual que el otro día.

Cuando el último camión llegó con seguridad al otro lado, nos tocó a nosotros. Una pareja anciana y visiblemente cansada se acercó lentamente a nosotros, encorvados y cargados con mochilas de tela caseras (casi tan altas como ellos) atadas fuertemente con un grueso cordel. No necesitaron decir nada; sus rostros curtidos y arrugados, y sus ojos abrasados por el sol, lo decían todo. Querían que los llevásemos al otro lado.

«*Eh*, Óptero. Esta gente quiere nuestra ayuda para cruzar».

No me *jodas*, Moose.

«No creo que eso nos ayude mucho. Ya estamos hasta arriba de peso. No quiero arriesgarme a quedarme atrapado en el barro. Diles que lo sentimos, pero no». Vaya, eso ha sonado despiadado. Da igual. Sólo quiero largarme de aquí.

«¿En serio, Óptero? Eso no está bien. Pero... es tu decisión».

«Sí, en serio. Venga, *tío*. Nos toca a nosotros. Díselo, para que podamos pasar». Empezaba a *acojonarme* un poco todo este asunto. Al este, el cielo era de un gris amenazador, y *me parecía* que el río se ponía cada vez más feo.

Moose cerró la puerta y asomó la cabeza por la ventanilla. «Mi amigo es *gilipollas*. Él dice que no tenemos espacio para *ti*».

La pareja de ancianos no contestó nada. El hombre agachó la vista y sacudió la cabeza con resignación. La mujer me fulminó con su mirada. Sus ojos no expresaban decepción por haberlos rechazado, sino una rabia silenciosa por haber faltado al respeto a su marido *delante* de ella.

Pedí a un lugareño que se adelantara con mi cámara para grabar la «hazaña», convencido de que conseguiríamos cruzar el río.

Al entrar en el arroyo hice todo lo posible por pensar en positivo; al fin y al cabo, ya habíamos hecho esto antes. Todo eso cambió a mitad de camino. Los surcos entre las piedras eran más profundos y pronunciados. La corriente era notablemente más rápida y enérgica, lo que nos obligaba a «ladearnos» para mantener la buena dirección. Las ruedas de atrás perdieron la tracción durante un segundo, y la parte trasera de la furgoneta basculó unos centímetros hacia abajo. La fuerza del agua nos hizo *caer de culo* en un remolino lo bastante profundo como para que el motor borboteara y carraspeara, al haberse sumergido brevemente el carburador.

«*¡Hostia puta!* ¿Esta *cerda* va a lograrlo o *qué?*».

«¡Deja de llamarla cerda, *joder*, Moose! … No lo sé».

Me desvié un poco río arriba para evitar el remolino y volver al mismo camino que habían seguido los volquetes. La corriente nos empujaba ahora implacablemente. Pisé a fondo el pedal del acelerador para superar a ambos *adversarios*: la corriente de agua y el hoyo en el que nos habíamos metido. La parte delantera del autobús se elevó —empujada por el agua que corría bajo ella— e inmediatamente la banda de rodadura de los neumáticos traseros tocó el fondo. La 1DRBUS se irguió como un corcel y se colocó justo encima de un peñasco sumergido. Estábamos tan centrados sobre la roca que ninguna de nuestras cuatro ruedas tocaba tierra. Aceleré el motor e hice girar las ruedas delanteras de un lado a otro sin ningún resultado, excepto el de volver a ponernos en posición perpendicular al río. Estábamos más atascados que la *hostia*...

«¿Y ahora qué hacemos, Óptero?».

«¡Tenemos que bajar de esta *maldita* roca! Salid y empujad los dos, a ver si podemos avanzar».

La corriente era cada vez más fuerte. Era evidente que estaba lloviendo *a cántaros* río arriba; teníamos que llegar a un lado o a otro ¡*ya*! Entre el mal apoyo que tenían y el agua —cada vez más agitada y creciente—, los chicos no tuvieron suerte intentando sacarnos de la roca, así que tuvimos que idear otro plan.

«Colocaos los dos sobre el parachoques trasero, a ver si conseguís que las ruedas traseras lleguen hasta el fondo. Pondré la marcha atrás y *quizá* podamos salir de aquí...».

Mirándolo por el retrovisor del copiloto, observé cómo Moose se colocaba en la parte superior de la furgoneta, temiendo perder el equilibrio. Desde atrás, me miró y sacudió la cabeza. No le advertí a tiempo de que no utilizara la toma de aire personalizada como asidero, y vi cómo la arrancaba del lateral de la furgoneta.

*Era muy doloroso. Estaba siendo testigo de cómo se iba al garete lo que más quería en este mundo.*

No tenía sentido. No había forma humana de mover o balancear la furgoneta lo suficiente como para que alguna de sus cuatro ruedas rozara siquiera el fondo.

Me dirigí a la parte de atrás para unirme a Moose y Jelly, y vi a la pareja de ancianos en la orilla, una docena de hombres reagrupados tras ellos. Me llevé las dos manos a la cara y grité lo más fuerte que pude para que me oyeran, a pesar del estruendo que provocaba el agua.

«¡¡Eh...!! ¡¡Eh...!! ¿Pueden ayudarnos, por favor? ¡POR FAVOR!».

«¡Moose! ¡Diles que nos ayuden! Por favor, ¡pídeselo! ¿Por qué *cojones* se quedan todos ahí mirando?».

Volví a gritar: «¡Por favor, amigos!».

«No nos van a ayudar. Les has insultado. Prefieren ver cómo nos ahogamos».

¡Dios mío! ¡Por favor!

«¡Por favor, Moose! ¡Por favor! Por favor, ¡pídeselo! ¿Cómo les digo que lo siento?».

*«Discúlpenme»*, pero no servirá de nada. Son un pueblo orgulloso. Les has humillado y ahora estamos *jodidos. Tú* has provocado esto».

«¡Discúlpenme! ¡Discúlpenme! ¡POR FAVOR! ¡MALDITOS CABRONES! ¡Discúlpenme!».

Y entonces, primero la pareja de ancianos, y luego los demás, nos dieron la espalda y se alejaron.

«Se acabó, Óptero. Tu furgoneta no se moverá de aquí. Voy a coger mi tabla y el resto de mis cosas y me vuelvo a la palapa».

Jelly me miró con impotencia durante un segundo. Su expresión lo dijo *todo* antes de abrir la boca. «Estoy con Moose. No saldremos de aquí esta noche. Llevemos lo que podamos a terreno seco. Podemos volver a intentarlo por la mañana».

Moose ya estaba dentro, sacando bruscamente cosas de debajo de la cama, apartando sus pertenencias —incluida la última docena de revistas guarras— del resto del equipaje y dejando todo lo que no era suyo desparramado por el suelo. Lo cogió todo, excepto su tabla, y se dirigió de nuevo a la parte del río que llevaba a La Ticla. El agua, que subía imparable, amenazaba con empujar la furgoneta y volcarla sobre un lateral.

«¡Jelly! Tenemos que cerrar las puertas laterales y abrir las de delante para que el agua pueda pasar y no nos vuelque».

Ya había cogido todo lo que podía abarcar y gritó: «¡Vuelvo enseguida!».

DIOS, espero que sí. No tengo ninguna posibilidad de ganar esta batalla yo solo.

Conseguí cerrar las puertas laterales y abrir las delanteras por mi cuenta. El agua entraba por la puerta del copiloto más rápidamente de lo que podía vaciar la del conductor, y empezó a rebosar por el espacio que hay entre los asientos delanteros, inundando la caja de acero galvanizado que había soldado al suelo el año anterior. (La «caja fuerte» que hacía que mi magnífico equipo de música, mis amplificadores dobles y mis cintas fueran prácticamente imposibles de *sustraer*). Ya no podía hacer nada para evitarlo. El agua inundó la caja y fue vertiéndose en la parte trasera de la furgoneta, donde guardábamos todo lo que teníamos. Agarré lo que había en el suelo —o aún debajo de la cama—, y empecé a arrojarlo sobre el colchón para evitar que se mojara más. Fuera, Moose había vuelto y estaba profiriendo blasfemias, mientras intentaba liberar su tabla de surf de la baca del techo. Jelly, tras haber completado un viaje a la orilla, volvía hacia la furgoneta, gritando a Moose que cogiese también su tabla. Este le ignoró, dirigiéndose de nuevo a la orilla con *su* tabla bajo un brazo, y la bolsa de rejilla con las aletas, las gafas y el tubo bajo el otro. Pude imaginarme la conversación mantenida a medio camino entre los supuestos amigos. El río seguía creciendo y Jelly se esforzaba por volver a la 1DRBUS sin ser arrastrado por la corriente.

*«¡Que le jodan... capullo egoísta!»*, fueron las palabras que pude distinguir en medio del estrépito del agua. «¡Metamos las tablas dentro y llevemos todo lo que podamos a la orilla!».

O Jelly se está volviendo más humano, o menos como Moose... —supongo que es lo mismo— .

«Vale. ¿Puedes ocuparte de las tablas? ¡Tengo que sacar mis cámaras de aquí! Todo lo que merece la pena salvar está sobre la cama».

En lugar de volver a intentar subir por delante, me desplacé hasta la parte trasera y levanté el portón. El agua aún no había llegado al nivel de la cama, y la bolsa con mis cámaras seguía seca. Con muchísimo cuidado, apoyé la bolsa sobre la furgoneta y lo mantuve abierto para Jelly. Sacó una caja con sus cosas, me la pasó, y deslizó nuestras tablas hacia dentro, antes de cerrar de un portazo. Era demasiado intentar llevar más de una carga a la vez en plena batalla por mantenerse en pie dentro de la corriente. No estábamos seguros de si seríamos capaces de hacer otra travesía de vuelta a la 1DRBUS, así que cogimos cada uno lo que consideramos más importante y nos encaminamos hacia la orilla. Aunque apenas había caído la tarde, el cielo estaba casi negro; las nubes de tormenta que habían acechado tierra adentro se desplazaban hacia nosotros... y empezó a llover.

«Creo que deberíamos hacer otro viaje a la furgoneta» —supliqué. «El hornillo, la comida, el agua potable y la mayor parte de nuestra ropa siguen ahí».

«Por no hablar de nuestras tablas, Óptero».

«Venga, Moose. Deja de ser un *jodido* egoísta y ayúdanos a traer el resto».

*Supongo que Jelly por fin se había hartado de Moose.*

«No. Id vosotros. Yo me quedo aquí, vigilando mis cosas». Increíble.

«Pues vale. O vamos *ya* o nos podemos olvidar de todo. Venga, Óptero».

Vaya. Igual de increíble. ¿Quiénes son estos tipos y qué han hecho con Moose y Jelly?

Está cayendo la noche, mi furgoneta está encaramada a una roca sumergida en medio del río Ostula y el agua sube a toda velocidad. Y la principal prioridad de Moose es salvar su saco de dormir y su cajita con marihuana.

El río ya no era transitable. El aumento de la corriente y el terreno inestable nos hicieron caer *de culo* unas cuantas veces. Hizo falta todo el esfuerzo del mundo para llegar a la 1DRBUS. A varios metros de distancia, un súbito estruendo —que imitaba el sonido que hace el oleaje cuando rompe una gran ola— hizo que nos detuviéramos. Venía de la parte alta del río y apenas era visible a través de la lluvia. Un enorme torrente de agua de un metro de altura —doblando la curva cañón arriba— se nos echaba encima y se unía al volumen de agua *ya* existente, a la altura de nuestro pecho. Era un sucio y descontrolado amasijo de suciedad marrón, mezcla de arbustos arrancados, trozos de madera y lo que parecía ser gran parte de una choza. Con la escasa luz, la imagen era fantasmagórica y surrealista, y tardé unos instantes en comprender de qué se trataba.

*«¡¡Inundación!! ¡¡Inundación!!».*

Estaba claro que sólo teníamos quince o veinte segundos para reaccionar. Jelly me miró con los ojos desorbitados. *«¡¡¡Nada!!!».*

Antes de intentarlo siquiera, un aullido espeluznante ahogó el rugido de la tromba que se acercaba. Un joven ternero (o tal vez una cabra), atrapado en una maraña de ramas rotas, daba saltos mortales sin poder hacer nada ante aquel macabro desorden, chillando desesperadamente en busca de su mamá. Fue una situación más que pavorosa, y mis instintos más básicos me empujaban a unirme a Jelly en su estado de pánico, pero un miedo atroz a morir ahogado me lo impidió.

*«¡Es demasiado tarde! ¡Esa maraña de* mierda *nos hundiría! ¡Tenemos que quedarnos aquí!».*

Yo *ya* estaba en el techo cuando Jelly me alcanzó. *«¡Vamos! ¡Tratemos de parapetarnos entre la furgoneta y toda esa basura! ¡Agárrate a una barra del techo y no la sueltes, pase lo que pase!».*

Cada uno de nosotros se agarró a un bastidor en una situación a todas luces de vida o muerte. Yo rodeé el delantero con el brazo izquierdo, Jelly se abrazó al trasero con el derecho, y entrelazamos los brazos libres. Entre preparados y aterrorizados, nos quedamos encaramados a la parte inferior del techo, aguardando lo inevitable.

*«¿Allá vamos...?».*

*«¡Que Dios nos ayude!»* —supliqué.

Mirando por encima de Jelly, vi que Moose lanzaba su tabla hacia la selva, siendo lo único que pudo salvar de la avalancha inicial de agua y escombros que arrasó la orilla y se lo tragó a *él* y a todas las cosas que habíamos trasladado previamente a un lugar más elevado. Jelly no lo vio venir; su atención se centró en cronometrar nuestro propio impacto, respirando hondo y preparándose para aguantar la respiración el mayor tiempo posible. El torrente se precipitó sobre nosotros, golpeándonos tan fuerte que nos dejó aturdidos. La 1DRBUS se elevó y se puso de lado, desplazándose por fin fuera de la *condenada* roca. Jelly y yo fuimos arrastrados bajo el agua, pero nos libramos de sufrir un gran impacto o de enredarnos con los escombros más pesados —que dominaban el primer frente de la tromba.

La furgoneta —volteada a causa de los desechos arrastrados por el agua— se enderezó cuando el peso del motor volvió a sumergir la parte trasera. De algún modo, el frontal permaneció fuera del agua, y la temible ola inicial de la riada se expandió a nuestro alrededor. La fuerte corriente hizo que las dos puertas delanteras se abrieran de par en par como las orejas de Dumbo, el elefante volador. Provistos de estas grandes *alas flotantes* a modo de velas, nos vimos arrastrados por la implacable corriente hacia el océano. Vimos a Moose delante de nosotros, abrazado a la nevera *Coleman* roja y blanca del Sr. Recker. Estaba dando vueltas en un remolino iracundo que giraba y giraba entre nosotros y la orilla del río. Me planteé llamarlo, pero Jelly y yo estábamos ocupados defendiéndonos de todo tipo de inmundicias y escombros flotantes que nos golpeaban la cabeza y los hombros.

El arroyo se ensanchó al acercarse a la costa y, afortunadamente, el agua se expandió, se calmó y se volvió menos profunda. Habíamos *cabalgado* sobre la 1DRBUS durante más de un kilómetro y medio, hasta que encalló en el fondo y se detuvo. La lluvia había amainado y parecía que lo peor de la inundación había pasado. En la oscuridad, el blanco de nuestros ojos y de nuestros dientes contrastaba enormemente con el lodo rojo que cubría todo lo demás.

«Ha sido un infierno», dijo Jelly, tosiendo espasmódicamente.

*Nunca se dijeron palabras más verdaderas.*

«¿Estás herido?». Fue lo primero que se me ocurrió preguntarle a Jelly, sin estar muy seguro de si lo estaba yo...

«No, estoy bien, pero creo que vamos a pasar la noche fuera *d...*».

De repente, un ruido metálico interrumpió a Jelly, esta vez diferente a los provocados por las demás basuras que golpeaban y chocaban contra la furgoneta. Era la nevera *Coleman* roja y blanca del Sr. Recker, y Moose no estaba a la vista.

«¡Moose! ¿Estás ahí? ¡Moose!». La voz de Jelly era ronca y no mucho más fuerte que un susurro, su garganta en carne viva a causa de la ingestión de agua sucia. Se le saltaban las lágrimas, sin duda angustiado, frustrado y dolorido.

«Probablemente haya salido y haya *dejado* la nevera flotando, Jelly. Ya sabes cómo es».

«Sí, probablemente tengas razón. No puedo gritar más».

Pasamos esa noche encima de la Wonderbus, demasiado agotados como para hacer nada más. Con las primeras luces del amanecer, vimos que el nivel del agua había bajado; parecía que no llegaba más allá de la cintura. Jelly se bajó del techo y apoyó el pie sobre el neumático delantero del lado del copiloto, con la intención de saltar y dirigirse a la orilla. Durante la noche, el continuo flujo de agua alrededor de la furgoneta había erosionado el fondo arenoso como lo hacen las olas al arrastrar las piedras en la playa. Descubrió demasiado tarde que *ahora* nos rodeaba un profundo foso, y el agua le llegó a los hombros antes de que pudiera poner los pies en el suelo.

«*Joder*, Óptero! ¡Otra vez estamos encaramados a una *jodida* loma!

«¡Hola!». Uno de los aldeanos salió de la espesura de la selva portando una cuerda enrollada y se metió en el agua.

«¡Hola! ¡Buenos días!». En fin, quizá no tan buenos, pero me alegro mucho de verle.

Cuando estuvo lo bastante cerca, nos lanzó la cuerda y Jelly le dio un par de vueltas alrededor de la baca, antes de atarla. El aldeano se dirigió al lado del arroyo que daba a La Ticla y amarró su extremo de cuerda alrededor de un tronco de cocotero. Jelly fue el primero en llegar a tierra firme, conmigo justo detrás, pero me dejé una zapatilla por el camino, succionada de mi pie por el pegajoso fango rojizo.

«¡Gracias! *¡Gracias mucho!*». Probablemente mi español no fuese muy bueno, pero luché contra la tentación de cogerlo en brazos y zarandearlo como si me acabase de decir que todo esto había sido un mal sueño.

«De nada, de nada». Tendría sólo unos veinticinco o treinta años, pero sus dientes amarillentos y ennegrecidos le hacían parecer mucho mayor.

Ninguno de los dos estaba seguro de lo que nos estaba diciendo, así que simplemente le estrechamos la mano por turnos, mientras repetíamos: «¡Gracias! ¡Gracias!».

Señalando hacia la playa, dijo algo demasiado rápido como para que le pudiéramos entender: *«Su amigo de ustedes está recogiendo sus cosas en la playa»*.

«*¿Qué?* Más despacio, por favor».

Vaya. Jelly también sabe un poco de español.

*«Su amigo de ustedes está recogiendo sus cosas en la playa»*. Tan rápido e ininteligible como antes.

Esta vez lo intenté yo... «No comprende mi amigo». Espero que me haya entendido.

Nuestro nuevo amigo ladeó la cabeza, perplejo, miró a Jelly y vocalizó lentamente, para que lo entendiéramos: «Ustedes *son* amigos. ¿Sí?» —señalándonos *a cada uno* por separado.

«Sí. Sí. Somos amigos». Jelly mostrando un pulgar hacia arriba.

«Vale. Eso ha quedado claro.

Esta vez se dispuso a enunciar lentamente cada sílaba: «Su o-tro a-mi-go es-tá en la pla-ya», dijo —mientras extendía el brazo hacia la playa.

«¡Moose está en la playa!». Jelly reaccionó como si le hubiera tocado la lotería. «¡Nos está diciendo que Moose está en la playa!».

¿Vivo o muerto?

«¡Sí! «¡Sí! ¡En la playa!».

«¡Gracias, amigo! Muchas gracias».

«De nada, de nada».

Reiteramos las gracias a nuestro nuevo amigo y fuimos hacia la playa en busca de Moose. El banco de arena que antes contenía el río había desaparecido, adentrándose de lleno en el mar. Aun así, era *factible* llegar a la orilla norte saltando de montículo en montículo de restos de madera a la deriva y escombros.

Moose nos esperaba al otro lado, con un montón de bártulos mojados a sus pies:

«¡*Eh*, lo habéis conseguido! No estaba *del todo* seguro».

«Sí, Moose. Ya vemos lo preocupado que estabas, aquí en la playa, hurgando entre nuestras cosas...». No estaba nada convencido de que le importara un bledo.

Jelly actuó como si nada. «¿Qué te pasó? Te vimos con la nevera del Sr. Recker, y después pasó flotando sin ti. Pensé que tal vez te habías ahogado...».

«Sí... ¿tú te preguntaste si tal vez *nos habíamos* ahogado, Moose?».

«No, te vi sobre esa *cerda* de furgoneta al pasar. Por cierto, gracias por asegurarte de que *yo* me encontraba bien y eso — replicó Moose con sarcasmo.

Claro...

«No ha sido para tanto. Me agarré a un arbusto y salí por mi propio pie».

«¿Y la nevera del Sr. Recker?», le pregunté, sabiendo ya la respuesta.

«Ya no me hacía falta y la solté». ¡Bingo! Ese es el Moose que conocemos. «No hace falta que te pongas así. Está allí, en la playa, con algunas de tus *mierdas*».

«¿Qué más has encontrado? He perdido la mayor parte de mi ropa, y mi dinero estaba en el bolsillo de un pantalón. *Ups*. No debería haber dicho que mi dinero estaba por ahí, en alguna parte.

«Sí, encontré tus Levi's en los arbustos, junto a la desembocadura del río. Aunque no había dinero...».

Ya, claro. Mis últimos sesenta y cinco dólares estaban en esos pantalones, *cabrón*.

«Sin embargo, encontré un billete de cinco dólares en la playa».

Extendí la mano hacia Moose. «Bien, si eso es *todo* lo que has encontrado, dámelo e iré a buscar el resto».

«Nadie sabe si es *tu* billete de cinco dólares. No estaba con las cosas de nadie. Yo lo encontré. Ahora es mío».

«Estás de coña, ¿verdad?».

«¡Venga, Moose!». Jelly profirió un grito seco: «¡Dale al chico su dinero de una vez! ¡*Joder!* Ya ha perdido todo lo demás».

«Mira... ¡Yo no le dije que se metiera en el *maldito* río! Lo hizo porque quiso. Y si hubiera llevado a esa gente, ¡todo el *jodido* pueblo habría llevado a hombros a esa *mierda* de Volkswagen hasta el otro lado!».

Moose volcó toda su ira sobre mí, *clavándome* un dedo rechoncho en el tórax. «Óptero, tienes mucha suerte de que haya encontrado la mayoría de mis cosas, o también estarías en deuda conmigo por eso. Que os *jodan* a ti y a tus cinco dólares. Ahora son míos».

«*¡Que te den*, Moose. Apáñatelas como puedas para volver a casa». Esto sería más amenazador si la 1DRBUS no estuviera atascada en medio del puto río Ostula.

Moose recogió sus cosas y caminó —con las piernas algo rígidas— hacia la palapa, donde ya se había reinstalado. Jelly y yo pasamos las siguientes dos horas recorriendo la playa y la desembocadura del río, en busca de nuestras cosas. Contentos de haber encontrado todo lo que se podía encontrar en la playa, Jelly sugirió que lo lleváramos de vuelta a la palapa. Llegamos a un acuerdo: él se encargaría de eso y yo volvería río arriba por la orilla, con la esperanza de recuperar más cosas *aún* atrapadas en el barro.

Proseguí mi búsqueda río arriba hasta el lugar en el que habíamos intentado poner a salvo, en una zona elevada, nuestros bultos y cajas. La pareja de ancianos estaba allí y me vio llegar. La mujer me hizo señas para que me acercara. Esperaba que me echaran en cara lo ocurrido. En cambio, allí, tendida frente a ella sobre una mantita vieja, estaba mi videocámara y una docena de rollos de película empapados. Me quedé en estado de *shock*, avergonzado y abochornado por mi comportamiento de la tarde anterior. Mis hombros se encogieron hacia delante, bajé lentamente la cabeza y murmuré en voz baja:

«Lo siento».

La anciana miró a su marido, que respondió con un sosegado: «De nada».

Vaya, ¿«De nada», después de la forma vergonzosa en que los traté...? Tengo que agradecérselo de alguna manera... y tal vez me ayude a atenuar un poco mi sentimiento de culpa...

*«Yo no tiene dinero for you»*. A duras penas, intenté hacerles saber que no tenía dinero que ofrecerles como compensación.

La mujer me miró directamente a los ojos y sacudió ligeramente la cabeza. Luego levantó su diminuta mano, con la palma hacia mí; sus dedos estaban curvados y retorcidos de trabajar: *«Alto. De nada»*.

Esas palabras se me quedaron grabadas a fuego en el corazón. Stop. No se preocupe. Sin rencor. Sin codicia. No se preocupe.

## Una cerda en un charco

La anciana insistió en que me quedara con su mantita e hizo con ella un hatillo —con mi cámara y los rollos de película dentro— para el camino de vuelta a la palapa. Los chicos ya tenían una hoguera encendida y estaban preparando café. Moose había recuperado de la playa su bolsita de marihuana y su botella de mezcal.

*«Eh...*, ¿puedo tomar un café, o también es *tuyo* ahora?». Quién sabe con qué nuevas reglas saldrá Moose...

Él respondió: «¿Quieres el resto de tu ropa o no? También he encontrado una bolsa con la cámara de tu madre, algunos papeles y el permiso de circulación del coche. Todo parece estar en buen estado».

Por el momento me quedaré callado y aceptaré lo que se me ofrezca.

«Miguel, mi amigo de la construcción... ya sabes... el tipo de la marihuana, dice que puede conseguir un volquete y sacar tu *cerda* del río por veinte dólares».

Ignorando la alusión a la «cerda», le contesté: «Sí, bueno, pero ya no tengo veinte dólares para darle. ¿Los tienes tú?».

«Mira, Óptero, ¡yo no cogí tu *puto* dinero! Tengo *mi* propio dinero y no voy a pagar por tus errores».

Ya. Como si pensara que te ofrecerías voluntario... «No importa. Veamos si acepta *algo* a cambio. ¿Quizá esta flamante videocámara que ha estado sumergida toda la noche?».

Jelly intervino: «¡Vaya! ¿La has encontrado? ¿Dónde?».

«Yo no. La encontró la pareja de ancianos. Estaban esperando en el cruce cuando llegué».

«Estás conociendo a los *auténticos* mexicanos, Óptero. Prefieren preservar su honor que robar tus *mierdas*».

Lo dice el tipo sin honor que ha robado mi dinero.

«Mi amigo va a volver con su camión. Podrás preguntarle entonces si quiere algo de tu *basura*».

Miguel y su camión volquete llegaron a la palapa una hora más tarde. Acabé dándole mi reloj de buceo como pago por su ayuda. Retrocedió con su camión, adentrándose en el río todo lo que le fue posible. Jelly y yo vadeamos hasta la 1DRBUS, donde enrollamos y fijamos el extremo de la pesada cadena de Miguel a la parte superior del anclaje de la rueda de repuesto. Miguel arrancó el motor y el camión avanzó unos metros. La cadena chirrió, tensándose lo suficiente como para poder caminar sobre ella. La única parte de la 1DRBUS que se movió fue el anclaje de la rueda de repuesto, que giró hacia abajo y hacia un lado, y cuya torsión acabó desfigurando el panel delantero izquierdo, situado bajo el parabrisas.

Paul Wilson

Una vez que la furgoneta estuvo enganchada al camión,
Miguel utilizó el sistema hidráulico de su volquete para intentar desatascar las ruedas traseras, sepultadas en el barro.
(Obsérvese la señal de «nivel máximo de crecida de agua» en la orilla opuesta, detrás del camión. En el momento de máxima crecida, sólo se veían los bastidores para las tablas, en el techo de la furgoneta).

Intentó dos veces más sacar la furgoneta, pero luego bajó del camión, desenganchó el extremo de la cadena y la dejó caer en el agua. Supuse que intentaría acercarse o alinearse más delante de nosotros. En lugar de eso, subió a la cabina del camión y trató de moverlo, primero hacia delante y luego marcha atrás, sin conseguir nada más que agua brotando de los neumáticos traseros. Su camión se había quedado encallado en el río, junto con la 1DRBUS. Sin poder hacer nada por el momento, volvimos los tres a la orilla. Miguel no perdió ni un segundo y se marchó en dirección a la cuadrilla de construcción del puente; no tardó en regresar como copiloto de otro camión volquete, en cuya plataforma se veía a doce o quince lugareños.

El conductor se acercó a nosotros, sonrió y se señaló la muñeca. Llevaba puesto el reloj que le había ofrecido a Miguel por sacarnos de allí.

Por mí, de acuerdo. ¡Pero saca mi furgoneta del *puto* río!

Miguel dijo que él también necesitaba cobrar por su trabajo, así que llegamos a un arreglo. Si conseguían sacar la furgoneta hasta un pequeño claro —a unos treinta metros de la orilla del río— , también le daría mi hornillo.

El segundo camión no tardó en retroceder hasta el río, a medio camino del camión de Miguel, y ambos camiones y la 1DRBUS quedaron alineados en cadena. Una vez enganchados los tres, transcurrieron entre quince y veinte minutos de tirones y de maniobras —todo ello amenizado por un incesante bullicio de charlas, lamentos y aplausos de los aldeanos— , hasta que por fin sacaron mi furgoneta al claro. El interior aún acumulaba al menos treinta centímetros de agua, con otros tantos centímetros de barro por debajo. Llevó unos minutos localizar y sacar del lodo el hornillo prometido, pero Miguel se alegró de recibirlo. Con un *Vayan con Dios* de ambos conductores, tanto ellos como el auditorio de aldeanos curiosos nos dejaron a solas con nuestro desaguisado.

Hicieron falta dos camiones volquete de gran tamaño para sacar mi
furgoneta del espeso lodo.

Jelly y yo montamos un campamento improvisado en el
claro. Moose se quedaba en la palapa de la playa durante el día
(sospecho que para evitar tener que ayudar), pero, tras la primera
noche, se empezó a sumar todas las demás (seguramente porque
era donde estaba la comida). Después de sacar kilos y kilos de
barro y de limpiar lo que pudimos salvar, me dispuse a intentar
arrancar de nuevo el motor. Cuando extraje la varilla del aceite,
supe más o menos todo lo que necesitaba saber: un chorro de
agua sucia, del grosor de un lápiz, salió a presión del agujero.
Volví a colocar la varilla y la retiré de nuevo para comprobar el
nivel. Ni una gota. Sólo agua. Supongo que cuando un motor
está bajo el agua el tiempo suficiente, el aceite sube a la superficie
de la misma... *¿no?* En cualquier caso, para que volviera a
funcionar, iba a ser necesario desmontarlo por completo y
volver a ensamblarlo.

Durante la noche, cientos de kilos de inmundicia
del río Ostula se habían depositado en su interior.

Paradójicamente, la tormenta que tanto nos había asustado (precipitando nuestra malograda huida de La Ticla), nunca fue más allá del aguacero desatado en el barranco, así que nuestra travesía sin éxito en el río podría haberse evitado.

Mientras esperaba a que los otros volvieran de surfear, elaboré un plan. En primer lugar, recogería todo lo que me quedaba y lo guardaría en la furgoneta (ya que no podía contar con que los chicos se encargaran de vigilar *nada* de ello). A continuación, haría autostop hasta Tecomán y llamaría a mi madre para que me ayudara a salir de este lío, enviándome algo de dinero. Luego, contrataría a alguien para que remolcara la 1DRBUS de vuelta al otro lado del río —ahora reducido a un mero hilo de agua— y la llevara a algún lugar de Tecomán donde pudieran reparar el motor.

Cuando volvieron los chicos, les expliqué lo que le pasaba al motor y les expuse mi plan. Estaban encantados de quedarse en La Ticla surfeando un poco más y dejarme a mí el trabajo sucio, de todos modos, así que los tres estuvimos de acuerdo en que eso es lo que haríamos. Volví a pedirle a Moose los cinco dólares, para así tener algo de efectivo para el viaje a Tecomán. Al principio se negó, pero luego accedió a regañadientes a «prestármelo», siempre que prometiera devolvérselo en cuanto regresara.

*Puto* Moose.

Ya tenía todo preparado para salir a primera hora de la mañana.

Prendimos un fuego y cocinamos algo de pescado que Moose había conseguido de un aldeano. Después de cenar, sacó lo que quedaba de su botella de mezcal. «*Eh*, *¡celebrémoslo y acabemos esto!*».

«¿Celebrar el *qué*?».

Sí, Jelly. A mí también me gustaría saberlo.

«¡Muchas cosas, *troncos*! Celebremos que nuestras tablas no se destrozaran en la riada. Celebremos que he encontrado mi *hierba* y mi botella de mezcal. Celebremos que encontré cinco dólares para prestarle a Óptero para su viaje a Tecomán... ¿Veis? ¡Hay mucho que celebrar!».

Menudo cachondo.

«Bebed vosotros. No quiero que me duela la cabeza todo el camino hasta Tecomán».

«¡Vamos, Óptero! *Ack-ack-ack-ack* ... ¡Todo irá bien!».

«Bebed cada uno un buen trago y, si aún queda algo, beberé uno yo». Viendo la botella, no hay mucho (o nada) por lo que deba preocuparme.

Utilizamos un bote vacío de película de 35 mm como vaso de chupito; cada uno de ellos se bebió uno lleno, dejándome a mí medio. Moose sacó su hierba y lio un buen *porro*. Cuando lo hubimos acabado, el mezcal empezaba a hacer efecto y los tres teníamos un feliz colocón.

Moose empezó a hablar de cómo las drogas le ayudaban a sentirse «pleno».

«¿Quieres decir *plenamente* jodido, Moose?», contesté, riéndome de mi propio chiste.

«Sí, así. *Jodido* y dándole vueltas a todo... Como... surfear, comer, dormir... y esas cosas. Hacer todo eso en lugares diferentes, y no estar en la cárcel o cerca de mi padre...».

«Vaya. Eso sí que es pensar *profundamente*. Entonces, cuando te pones en plan profundo... es decir... Moose, en *tu* plenitud, ¿rezas para poder surfear y comer, y no ir a la cárcel, o también por otras cosas? Ahora me estoy haciendo el listillo yo.

«Que te *jodan*, Óptero. «¡Eh! ¿Oís eso, ahí, en los arbustos? *Shhh*... callaos un segundo y escuchad».

Esto va a estar bien.

En nuestra condición de «iluminados», permanecer completamente en silencio durante más de unos segundos era todo un reto. Pero, efectivamente, el crujido de hojas secas aplastadas bajo los pies y el movimiento de los arbustos se oyó claramente, a pesar del crepitar del fuego. Era imposible distinguir algo en la oscuridad absoluta de la selva, más aún con la luz de nuestra hoguera cegándonos.

Preocupado, Jelly preguntó en un susurro: «¿*Habrá*... habrá alguien espiándonos, Moose? ¿*Banditos*, tal vez? ¿Qué hacemos?».

*Compartía preocupación con Jelly.* Resultaba inquietante oír el crujido de pies arrastrándose por la selva circundante. Fuera lo que fuese, estaba consiguiendo permanecer oculto. «¿Apagamos el fuego para ver mejor? ¿Y si les gritamos, para que sepan que les hemos oído?».

Esto se estaba volviendo realmente aterrador. Como si alguien fuera a salir de la selva en cualquier momento y atacarnos salvajemente a machetazos.

«*Oh,* vamos, sois unos *putos cagados*. Relajaos. No es nada». A continuación, Moose estiró la mano y, con un solo movimiento, cogió una piedra del tamaño de una pelota de tenis y la lanzó con fuerza en dirección al ruido. Chocó contra un tronco de cocotero antes de desaparecer en la oscuridad. Otro *clack-clunk* al rebotar contra un par de árboles más... y luego, un ruido inconfundible, al golpear la piedra contra algo sólido, pero carnoso.

«*WHEET-WHEET-WHEET-WHEET-WHEET*».     El repentino alboroto de arbustos pisoteados y extremidades rotas estremeció todos nuestros sentidos. Moose había matado a un jabalí —en la oscuridad de la selva— con una piedra.

«¿Veis? ¡Eso es porque me he vuelto espiritual! ¡Me otorga poderes sobrenaturales!». Por turnos, Moose buscó (y recibió) nuestras felicitaciones, chocándonos los cinco.

Tengo que hacer pis. Ahora mismo. Antes de que me mee encima.

Jelly se reía tanto que se cayó de la roca en la que estaba sentado y estuvo a punto de meter la mano en el fuego. Los tres nos reímos hasta llorar; hasta mi nariz empezó a gotear de forma espontánea. A partir de ahora, jamás volveré a cuestionar si Moose «se vuelve espiritual» cuando está *colocado*.

## Impacto súbito

Para variar, mi viaje en solitario a Tecomán a la mañana siguiente transcurrió sin incidentes. Me puse en contacto con mi madre —mediante llamada telefónica a cobro revertido— al primer intento. Me transfirió los trescientos dólares que le pedí, y utilicé parte del dinero en una habitación de hotel barata, para poder ducharme y descansar bien esa noche. Antes de que se hiciera demasiado tarde, recorrí Tecomán buscando (infructuosamente) un mecánico cualificado. Uno que tuviera la seguridad de poder reparar con éxito un motor VW (todavía lleno de agua) que había estado sumergido durante toda una noche, hacía una semana.

Todas las personas a las que les expliqué la situación me dijeron que debía remolcarlo hasta el concesionario VW de Colima, situado en las montañas, a una hora en coche hacia el este. Uno de los talleres que visité tenía una grúa precaria, aunque me pareció que podría servir. Acordamos un precio de cuarenta dólares, más gasolina, para recoger mi furgoneta en La Ticla y llevarla (y a mí también) al concesionario de Colima.

Antes de regresar a mi hotel, me metí en un pequeño café para cenar algo. En la mesa en la que estaba sentado había un periódico doblado y lo cogí, curioso por saber qué se consideraba noticia en Tecomán. Encima del pliegue, en la columna izquierda, aparecía una siniestra fotografía de un avión de pasajeros con un ala en llamas y cayendo en picado. Pude entender lo más importante del artículo. El día anterior, un avión de pasajeros de la PSA había colisionado con otro avión y se había estrellado en un barrio de San Diego. Se creía que habían muerto 137 personas entre los dos aviones, y siete más en las viviendas situadas en tierra. Me pregunté por qué mi madre no me había dicho nada al respecto cuando hablamos antes. Quizá pensó que ya tenía bastante por lo que preocuparme. Ahora me siento avergonzado de haber lloriqueado al teléfono.

Sabiendo que esa tragedia había ocurrido en mi casa —en el mismo momento en que yo estaba deprimido y compadeciéndome de mí mismo en la orilla del río Ostula—, mi racha de mala suerte de las últimas semanas adquirió una perspectiva totalmente distinta. Aquellas pobres personas vivían sus vidas con total normalidad cuando les sobrevino la desgracia. *Dios Santo*, la gente que estaba en sus casas, en tierra, ni siquiera se imaginaban que estaban a punto de morir. Me pregunté si alguno de ellos habría sido como yo, culpable de hacer un montón de estupideces deshonestas. La diferencia es que nunca tuvieron la oportunidad de pedir perdón ni de enmendarse. Simplemente, ¡ZAS! y desaparecieron. Y aquí estaba yo, recibiendo repetidas advertencias de que pusiera orden en mi *mierda* o pagaría un precio aún mayor del que ya había pagado. Que me *den*, a mí y a mi autocompasión. *Yo* era un afortunado. Puede que mi penitencia aún no hubiera terminado (no dudaba ni por un segundo que me quedaba mucho infierno por pagar), pero tenía la oportunidad, al menos hoy, de cambiar el rumbo que llevaba.

## El Gran Hotel Colima

Para mi sorpresa, cuando mi grúa alquilada y yo cruzamos el río Ostula y llegamos a nuestro improvisado campamento, los chicos ya se encontraban allí, preparados para salir. Por muy cutre que fuera la grúa, era evidente que su propietario sabía perfectamente lo que hacía. En unos minutos, tenía la 1DRBUS enganchada, asegurada y lista para partir. Yo iba delante con el conductor; Moose y Jelly, en la furgoneta, «ruedas arriba».

Tras cruzar de nuevo aquel río maldito, sólo nos detuvimos el tiempo necesario para repostar en Tecomán, antes de continuar por la serpenteante carretera selvática hasta la ciudad de Colima. Al igual que hizo Roberto con nosotros en el concesionario VW de La Paz, el jefe de servicio del concesionario VW de Colima nos consiguió un lugar donde alojarnos. Esta vez, sin embargo, en lugar de un refugio de chapa ondulada, nos proporcionaron una caravana de las que se enganchan a una camioneta (pero sin la camioneta), apoyada sobre bloques de cemento, en un descampado de las afueras del norte de Colima.

La caravana constituía una isla en sí misma. Desde allí, ni siquiera se podía *ver* la civilización. Lo único llamativo era un enorme volcán que echaba humo, a lo lejos. Con todo, a primera hora de la mañana siguiente, un muchacho en bicicleta se acercó con una pequeña cesta llena de panecillos dulces mexicanos. Nos pidió un peso (unos trece céntimos) por cada uno, pero nos sentimos tan agradecidos por esa pequeña atención, que se los compramos todos y le enviamos de vuelta con el doble de dinero. ¡No fue ninguna sorpresa cuando se presentó al día siguiente con *dos* cestas de bollos y panecillos en las manos!

Este fue nuestro alojamiento a las afueras de Colima,
aunque no aparecía en mi guía de viajes AAA.

Esperé un día más antes de volver al concesionario, dándoles
así tiempo suficiente para que se ocuparan bien de todo. No tenía
que haberlo hecho. El jefe de servicio me llevó a la parte de atrás
y me enseñó el motor, aún en piezas, extendido sobre una mesa
de trabajo. Hizo todo lo posible por explicarse: el hecho de estar
sumergido tanto tiempo y a tanta profundidad había desalojado
todo el aceite del motor, que se había llenado de agua y lodo.
Los anillos del pistón ya estaban gripados por la corrosión, pero
el mecánico los acabó de romper al hacer palanca para sacarlos.

Desgraciadamente, había modificado el motor instalando
una mayor cilindrada, para así imprimirle un poco más de
potencia. (Después de todo, *era* «La Wonderbus». No podía
dejarla así, ¿verdad?). Continuó explicando que el lugar más
próximo a Colima donde se vendían ese tipo de anillos de pistón
estaba en Ciudad de México. Para colmo de males, como no

eran piezas VW originales, la política del concesionario no les permitía pedir los anillos directamente. Insistieron en que la única forma de conseguirlos (sobre todo porque sólo disponía de efectivo para pagar) era llevar mis anillos viejos a la tienda especializada en vehículos todoterreno de Ciudad de México — en persona— y comprar yo mismo unos nuevos. Entonces, y sólo entonces, el concesionario VW podría instalar los anillos de pistón sobredimensionados en mi motor. Sin embargo, el trabajo realizado no tendría ninguna garantía, debido a que las piezas utilizadas no eran originales. Planteé la situación desde todos los ángulos, pero no cedieron ni un ápice. Sería a su modo o nada, y bueno... *¿para qué contar?*

## Tres Estrellas de Oro

En lugar de pasar otra noche infructuosa en nuestra caravana de Colima, pasé por la estación de autobuses y compré un billete para el autobús nocturno a Ciudad de México, antes de volver y comunicárselo a los chicos. Tres Estrellas de Oro era la única línea de autobuses que salía desde Colima y supuse que era equiparable a Greyhound, como empresa líder en este lado de la frontera. El viaje me parecía agotador, un *«especial ojos rojos»*. Salida de Colima a las 9 p.m.; una escala de dos horas y cambio de autobús en Guadalajara; y luego toda la noche hasta Ciudad de México, con llegada prevista a las 9:30 a.m.

Dormir resultó imposible en la primera etapa del viaje, prevista como un trayecto de tres horas y media desde Colima a Guadalajara. Cada vez que me tumbaba y cerraba los ojos durante un minuto, el autobús se lanzaba por otro tramo de carretera de montaña en forma de zigzag, con curvas de vértigo parecidas a las de una montaña rusa. No nos preocupaba que nuestro conductor se durmiera al volante. Sin duda, le apasionaba el reto de ir lo más rápido posible por la angosta carretera.

Llegamos a Guadalajara a medianoche, media hora antes de lo previsto y, afortunadamente, de una pieza. No había traído nada para comer y estaba muerto de hambre. La siguiente etapa del viaje estaba anunciada con salida a Ciudad de México en dos horas y media, así que, como tenía tiempo de sobra, salí al húmedo y mohoso aire nocturno y di una vuelta completa a la plaza del pueblo, buscando un supermercado abierto o un restaurante. Aparte de un carrito de tacos solitario y de aspecto dudoso en la esquina, comprobé que el único lugar donde comprar comida a esas horas era dentro de la estación de autobuses. Incluso así, toda la oferta parecía limitarse a lo que estaba disponible en las máquinas expendedoras. Las típicas patatas fritas, chocolatinas y refrescos, además de una vitrina con un surtido de productos húmedos y rellenos, parecidos a un bocadillo, envueltos en celofán transparente y protegidos con cinta adhesiva.

La máquina de dulces chirrió y rechinó; no salió nada de ella, pero se quedó con mi dinero. De la misma manera, las monedas que introducía en la máquina de refrescos volvían a aparecer en el depósito de monedas sin ningún resultado positivo. Fui a la ventanilla a pedir ayuda, valiéndome de un único semestre de español en el colegio —y ayudándome con gestos. La señora al otro lado de los barrotes acabó entendiéndome; a través de la megafonía llamó a alguien para que me ayudara, enviándome de vuelta a la zona de las máquinas expendedoras para que esperara. A esas horas, me sorprendió un poco que fuera un chaval preadolescente el que viniera a ayudarme. Llevaba bajo el brazo una botella de dos litros de Mountain Dew a medio terminar, lo cual explicaba su exceso de energía. Llevaba, enganchado a su cinturón, un enorme aro abarrotado de llaves. Fue probándolas metódicamente, una a una, en todas y cada una de las máquinas de forma sucesiva, hasta que quedó claro que *ninguna* de ellas abría *nada*. Encogiéndose de hombros, se acercó a la nevera donde estaban los bocadillos misteriosos, abrió la parte frontal y me hizo un gesto para que cogiera lo que quisiera. Eran bastante pequeños y tendría que aguantar con ello al menos unas diez horas, así que elegí dos de ellos al azar. El muchacho dio un trago a su botella de Mountain Dew, volvió a taparla y se pasó el dorso de la mano libre por la boca, antes de extenderla con la palma hacia arriba en mi dirección.

«Quince pesos cada uno, por favor».

«¿Qué es?». Pensé que debería al menos preguntar qué era…

«Tortas ahogadas».

*Mierda. No conozco ninguna de las dos palabras.* «¿Qué carne?». Espero haber preguntado qué tipo de carne es.

«¡Sí! Carne de cerdo».

«Gracias». Bueno, … entendí «sí» y «carne». Quizá «torta» sea una especie de tortilla rellenita. A saber qué demonios significa «de-cer-do».

«De nada».

¿No hay nada de lo que preocuparse? Bueno… Para ti es fácil decirlo.

Sin saber aún lo que me encontraría en los paquetitos envueltos que tenía en las manos, le di treinta pesos y concluimos la venta. Queriendo evitar beber agua de la fuente, e incapaz de conseguir un refresco de la máquina, lo único que tenía para cenar era mi par de bocadillos misteriosos.

Supongo que la mejor manera de describirlos sería decir que eran una mezcla aceitosa de aliño francés y, tal vez... una salsa de tomate escabechada que rezumó del pan en cuanto quité la cinta adhesiva y el plástico transparente. Una vez desenvueltos, desprendían un aroma claramente avinagrado. Antes de dar un mordisco, sentí la necesidad de preguntarle a alguien si estarían en buen estado. La señora de la ventanilla había sido de gran ayuda, pero un trozo de cartón deteriorado, colocado tras los barrotes de la ventanilla de su cabina, descartaba esa opción por el momento. El chico estaba de nuevo probando cuidadosamente cada una de sus llaves en las máquinas expendedoras, intentando en vano que alguna de ellas abriera algo. Llamé su atención y me llevé una de mis manos —goteando salsa rojiza— a la cara, arrugando la nariz y sacudiendo la cabeza en el lenguaje universal de «esto apesta». Me hizo un gesto para que me acercara, manteniendo la otra mano agarrada en el llavero, sin duda temeroso de perder la cuenta.

«Son un poco *viejas*, pero estoy seguro de que están bien».

«Seguro» y «bien» son las únicas palabras que entiendo.

Lo siento, amigo. ¿Seguro y bien? ¿Está diciendo que se pueden comer?

Frotándose el estómago, dijo: ¡Sí! Me comí una hace un par de días. ¡Estaba *muy* buena!

Conseguí engullir un par de bocados antes de decidir que sería mejor quedarme con hambre. A falta de algo de beber o con lo que enjuagarme, me quedé con mal sabor de boca cuando subí al autobús con destino a Ciudad de México, dos horas más tarde. El autobús estaba abarrotado; el único asiento libre estaba en la última fila de la parte trasera, en el lado del pasillo. Mi respaldo no se reclinaba porque descansaba sobre el compartimento del motor, situado justo detrás de mí. En un compartimento elevado, encima del motor, había una cama para un segundo conductor. Al otro lado del pasillo, frente a mí, un aseo diminuto ocupaba el espacio donde, de otro modo, habría habido otro par de asientos. No habían pasado más que unos minutos desde que salimos de la estación de Guadalajara cuando todo el mundo en el autobús, excepto el anciano del asiento de la ventanilla de al lado y yo mismo, tenía las cortinas echadas, la luz del techo apagada y los respaldos de los asientos cómodamente reclinados.

Programado para siete horas sin paradas, el viaje comenzó sin incidencias. La autopista era moderna y, para los estándares mexicanos, bastante recta y uniforme. Con todas las ventanillas laterales oscurecidas por las cortinillas corridas, mi única visión del mundo exterior era el reflejo de los faros ocasionales que, de vez en cuando, se acercaban y barrían el interior del autobús como el haz de luz de un faro lejano. Tras una hora de viaje, la hipnótica tranquilidad que ofrecía este largo tramo de autopista se vio rápidamente eclipsada por una creciente sensación de revoltijo en mis tripas. ¡Maldita sea! ¡Sabía que no debería haberle dado un mordisco a esa cosa; y tampoco debería habérmela tragado!

Durante las horas siguientes, pasé la mayor parte del tiempo sentado en el retrete situado al otro lado del pasillo, salvo cuando algún otro «prisionero» del autobús necesitaba hacer uso de las instalaciones; también me sentía demasiado indispuesto como para preocuparme que alguien tuviera que entrar en aquel antro claustrofóbico *detrás* de mí. Con fiebre alta y la certeza de que iba a morir, me rechinaban los dientes, la piel me ardía y la ropa me pesaba por la transpiración. Los cordones de mis zapatos, que ya no estaban atados, evidenciaban un intento fallido de quitarme los pantalones y deshacerme de la ropa interior sucia. El anciano que antes estaba a mi lado, ahora estaba sentado con las piernas cruzadas en el suelo del pasillo, en la parte delantera del autobús. Aparte de él, el conductor, y yo mismo, supuse que nadie más se habría movido. No es que importara demasiado. Nadie se arriesgó tampoco a entrar en contacto conmigo, ofreciéndome una manta o un vaso de agua; y no les culpaba. Y, ahora que mi reloj de pulsera pertenecía a un camionero de La Ticla, no tenía forma de saber cuánto tiempo llevaba en este autobús ni, lo que es más importante, cuánto faltaba para que pudiera bajarme de él.

Me ardían la nariz y la garganta, un efecto secundario provocado por los vómitos. Aun así, el característico tufillo de un calefactor eléctrico inactivo durante mucho tiempo, encendido por primera vez desde la primavera, penetró en mis sentidos.

¡Gracias a Dios! El conductor por fin enciende la calefacción. Se podrían curar jamones aquí.

Mi alivio duró poco. El fuerte olor, cada vez más intenso, era el de un incendio eléctrico, ¡y procedía del compartimento del motor, situado detrás de mi asiento!

Tal vez no sea nada. Podría estar delirando o alucinando o algo así, ¿no? No. Ahora también hay humo. Esto no puede estar pasando.

Un humo negro, oscuro, que provocaba escozor en los ojos, empezó a entrar en el habitáculo por detrás de mi asiento, invadiendo el espacio que había entre el retrete y yo, y filtrándose por la cortina que cubría el habitáculo del segundo conductor. Una inyección de adrenalina despejó mi mente. Me levanté de un salto, corrí la cortina y le desperté de un sueño visiblemente profundo.

«Fire! Fire! Motor is on fire…!». Debería entender esto, ¿no?

Frotándose los ojos, musitó: «¿Cuál es tu problema?».

Sus ojos se abrieron de par en par… «¡Oh, *mierda! ¡Mierda! ¡¡Mierda!!*».

Llevaba puestos unos calcetines negros, pantalón de chándal y una camiseta de tirantes; salió de su litera con los pies por delante y corrió hacia la parte delantera del autobús.

*Hmmm...* Supongo que «mierda» significa «fuego» en español.

El autobús aminoró la marcha hasta detenerse en el arcén de la autopista, y pensé en poner de mi parte para ayudar en lo que pudiera. Despertando a los pasajeros de los asientos de pasillo de las filas de delante de mí, hablé en voz alta y con tono serio, reclamando toda la atención posible:

«*¡Mierda! ¡Mierda!*», señalando la parte trasera del autobús.

La anciana sentada frente a mí no levantó la vista, ni siquiera abrió los ojos. En lugar de eso, extendió el dedo corazón hacia mí y soltó:

«¡Cállate, *pendejo*!». «Vale. Esto lo aprendí en primaria». («¡Cállate, *gilipollas*!»).

«¡No, no! ¡Mierda, Señora! *¡Mierda!*». Retrocedí para esquivar el dorso de su mano, pero justo entonces vio el humo que avanzaba por el suelo e interrumpió su agresión en pleno vuelo.

«*¡Estamos en llamas!*». Hincó un dedo en las costillas del hombre que dormía a su lado. «*¡Estamos en llamas!*».

Como un pequeño tsunami, una oleada de actividad creció en intensidad a medida que avanzaba, fila a fila, hasta que llegó a la parte delantera del autobús. Los viajeros se volvían, se levantaban, se arreglaban la ropa y recogían sus pertenencias como si hubiéramos llegado a la estación y estuviéramos a punto de apearnos. El segundo conductor (todavía en camiseta, chándal y calcetines negros) fue el primero en salir, con un extintor en las manos.

Momentos después, el sonido del portón del motor al abrirse precedió a un prolongado *¡whoooooosh!* del extintor. El conductor uniformado, que seguía sentado al volante, encendió el sistema de megafonía y dio una breve explicación, de la que no entendí ni una palabra. El objeto principal de su comunicado se hizo evidente a medida que la fila de pasajeros somnolientos avanzaba a trompicones: todos tuvimos que bajar del autobús.

El segundo conductor, aún en calcetines e incapaz de soportar por más tiempo el frío del exterior, se abrió paso entre la fila de pasajeros que abandonaban el autobús sin demasiado entusiasmo. Con la nariz de un rojo intenso, casi morado, se frotaba vigorosamente ambos brazos y hacía todo lo posible por disimular sus quejas.

«Lo siento. Lo siento. ¡Hace mucho frío ahí fuera!».

Esto no pintaba nada bien para mí. Mi camiseta de manga larga estaba empapada en sudor y se me pegaba a la piel de los brazos, la espalda y el pecho. Sin estar preparado para nada que no fuera el esperado calor tropical de la costa, lo más parecido que tenía de ropa para el frío era una sudadera fina, que en aquel momento estaba metida en mi mochila, en la parte de abajo del autobús. Un sinfín de estrellas en un cielo más negro que el tizón, y un frío obsceno, se apoderaron de mis sentidos cuando puse un pie en la carretera. Hacía un frío *del carajo*. Un tipo de frío penetrante que nunca antes había experimentado.

El conductor uniformado nos condujo a una explanada de tierra frente al autobús, pero bastante alejada de la autopista. Los faros de nuestro autobús seguían alumbrando intensamente, por lo que era imposible ver nada más en esa dirección. Nuestras sombras llegaban hasta una señal apenas visible en la distancia, frente a nosotros; una señal de tráfico que deberíamos haber pasado hacía tiempo.

## San Cayetano Morelos
## Elevación de 2.610 metros

¡Hostia! Eso son... ¡8500 pies! Eso explica por qué estoy a punto de morir congelado aquí fuera... *Hostia puta.*

El segundo chófer salió del autobús con un abrigo grueso y mitones. Silbó para llamar nuestra atención e hizo un anuncio —de nuevo, completamente incomprensible para mí— que se saldó con más quejas. Al cabo de muy pocos minutos, otro autobús (también con el logotipo «Tres Estrellas de Oro») abandonó la autopista y se detuvo cerca de nuestro grupo.

¡Aleluya! ¡Estamos salvados! ¡GRACIAS, DIOS!

Nuestro «segundo» subió al autobús y entabló una breve conversación con el conductor de nuestro bote salvavidas de cuatro ruedas. Dos minutos después, volvió a reunirse con nuestro grupo; escogió a tres de las mujeres y las acompañó hasta el nuevo autobús. Poco después, las puertas se cerraron y nuestro «salvador» se alejó, quedando únicamente una nube de humo de gasóleo y polvo en el aire.

¿Eso es todo? ¿Tres míseras personas? ¿Cuánto falta para el próximo autobús? ¡Debe de haber otras cuarenta y cinco personas aquí fuera! A este paso, ¡seguro que algunos correremos la misma suerte que la expedición Donner!

Y así fue. Cada diez o quince minutos salía de la autopista otro autobús de Tres Estrellas de Oro, se detenía, y entre una y cinco personas de nuestro grupo subían a bordo y se alejaban. En cuanto a mí, sufría temblores continuos y arcadas intermitentes, agravadas por episodios diarreicos, y me preocupaba convertirme en un daño colateral de la crisis. Pasó una hora; luego otra y otra *más...* hasta que sólo quedamos el segundo conductor, el autobús averiado y un servidor. Le supliqué que me dejara coger mi mochila o subir de nuevo al autobús pero, utilizando el lenguaje universal de los gestos, insistió en que permaneciéramos allí para que pudieran vernos los autobuses que pasaran.

No creí que pudiera hacer más frío, pero cuando el cielo empezó a mostrar las primeras señales de amanecer, la brisa se levantó, y así fue. Como estaba demasiado débil para seguir de pie, me senté en el suelo helado, abrazando mis rodillas con los brazos. Puse a prueba toda la fuerza de voluntad que me quedaba para no desfallecer.

No sé cuánto tiempo llevaba allí sentado cuando el conductor me reanimó y me ayudó a ponerme de pie. Mis brazos no respondían y no sentía las piernas, así que me levantó por las axilas y me *medio* llevó hasta el autobús de rescate. Hicieron falta dos hombres para subirme por la escalerilla y, una vez dentro, me di cuenta de que no había asientos vacíos. Me vería obligado a sentarme en el suelo, en la parte trasera del autobús. De todos modos, ese era probablemente el lugar más adecuado para mí. Afortunadamente, me dieron una manta; me acurruqué en posición fetal y me desmayé.

Muerto para el mundo, mis sueños fueron de lo más extraño. Soñé que dos policías me bajaban del autobús, me acompañaban al exterior —en un día de luz cegadora—, y me empujaban al asiento trasero de un viejo Volkswagen Escarabajo. Recorríamos calles abarrotadas; calles repletas de Volkswagens de colores. Dábamos vueltas y vueltas, orbitando alrededor de una gran estatua (con los brazos extendidos) que sostenía el centro de un caótico sistema solar. Escapábamos de su atracción gravitatoria, sólo para ser absorbidos por otro, y luego por otro... Nuestro «Escarabajo» se detuvo, y una palma levantada se extendió hacia mí desde donde debería estar el conductor. Le entregué mi cartera; el conductor me acompañó entonces hasta una puerta abierta, me empujó dentro y se marchó.

# CAPÍTULO 10

---

# LA HUIDA

### Llevado por los ángeles

El dorso de una mano suave me acarició la frente y abrí los ojos.

«Lleva treinta horas durmiendo. ¿Cómo se siente?».

«¿Dónde estoy?». Es la cara de un ángel la que me mira, pero estoy tumbado en un viejo colchón en el suelo de una habitación exigua y anodina, así que no puede ser el cielo, ¿verdad?

«Ciudad de México. En el apartamento de mi novio, cerca de la universidad. Mi primo, Salvador, lo trajo aquí ayer en su taxi. La policía le dijo que para usted era importante ir a la universidad, pero entonces se desmayó y no pudo decirle a nadie a *quién* conocía aquí».

Al levantar la sábana, no reconocí la sudadera que llevaba puesta. Hablas un excelente inglés. ¿Dónde está mi ropa?».

Mi novio está aquí para estudiar los terremotos. Es de Alaska. Él me está enseñando inglés. En cuanto a su ropa, bueno, llegó en malas condiciones, como la de un... borracho callejero... Déjeme pensar ... es algo así como... un *vagabundo* de la calle, creo».

«Menos mal que es estadounidense y supo llegar a la universidad; de lo contrario, ahora estaría en una cuneta, preguntándose dónde está».

«¡Muchas gracias! La verdad es que no recuerdo nada sobre cómo llegué hasta aquí... Me puse enfermo por culpa de una comida en mal estado... creo... en la estación de autobuses de Guadalajara». Era verdaderamente un ángel. ¿Tal vez seguía soñando?

¿Estoy soñando todavía? ¿Cómo te llamas?».

«Isabela. Mi novio se llama Matthew. Él me llama Izzy».

Siento mucho haber sido maleducado. Yo me llamo Paul. Paul Adam Wilson». *No tiene ningún sentido revelar mi apodo, «Óptero».*

«*Oh*, ya descubrimos su nombre por su cartera». Señaló mi camisa y mis pantalones, ambos recién lavados y perfectamente doblados y colocados sobre mis zapatillas de deporte, junto al colchón; mi cartera estaba encima, rodeada por el cinturón. Me resistí a cogerla, dándome cuenta de lo poco elegante que sería contar mi dinero delante de ella.

Isabela debió notar mi preocupación. Se mordió el labio, ladeó un poco la cabeza y me miró muy seria: «Por favor, señor Paul. Por favor, perdóneme por curiosear». Dejó que aquello flotara en el aire unos segundos antes de enarcar una ceja y sonreír pícaramente. «Tiene *demasiado* dinero en la cartera para ser un borracho callejero...». ¡Debe tener grandes planes por aquí!».

«¡*Ja*! ¡Ojalá tuviera grandes planes! Vine a Ciudad de México a comprar algunas piezas para mi furgoneta Volkswagen, que está averiada en Colima. También espero encontrar una tienda de cámaras donde puedan reparar mi videocámara. Verás, mi furgoneta y mi cámara quedaron atrapadas en una inundación repentina, en un pequeño pueblo cerca de Tecomán, en la costa. Hasta ahora, este viaje ha sido un auténtico calvario para mí». Qué imbécil… ¡Será mejor que diga algo para quitarle hierro! «¡Si no fuera por gente buena y honrada como tú, no sé si habría sobrevivido!».

Justo en ese momento, el novio llegó a casa, salvándome momentáneamente de hundirme más en la miseria.

Isabela lo llamó: «¡Matthew! ¡Ya despertó! ¡Paul ya despertó!».

Matthew parecía ser hawaiano o tal vez polinesio —supuse. Por alguna razón, esperaba que fuera un descendiente directo de los vikingos, un tipo duro y pelirrojo... Es decir, siendo de Alaska… Aparte de eso, Matthew tenía uno de los talantes más afectuosos y auténticos (además de mi madre) de cuantos había conocido.

Isabela se excusó y se fue a preparar la cena, dejándonos a Matthew y a mí conversando. Quería saberlo todo sobre mi viaje, incluso los aspectos más turbios, detalles que estaba seguro de que aburrirían a la mayoría de la gente. Le hablé de los treinta y ocho litros de aceite necesarios para llegar hasta La Paz, y de lo increíble que había sido la gente del concesionario Volkswagen de allí. Le conté cómo el «Mar Rojo del vacuno» se había dividido para dejarnos pasar sin sufrir daño alguno. Había estado al tanto del huracán Norman en las noticias, y no podía creer que lo hubiéramos atravesado a bordo de un ferry en mar abierto. Incluso le describí cómo habíamos utilizado el balanceo de la toalla de Moose para calcular la altura de las olas. Como ingeniero geólogo, eso le fascinó. Matthew se quedó impresionado con nuestras «travesías fluviales» del río Ostula; una con éxito y la segunda, no tanto... Dijo que la región en torno a Ostula se había convertido recientemente en la *zona cero* de una guerra sangrienta entre campesinos y narcos, ambos deseosos de controlar las fértiles tierras de las estribaciones de la Sierra. Habiéndome centrado principalmente en los obstáculos de nuestro viaje hasta ese momento, me sentí obligado a hablarle de las fechorías que cada uno de nosotros había cometido antes de salir, y comenté en voz alta si no serían la causa de nuestros problemas, de alguna manera.

Una vez en la mesa, los tres nos cogimos de la mano antes de hincar el diente a la cena. Matthew me miró, invitándome a bendecir la mesa, pero yo aparté la mirada con la misma rapidez, con la esperanza de que lo hiciera él. Su plegaria fue preciosa. Una expresión de agradecimiento sincero a Dios, primero por nuestras vicisitudes, luego por las lecciones aprendidas y, finalmente, por la seguridad y la paz de saber que *Él* nos ama sin fisuras.

Matthew e Isabela se encargaron de que su primo Salvador me recogiera por la mañana. Me llevaría a la tienda especializada en piezas de VW todoterreno, al taller de reparación de cámaras, y me conduciría de vuelta a la terminal principal de autobuses del centro a tiempo para mi viaje nocturno de regreso a Colima.

Después de cenar, Matthew me llevó aparte. «Paul, tengo que decirte tres cosas muy importantes. Primera: Salvador no gana mucho dinero, y nunca te lo pediría, pero sé que ayer no cobró nada por traerte aquí desde la estación de autobuses. Creo que diez o doce dólares estadounidenses estarían bien para sumarlos a lo que le cuesten los trayectos de mañana. Segunda: Esfuérzate por llevar a Dios en tu corazón. *Él* siempre está contigo. Si tienes fe en *Su* misericordia y *Su* perdón, traza una línea en tu pasado y deja atrás tus viejas costumbres. Y tercera: sólo lavamos tu *ropa*.

Tú, sin embargo, sigues «apestando» y necesitas urgentemente una ducha. Estoy seguro de que Salvador, y tus compañeros de autobús, lo agradecerán. Buenas noches».

## De nada.

Cuando terminé de calzarme, Salvador ya estaba sentado en la mesa de la cocina, bebiendo café de un termo. Dos días antes habíamos compartido un recorrido de más de una hora en su VW Escarabajo, un trayecto que concluyó llevándome —*literalmente*— en brazos hasta la puerta de Matthew e Isabela. Esta mañana me reunía con él por primera vez, al menos de forma consciente y coherente.

Isabela me saludó con un «¡Buenos días, Pablo! Este es mi primo, Salvador. El que te trajo aquí desde la estación de autobuses».

«¿Eh?».

«¡Sólo te estamos tomando el pelo, amigo! Por un momento, parecías *en shock* de nuevo».

Todos se partieron de risa (a mi costa) cuando Matthew se puso en pie. «Paul, *este* es Salvador, el primo de Izzy. Es el que te trajo aquí desde la estación de autobuses el otro día. Salvador también estudia inglés y le va muy bien».

Le tendí la mano. «Gracias, Salvador. Dios mío, un simple "gracias" me parece flojo después de todo lo que has hecho por mí».

Tiró de mí y me dio un abrazo y una palmada en la espalda. «¡De nada, Pablo! Me alegro de haberle ayudado. *Usted* se encontraba en muy mal estado. Entiendo lo demás, pero, ¿qué es «flojo»?

«Amigo mío, flojo significa "débil" o "falto de fuerza". Ya sabes... como estaba *yo* cuando me ayudaste. Pero, en este caso, describe lo insignificante que es mi "gracias" comparado con lo que hiciste por mí».

«De nada, Pablo». Otra vez. «*De nada.*» Es como un signo de puntuación inmenso cuyo único propósito es impedir que tu interlocutor pronuncie otra palabra más.

Aprendí una palabra nueva durante el desayuno; en realidad, *dos* palabras: pan dulce. Los cuatro desayunamos pan dulce, el mismo surtido de bollos y panecillos dulces que el joven vendedor nos había traído todas las mañanas a nuestra caravana, en Colima. Un último café y sería hora de irnos. Compartimos abrazos y adioses repletos de «gracias» y de «de nadas». Isabela me había preparado un almuerzo para comer en el autobús de vuelta a Colima... «porque estaba claro que ¡no había tenido el suficiente sentido común como para evitar la comida de la estación de autobuses!».

Salvador me presentó de nuevo su descolorido VW Escarabajo verde lima con imprimación gris. Le faltaba el asiento delantero del acompañante, ya que había sido modificado para servir de taxi. También le habían quitado el revestimiento del techo, los reposabrazos, las viseras y las alfombrillas. El típico par de tiradores recubiertos de vinilo para los pasajeros habían sido sustituidos por robustos tiradores de acero galvanizado de puertas de garaje. Al notar mi interés en ellos, Salvador sonrió y dijo:

«Por aquí las llamamos *"manijas ¡Ay, la Virgen?"*. Manijas ¡Ay, la Virgen! Resultan muy útiles en la ciudad, sobre todo en las rotondas del centro».

Conseguir los anillos del motor había sido el motivo de mi viaje a Ciudad de México, así que lo primero que hizo

Salvador fue llevarme a comprarlos. No hubo ningún problema en absoluto; sabían exactamente lo que necesitaba y lo tenían en *stock*. Entramos y salimos en menos de cinco minutos, con cuatro anillos nuevos en la mano. En ese momento, todo me pareció frustrante y sin sentido. Es decir..., el viaje infernal en autobús, estar tan enfermo, el incendio, *casi* morir congelado, dos días y dos noches en casa de Matthew e Isabela, otro viaje maratoniano en autobús que aún tenía que hacer... ¿Y todo eso concluye con cinco minutos en una tienda de recambios...?

«Parece triste, Paul. ¿No se alegra de que tuvieran las piezas adecuadas para usted?».

*Así de obvio es, ¿eh?* «No; claro que estoy contento de tener por fin las piezas. *Es que...* Es todo un poco decepcionante».

Quizá esté aquí por otra razón, Paul.

Eso me dio que pensar. De nuevo todo giraba en torno a mí...

«Lo siento, Salvador. No quería decir eso. Es sólo que me han pasado tantas cosas —tanto buenas como malas— en los últimos días que, lo que esperaba que fuera lo más importante de este viaje a Ciudad de México, se ha convertido en lo de menos. Estoy seguro de que recordaré como un tesoro la amabilidad que me ha demostrado tu familia incluso mucho después de que olvide mis problemas».

«De nada».

La siguiente parada fue al otro lado de la ciudad, en un taller de reparación de cámaras fotográficas propiedad de Jorge, el tío de Salvador e Isabela. Matthew me había dicho que era el mejor lugar de todo México para reparar mi videocámara, y que él mismo se encargaría de enviármela cuando estuviera lista. El escaparate era moderno e impresionante, con un gran letrero de tubos de neón sobre la entrada:

# REPARACIÓN DE ARTÍCULOS FOTOGRÁFICOS Y CINEMATOGRÁFICOS EN GENERAL
## Jorge M. Espejel, Propietario

*Guau.* ¡Qué bendición haber encontrado a este clan! ¡Todo lo que necesito está a mi alcance en el seno de la familia!

«Vaya, Salvador. Tienes una familia que sabe hacer de todo».

«Pablo, en México la familia es muy importante. Esta tradición... o valor... se extiende de generación en generación. Nos enseñan a honrarlos y a respetarlos a todos». Continuó con una sonrisa: «Incluso a aquellos que quizá no lo merezcan tanto. No le llevaré a visitar a mi tío, que reside en la Prisión Estatal. Pero *él* también es de la familia. Y aprendemos desde muy pequeños a honrar a todos los que tienen nuestra sangre».

Eso es genial. Personalmente, si tuviera que contar a los familiares que he conocido, tendría suficiente con los dedos de una mano.

Jorge echó un vistazo a mi videocámara y retiró con cuidado una tapa de su parte inferior, mostrando los componentes electrónicos que contenía, cubiertos de barro lo bastante húmedo como para brillar a la luz de la lámpara de su mesa de trabajo. Parecía apenado, como un veterinario examinando a un animalillo que no va a sobrevivir a un atropello. Luego sacó del bolso mis doce rollos de película, se excusó, entró en una habitación situada en la esquina trasera de su tienda y cerró la gruesa puerta tras de sí. Pasaron cinco minutos hasta que volvió a salir, de nuevo con aspecto un poco desanimado.

Se giró hacia Salvador y le dijo algunas frases en español. No entendí gran cosa, pero su actitud y sus gestos confirmaron mis peores temores. Mi flamante videocámara Nikon XL8S Super-8, de alta gama, con zoom motorizado, teleobjetivo, cámara lenta y congelación de imagen..., la que siempre había deseado tener... estaba *muerta*.

Salvador empezó a darme las malas noticias en inglés, pero levanté la mano. «He entendido. No puede hacer nada por la cámara, ¿verdad?».

No. Lo siento, amigo. Mi tío dice que está totalmente perdida. Las películas también. Las examinó en su cuarto oscuro. Todos los rollos han estado expuestos al agua y están estropeados».

*Menos mal que mi madre insistió en que me llevara su vieja Instamatic de bolsillo, o nadie creería nunca que todo esto ha ocurrido realmente.*

Jorge volvió a colocar con cuidado la tapa lateral de la cámara, la introdujo junto con los rollos estropeados en el bolso y, con sumo cuidado, lo puso de nuevo en el mostrador, delante de mí. «Lo siento, señor».

«De nada, señor. *De nada*. Gracias por comprobarlo».

Salvador me sacó del apuro, dirigiéndose a su tío y traduciendo. «Gracias por comprobarlo por él».

«De nada».

Tras asimilar que eran irrecuperables, mi preciosa cámara y los doce rollos de mi exótica película de surf «rodada in situ» se quedaron en la tienda de Jorge (una cosa menos que cargar, supongo), y nos dirigimos a la estación principal de autobuses, en el centro. La estación era un lugar caótico. No podía creer que hace un par de días unos policías me llevaran a la acera y me depositaran sin contemplaciones en el taxi de Salvador. De los cientos de taxis que hay aquí, acabé en el suyo. ¡Gracias, Dios! Sacó mi mochila de la parte delantera y se reunió conmigo en la acera.

«Gracias, Salvador. ¿Cuánto te debo?». (Ya llevaba un par de horas llevándome de un lado a otro).

«¿Le parece bien 150 pesos? Son unos veinte dólares americanos».

Saqué cuarenta dólares de mi cartera y se los di: «No. Veinte dólares no son suficientes. Por favor, acéptalos. Ojalá tuviera diez veces esta cantidad para darte. Gracias por todo, amigo. Y antes de que contestes... *De nada*».

## La dote de Jugolandia

Los viajes en autobús *Tres Estrellas de Oro* de regreso a Colima fueron estupendos. Aunque ambos autobuses estaban completamente llenos, conseguí un asiento de ventanilla en cada uno y, cuando no estaba durmiendo, me pasaba el tiempo contemplando el espectacular cielo estrellado. Eché un vistazo por la estación de Guadalajara durante nuestra breve escala y cambio de autobús allí. No vi al muchacho (el del *colocón* de la botella de Mountain Dew) que me los vendió, pero la vitrina llena de bocadillos misteriosos seguía en el mismo lugar. No me acerqué ni a tres metros de ella. *Ya he pasado por eso.*

Al llegar a Colima, a primera hora de la mañana siguiente, la plaza del pueblo estaba muy concurrida. Varios grupos de niños en edad escolar estaban haciendo el *ganso* mientras esperaban a que llegaran sus autobuses. Los chicos llevaban camisas de vestir y pantalones negros; las chicas, blusas blancas y faldas oscuras con estampado de cuadros escoceses. Reconocí el código de vestimenta como el de alumnos de escuela católica; parecía que esa mañana los niños iban a asistir a algún evento especialmente importante.

Esperaba que se detuviera el típico «autobús escolar amarillo» para recoger a los niños, pero el que se detuvo era azul y blanco, con un ribete de bolitas blancas adornando el parabrisas. Era un autobús escolar antiguo. *Muy* antiguo. Todo un clásico, en realidad, reencarnado en autobús urbano. Y era precisamente el autobús que me habían indicado para llegar al concesionario VW. Una avalancha de niñas risueñas, todas con uniformes a juego, se agolparon en la puerta, quedándome rodeado y siendo el único adulto del grupo. Sintiéndome un tanto incómodo, retrocedí unos pasos y observé cómo el autobús se llenaba sin mí. Como era el único que faltaba por subir, dirigí al conductor una mirada interrogativa.

Me hizo una seña y me preguntó: «¿A dónde vas?».

Esta me la sabía. «Volkswagen». Espero que sea suficiente indicación; es todo lo que sé.

Me hizo un gesto para que subiera y me dirigió hacia la parte de atrás. Medía por lo menos quince centímetros más que el techo del autobús, y mi cabeza estaba aprisionada entre dos asideros de tubo galvanizado, lo cual, por lo visto, resultó muy divertido en un autobús lleno de colegialas. Me agaché para separarme del techo y tiré de la mochila detrás de mí, lo que provocó un grito fingido, seguido de chillidos de pánico desde la parte trasera:

«¡Es Frankenstein!».

El autobús entero estalló en una cacofonía de gritos, risas y coros entonando: «¡Frankenstein!», «¡Frankenstein!», «¡Frankenstein!»… Era una histeria colectiva. No pude resistirme y les seguí un poco el juego, adelantando rígidamente el pie izquierdo, arrastrando el derecho (extendido hacia fuera) tras de mí, y abriéndome paso muy lentamente hacia la parte de atrás.

El conductor debía de estar viendo el espectáculo por el retrovisor o, peor aún, por encima del hombro. De repente, el autobús se desplazó hacia la derecha y los neumáticos se subieron a un bordillo. Un violento movimiento del chasis se propagó de delante hacia atrás y todas las cabezas de a bordo chasquearon, primero hacia la derecha y luego hacia la izquierda. Como dije antes, la mía estaba atrapada entre los dos asideros de tubo galvanizado que recorrían el techo. Me desplomé como un saco de cemento mojado. *Fuera de combate.*

No estoy seguro de cuánto tiempo estuve inconsciente, pero fue el suficiente como para que el conductor del autobús estuviera arrodillado a mi lado cuando abrí los ojos. Me ayudó a ponerme de pie, me acompañó hasta la parte delantera, me guio escaleras abajo y me sacó del autobús.

¿Se está deshaciendo de las pruebas? ¿Y ahora *qué?*

Llamó a una joven que estaba detrás del mostrador de un puesto de zumos, al otro lado de la calle. Intercambiaron algunas frases antes de que me dejara a su cuidado, y el autobús se fue sin mí. Me hizo sentar en uno de los taburetes —de la media docena que se extendían a lo largo del mostrador—, vertió hielo (medio cacito cada vez) en sendos paños de cocina, los enrolló y me hizo sujetar uno a cada lado de la cabeza. Una vez hecho esto, se dispuso a prepararme y servirme un increíble batido fresco de papaya, plátano, naranja, huevo, coco y miel. Estaba fascinado. Con el batido, quiero decir.

Después de golpearme el *melón* con fuerza (¡dos veces!), agradecí la oportunidad de sentarme allí con bolsas de hielo en la cabeza y una delicia helada. Me pregunté si, dadas las circunstancias, un caso de congelación cerebral sería algo bueno, y di otro largo y profundo sorbo a mi pajita.

«¡Gracias! ¿Cómo te llamas?». [Todo el mérito para el Sr. Brown, de la clase de español de octavo curso].

«Mi nombre es Rosa. ¿Cómo se llama usted?».

«Mi nombre es Pablo. Hola Rosa, mucho gusto». [¿Ve, Sr. Brown? ¡Estaba prestando atención!].

«Igualmente».

Vale, esa no me la sé, pero ha sonado bien. Me limitaré a asentir y sonreír.

Cuando me terminé el batido, pensé que era un buen momento para ubicarme y averiguar

dónde me encontraba con respecto al concesionario VW. Me incliné hacia atrás lo suficiente como para distinguir el colorido rótulo, situado sobre el mostrador de la tienda de zumos.

*«Jugolandia»*. ¡Guau! ¡Un nombre perfecto para este lugar! *«El país de los jugos»*. Literalmente, podría *vivir* a base de los zumos que se venden aquí. Al salir a la acera descubrí que el concesionario VW estaba al otro lado de la calle y sólo a dos manzanas. Cuanto antes les llevara los anillos, antes podríamos emprender el camino de vuelta a casa. Saqué de mi mochila el paquete con las piezas de recambio e hice un buen trabajo en «lenguaje de signos», indicando a Rosa que tenía que llevárselas a los mecánicos de VW, más abajo de la calle.

Rosa y su padre, Eduardo, atendiendo a clientes en el mostrador de
«Jugolandia», en Colima (Colima).

«¿Cuánto cuesta, Rosa?». *Uy... Eso me lo enseñó Moose. Por Dios,
¡espero que no se aplique sólo a las prostitutas!*

Nada, Pablo.

¿Otra vez? ¡No puedo aceptarlo sin pagar! ¡Dios! Dejaré las
piezas en VW, volveré y lo intentaré de nuevo.

En el concesionario no hubo ningún problema. El jefe de
servicio comprobó los anillos que le había traído para el motor
y me dijo que mi furgoneta estaría lista al día siguiente, por la
tarde. *¡¡¡Yujuuuu!!!* Me incliné hacia él y levanté la mano con la
intención de chocar los cinco, pero se mostró más desganado
que otra cosa y me despidió con un leve movimiento de barbilla.

De vuelta en *Jugolandia*, Rosa me presentó a su padre,
Eduardo, que al parecer era el dueño de la tienda. Bajo el ala de
su sombrero de *cowboy*, el rostro de Eduardo se veía envejecido
y cansado, víctima de demasiados días bajo el sol tropical.

Insistió en que me sentara en un taburete del centro de la barra, y acercó el suyo para estar a mi lado. A pesar de que su inglés era tan limitado como mi español, hicimos todo lo posible por comunicarnos, y la verdad es que se nos dio bastante bien. Pidió a Rosa que me preparara y sirviera otro batido. Este era incluso mejor que el primero, aunque no fui capaz de ver todo lo que había echado en él. Le dije que era lo mejor que había probado nunca y le pregunté si tenía otros locales. Me hizo entender que este era el único, y que había pasado más de treinta años detrás del mostrador, perfeccionando sus recetas. También me contó que sus hijos ya no querían saber nada del negocio y que su mujer había fallecido hacía un año. Rosa era la más joven, su única hija, y la única que seguía comprometida con el negocio familiar. Con un suspiro, me confesó que sería ella quien heredaría el puesto cuando él fuera demasiado viejo para continuar.

Me lo estaba pasando estupendamente —ya iba por mi tercer batido extragrande— y seguía hablando con Eduardo. No había ninguna necesidad (ni tampoco me apetecía nada) de volver corriendo a la caravana, en el *quinto pino*, para pasar el rato con Moose y Jelly. Sin nada que me acuciara y con tiempo de sobra hasta el día siguiente, podía relajarme y pasar un rato más con mis nuevos amigos. Los clientes asiduos entraban y salían; el tiempo pasó volando. Sólo hubiera faltado un partido de béisbol en el viejo televisor en blanco y negro que había al final de la barra, y este podría haber pasado por un bar de pueblo de casi *cualquier* parte.

Un par de horas más tarde, ya anocheciendo, Eduardo me invitó a ir a cenar con él al restaurante cercano de su amigo. Dando unos golpecitos en mi barriga hinchada, le dije riéndome que estaba tan obscenamente abotargado —habiéndome pasado el día bebiendo batidos, uno tras otro— que no había manera humana de que pudiera comer nada más. Le dije que había disfrutado mucho de su compañía y de la de su hija, y que volvería a verlos al día siguiente, cuando viniera a recoger la furgoneta.

Señalando el vaso de batido *casi* vacío que tenía delante, levanté cuatro dedos y pregunté:

*«¿Cuánto "cuesta", cuatro?»*. Creo que me he pimplado al menos cuatro de ellos... ¡Dios Santo!

Eduardo se llevó el dedo índice a los labios, indicándome que me callara. Al menos no ha dicho: «¡De nada!». Venga ya, hombre. Necesito pagarlos.

Me hizo un gesto para que fuera a la acera con él.

«¿Te gusta Rosa?».

No entendía *dónde* quería llegar con eso...

«Pablo, Rosa está lista para casarse ahora».

«Lo siento, Eduardo. No entiendo...

Eduardo señaló su alianza, y luego a Rosa, y luego a mí, y entrelazó sus dos dedos índices.

*Mierda.* ¡Quiere que me case con Rosa!

Debí abrir los ojos como platos. No sabía qué decir, y mucho menos cómo decirlo en español, así que me limité a quedarme allí —sin más— con cara de tonto.

«Pablo, el sueño de Rosa es vivir en los Estados Unidos. Tengo dinero ahorrado para este momento».

Tras una larga y angustiosa mezcla de gestos, *mi* español de escuela y una *pizca* de inglés, creo que Eduardo entendió… que lo pensaría durante la noche y que le daría una respuesta por la mañana. Volví a entrar para darle las buenas noches a Rosa.

Es guapa y hace un batido cojonudo... Me pregunto si habrá

algún lugar apartado en la parte de atrás del concesionario VW...

Cuando me marché, me sentí culpable, como si hubiera estafado a Jugolandia —sin darme cuenta— cuatro de los mejores batidos del mundo.

¡Ay-ay-ay!

«Rosa».

De vuelta a la caravana en medio de la nada, lo primero que salió de la boca de Jelly fue: «*Tío*, tienes un aspecto horrible. Cómete un sándwich o algo».

*Me acabo de zampar cuatro batidos, ¿y todavía parezco un esqueleto?*

Has tardado un día más de lo previsto. ¿Conseguiste las piezas? ¿Cuándo estará lista tu *cerda*?». *Moose yendo al grano…*

«No hay problema. Estará lista mañana por la tarde».

Mi estado físico, después de perder el combate gastrointestinal con la comida de la estación de autobuses de Guadalajara.

## La selva de los problemas, *redux.*

Esta vez no hubo ninguna gran ceremonia de despedida en el taller mecánico VW. Sólo un «paga la cuenta, coge las llaves y continúa tu camino». Aparte de constatar (por el recibo) que el motor había sido extraído y desmontado por tercera vez en un mes, se diría que la furgoneta no se había tocado desde su «chapuzón» en el río Ostula. Ni siquiera se habían molestado en limpiar el barro acumulado en el interior del parabrisas, lo cual me hizo dudar que hubiesen probado la furgoneta en carretera. Sin embargo, un detalle agradable fue la alfombrilla de papel (con dos grandes huellas de zapatos de color azul y el logotipo del servicio de asistencia de VW) en el suelo del lado del conductor. Por supuesto, estaba *encima* de varios centímetros de barro seco...

Al salir de la ciudad me sentí un poco en conflicto conmigo mismo, desviándome de la carretera principal para evitar pasar por Jugolandia. Había cometido el error de compartir con los chicos la «proposición de matrimonio» de Eduardo; y, como era de esperar, habían reaccionado desarrollando una sed insaciable de batidos y martirizándome con ello siempre que tenían ocasión.

Me sentí bien cuando por fin volví a la carretera, aunque se me partía el corazón de ver la 1DRBUS tan llena de suciedad por dentro y por fuera; ni un centímetro cuadrado sin profanar. La ruta más corta para volver a casa estaba cortada debido a un corrimiento de tierra, así que retrocedimos montaña abajo hasta la carretera de la costa —una vez más—, pero esta vez en dirección norte. Nuestro plan era parar a pasar la noche *antes* de entrar de nuevo en la «Selva de los Problemas». En realidad, había sido Moose quien lo había sugerido, a todas luces asustado aún por el murciélago en nuestro parabrisas (y, casualmente, justo después de que yo hubiera relatado mi conversación con el camionero anglosajón, cuando nos dirigíamos hacia el sur).

Aunque habíamos tomado café con el desayuno, la cafeína nos pareció de repente innecesaria cuando entramos en la «Selva de los Problemas», a la mañana siguiente. Los tres íbamos muy despiertos, con los ojos clavados en la carretera y en la selva que nos rodeaba, vigilando el menor indicio de hechiceros o de caníbales díscolos.

Pensando que podría *arreglarlo* un poco, dije: «Oye, Moose, me pregunto si fue la maldición de un brujo lo que hizo que el conducto de ventilación sonara así la última vez que pasamos por aquí. La verdad es que nunca antes me había ocurrido algo parecido, y tampoco he oído que le pasara a nadie más».

«No lo sé. Ese ruido y ese *puto* murciélago... se me metieron en la cabeza. He tenido pesadillas con eso. *Joder*, me dan escalofríos.

¿Moose teniendo pesadillas? ¡Qué graci*a!*

«Sí, Óptero, abre el respiradero, a ver si lo vuelve a hacer», comentó Jelly.

«Claro. Acércate, para poder oírlo».

La manilla (normalmente fácil de accionar) estaba rígida y agarrotada. No se movía, así que la agarré bien y puse toda mi fuerza para intentar abrirla. Se soltó de golpe y pasó de cerrada totalmente a abierta al máximo en un *santiamén*. Fue como si alguien nos hubiera tendido una emboscada. De repente, varias granadas de tierra arcillosa nos estallaron en la cara, y una nube opaca y asfixiante llenó el habitáculo. No veía nada — apenas podía respirar. Saqué la cabeza por la ventanilla, pero con tanta *mierda* cubriéndome la cara, enmarañando mi pelo y abrasándome los ojos, no sirvió de mucho. Tuve muchísima suerte de permanecer en la carretera y poder detenerme sin mayores incidentes. Sin saber (y francamente, sin importarnos) en qué punto de la carretera nos encontrábamos en ese momento, salimos disparados como mineros del carbón que escapan de un derrumbe.

«¿Por qué has hecho eso?», dijo Moose, doblado desde la cintura, con las manos en las rodillas, tosiendo y escupiendo tierra.

«¿Cómo *coño* iba yo a saber que pasaría eso?».

«Tal vez fue tu brujo, Moose. *Sí...¡es justo lo que necesitamos! Ack-ack-ack-ack.* Moose tiene su propio brujo particular, y está clavándole alfileres en algún lugar de la selva, *¡ack-ack-ack-ack!*».

Tardamos unos minutos en retomar el camino de vuelta a casa. Nos fuimos quitando el polvo de los hombros y de la espalda unos a otros, nos sacudimos el polvillo rojo y húmedo del pelo y vaciamos todas las cantimploras para enjuagarnos los ojos. Conseguí reajustar la manilla de ventilación a la posición de apagado. No obstante, por prevenir, introdujimos trapos, calcetines, trozos de papel y todo lo que encontramos, en todas las rejillas.

Cuando dejamos atrás la selva, la carretera nos llevó a lo largo de la costa, bordeando el muelle de Puerto Vallarta. Divisamos nuestro ferry, atracado en el mismo embarcadero donde habíamos comenzado la etapa continental de nuestro viaje, apenas tres semanas antes. Observando la fila de coches y camiones que cargaban para la siguiente travesía, me pregunté si ya habrían reparado el segundo motor.

Los chicos querían llegar a Mazatlán sin hacer paradas, pero eso supondría otras siete horas, además de las cuatro que ya había conducido. Extenuado, sólo pude aguantar otras tantas, antes de tomar la firme decisión de pasar la noche a un par de horas al sur y emprender de nuevo el camino por la mañana.

## Prohibido reducir la velocidad

Al salir de Mazatlán en dirección norte, la carretera se volvió recta y nos invadió el tedio. En nuestra primera parada para repostar, se acercó un hombre mayor y me preguntó si le podía llevar hacia el norte. Como Moose y Jelly se habían echado la siesta en la parte de atrás, le di la bienvenida a bordo, pensando que me ayudaría a distraerme y a mantenerme despierto. Se llamaba Umberto, y averiguamos que había empezado su periplo en Guatemala una semana antes (caminando, sobre todo) con el objetivo de llegar a «los Estados Unidos». Había dejado atrás a su mujer y a sus cuatro hijos; al no encontrar a nadie dispuesto a emprender con él el largo e incierto viaje, se había aventurado en solitario. No entendía ni una palabra de inglés y su español sonaba diferente a todos los que había oído antes. Señalé a Moose y Jelly —que seguían durmiendo la siesta en la cama— en la parte trasera y le dije sus nombres. Echó un vistazo a Moose, señaló su cabeza y dijo: «Hombre canche». (En argot maya significa «hombre rubio»).

«Eh, Moose», —dije, despertándolo deliberadamente. «Aquí, Umberto... dice que eres un "hombre canche". ¿Qué es eso? A mí me suena a "hombre afeminado"».

«*Joder*, si lo llego a saber... ¿Por qué has recogido a un autoestopista?».

«Porque me aburro como una ostra aquí solo y, después de negarle a la pareja de ancianos un paseo por el río en La Ticla, supuse que a mi karma le vendría bien una ayudita».

«¿*De verdad*? ¿Adónde va?».

«A Los Ángeles, pero sólo le llevaremos hasta Tijuana. El resto lo hará por su cuenta».

Levanté el pulgar hacia mi nuevo amigo y él me sonrió,

dejando entrever unos dientes terriblemente estropeados y unas encías de aspecto dolorido.

El día se arrastraba, el calor y la humedad eran opresivos, y el paisaje rara vez variaba; a ratos, paisaje desértico, a ratos, tierras de cultivo, kilómetro tras kilómetro... Me recordó al Valle Central de California: el mismo calor, olores desagradables y polvo, pero con diez veces más bichos y el triple de humedad. Los chicos volvieron a echarse la siesta (lo mejor que pudieron) en la parte de atrás. Umberto intentaba por todos los medios mantenerse despierto, su cabeza apoyada en la ventanilla. De vez en cuando pisaba el freno, tan solo para mantener a los demás conmigo *«en el juego»*.

Habían pasado veinte minutos desde que atravesamos el último pueblecito... y otro tanto desde que fue necesario girar el volante. Sin previo aviso, las ruedas traseras se bloquearon y la furgoneta derrapó. Instintivamente, pisé a fondo el pedal del embrague y la furgoneta empezó a rodar de nuevo con normalidad.

«*¡Joder,* ya basta, Óptero!», refunfuñó Moose. «¡Déjanos dormir, *maldita sea*!».

«¡No lo he hecho aposta! No sé qué *cojones* ha pasado. Las ruedas traseras se han bloqueado de repente».

Al soltar un poco el embrague, la furgoneta se ralentizó como si pisara los frenos, así que quité la marcha y volví a intentarlo. Vale.

«Creo que algo va mal con la transmisión. Parece como si se hubiera gripado o algo así. Tengo que parar y echarle un vistazo». Me da que esto no va a ser sencillo...

Repitiendo su papel de «ancianos en un viaje de turismo», tal como hicieron el primer día de viaje hacía un mes, todos se quedaron quietos mientras yo salía a ver qué le ocurría a la furgoneta. El asfalto estaba más caliente que una parrilla, y las moscas de la fruta debieron vernos parar, porque empezaron a revolotear por mi cara en cuanto me tumbé. Sólo necesité un segundo para saber que estábamos *jodidos*; el sistema de transmisión desprendía vapor de agua, y salía aceite a borbotones por una junta rota en el lateral. El vapor de agua sólo podía significar una cosa: estando sumergida en el río, entró agua en la transmisión (supuestamente sellada de fábrica). Y aquí, en la carretera del Hades, se había convertido en vapor de agua, reventando la presión una junta —lo cual había provocado la fuga de aceite— y, ahora, el tren trasero estaba más agarrotado que la cartera de Moose.

«Se acabó, *tíos*. La transmisión está gripada. Los retenes han reventado. Se acabó».

«¿Y ahora qué, Óptero?».

«No lo sé, Jelly. De verdad que no lo sé. ¿Lo llevamos a otro taller? *Joder*, no sé».

Venga ya, Dios. Lo entendí hace una semana, cuando estuve en Ciudad de México. «No juegues con aquello que no te pertenece». Lo sé. ¿Me estás castigando otra vez? ¿¿Otra vez??

Estaba tan abatido mentalmente como se puede humanamente estar. En ese momento no tenía claro en qué consistiría «claudicar»; de lo contrario, lo hubiera considerado muy seriamente.

«¿Cuál fue el último pueblo que atravesamos?».

«Guasave. ¿Por qué, Moose?».

«Porque vamos a ir a buscar a alguien que remolque esta *cerda* hasta allí y averigüe si se puede arreglar». Porque, si no se puede arreglar —y quiero decir *arreglar hoy*—, cojo mis cosas y vuelvo a casa sin ella, *o sin ti*».

Sin esperar a que contestara Jelly, dije: «Estoy contigo, Moose. Si no se puede arreglar hoy, dejaré la *cerda* aquí… Ya he tenido bastante».

Jelly y Umberto se quedaron en la furgoneta mientras Moose y yo hacíamos autostop para volver al último pueblo que habíamos dejado atrás. Era media tarde de un domingo, y debía haber 46 °C a la sombra. Guasave era un pueblo fantasma. Nos preguntamos si tal vez sería un día festivo allí; no había ni un alma en las calles. Incluso la estación PEMEX estaba cerrada.

Llevábamos quince minutos buscando alguna señal de vida cuando nos encontramos con un par de tipos bebiendo cerveza sobre el capó de un Chevrolet «Taxi» blanco de cuatro puertas, aparcado a la sombra de un árbol. Moose hizo todo lo que pudo para explicarles nuestra situación y la necesidad de un remolque para volver al pueblo. No estoy seguro de que entendieran que pedíamos una grúa propiamente dicha pero, llegados a este punto, ya le había cedido todo el control a Moose. Dijeron que podían remolcarnos hasta allí por cuarenta dólares, y que tenían la cuerda perfecta para hacerlo. Eso nos dejaría un saldo total de veintisiete dólares entre los tres. Pero, *en serio…* ¿qué otras opciones teníamos? No nos quedaba mucho con lo que hacer trueque (las tablas de surf no son un bien codiciado en el desierto). Antes de aceptar el trato, pedí examinar la cuerda. Me obedecieron, sacando del maletero un extremo de la misma para enseñármelo. Tan gruesa como mi brazo, parecía la maroma de un ancla del *Queen Mary*. Cerrado el trato, los cuatro subimos al taxi para regresar al lugar donde se había averiado la 1DRBUS.

«*Tíos,* ¿por qué habéis tardado tanto? ¡Pensamos que quizá estuvierais en ese autobús de *Tres Estrellas de Oro* a Mexicali que pasó hace un rato! ¿Dónde está la grúa?».

«Lo siento, Jelly. Toda la ciudad estaba cerrada por algún tipo de festividad o algo así. Tardamos una eternidad en encontrar a alguien. Estos son Joaquín y Ángel; nos remolcarán hasta Guasave».

Aún no habíamos averiguado exactamente adónde nos remolcaban en Guasave, pero abandonar esta carretera era ya un buen comienzo.

Nuestros nuevos amigos aproximaron su Chevy a la furgoneta y sacaron la cuerda. ¡Sólo medía unos *dos* metros! Sí, *era* tan gruesa como mi brazo, pero *¡¿dos metros de largo?!*

«¿Dónde está el resto de la cuerda? —Moose les preguntó dónde guardaban el resto de la cuerda. Esta es demasiado corta. Una vez que la atemos a los dos coches, no habrá ni medio metro entre uno y otro». Tienen que estar tomándome el pelo, ¿no?

Moose habló con ellos durante un minuto. «Es lo que hay, Óptero. Esa es su cuerda. Dicen que la usan para este tipo de cosas a menudo, y que no nos preocupemos. Antes era más larga, pero la semana pasada le dieron un trozo a otro taxi».

«¿En serio? Vale. Déjame pensar. ¿Hay algún tipo de nudo que no necesite mucha cuerda?». Esto es de locos.

«*Eh*... Jelly y yo iremos en el taxi. Tú y tu colega podéis daros conversación en la furgoneta».

Sí, Moose, claro. Vosotros id a divertiros con vuestro chófer mientras Umberto y yo hacemos todo lo posible por no morir.

«Sí, Óptero. *¡Es justo lo que necesitamos! Ack-ack-ack-ack*».

No estoy de humor, Jelly.

Los muchachos se acomodaron en el asiento trasero del Chevy mientras Ángel ataba un extremo de la cuerda a su parachoques, dejando algo más de un metro para mí. Al no poder hacer un nudo de verdad en mi extremo (y que quedase hueco entre ambos coches), utilicé un perno y un poco de alambre para atar mi extremo de la cuerda a la furgoneta. Volví a hacer el nudo en el taxi y gané otros pocos centímetros, quedando una distancia de unos treinta centímetros entre su maletero y mis faros. Sentado al volante de mi furgoneta, no podía ver la parte trasera de su coche, sólo la parte superior del maletero.

*«¿Estás listo, Umberto? ¿Estás preparado?».*

Se volvió hacia mí, con los ojos muy abiertos, y se detuvo unos segundos antes de responderme con un tembloroso movimiento de cabeza.

Al entrar en la autopista me di cuenta de que iba a ser muy complicado mantener el espacio entre nuestros vehículos. Si nos desviábamos un poco hacia un lado u otro, el ángulo de la cuerda nos aproximaba todavía más. Tenía que anticiparme a su desaceleración y frenar suavemente para evitar que nos «besáramos». Como la carretera estaba cortada en ese tramo, tuvimos que conducir unos kilómetros hacia el norte antes de poder cruzar y volver hacia el sur, a Guasave. Empezamos circulando a unos cuarenta kilómetros por hora, y me pareció bien siempre que no hicieran cambios bruscos de rumbo o velocidad.

*«¿No problema, Umberto?».*

«Sin problema».

Tenía ambas manos aferradas al tirador del salpicadero, frente a él, y seguía con cara de preocupación. Atravesamos un paso elevado y entramos en el lado sur de la autopista sin ningún problema, aunque nuestra velocidad estaba aumentando un poco.

«Mira. Fuman marihuana». Umberto llamó mi atención e hizo un gesto hacia la ventanilla trasera del Chevy.

«Increíble. *Joder*, ¿me tomas el pelo?».

Los chicos se estaban pasando un porro. Jelly acercó el *canuto* a la ventanilla trasera para que yo lo viera, y Moose levantó el pulgar, ambos mostrando una amplia sonrisa de gato *Cheshire*.

Dios mío, ¡espero que sea la *hierba* de mala muerte a la que están acostumbrados, y no algo que les deje fuera de combate!

Nuestra velocidad siguió aumentando, pasando ya de los sesenta. Con ellos bajo los efectos de la droga, recé para que aminoraran la marcha, pero puede que incluso se hubieran olvidado de que estábamos detrás. Pasamos una señal de ochenta km/h; yo sabía que eso equivalía a unas cincuenta millas por hora; el cuentakilómetros marcaba sesenta. Íbamos a toda velocidad y zigzagueando de lado a lado. Vale, esto empezaba a ser demasiado.

«Esto es muy peligroso».

«Sí, Umberto. Muy peligroso».

(Como la araña bananera en El Faro... muy peligrosa). Umberto tenía los pelos de punta, al igual que yo.

No sabía muy bien qué hacer al respecto. Pisé el freno, pensando que así podría llamar su atención, pero nada. ¡*Mierda*! ¡Estábamos llegando a ciento diez km/h! *Hostia puta*. Pisé el freno con fuerza un par de veces, con la esperanza de soltarme de ellos de algún modo, pero no conseguí crear suficiente holgura para dar a la cuerda un tirón lo suficientemente fuerte, y tampoco estaba seguro de que se hubiesen percatado. Aporreé la bocina, la solté y volví a aporrearla. Justo en ese momento, pasamos junto a dos «Federales» que se encontraban delante de un coche de la patrulla de carreteras, a la sombra de un paso elevado, al otro lado de la calzada. Mis bocinazos llamaron su atención y se metieron en el coche a toda prisa.

Moose se volvió y me fulminó con la mirada. Jelly interpretó una versión muy exagerada de la señal universal de *«¡shhhh!»* *(silencio)*. ¿Joaquín? Aceleró a fondo. Ya estábamos pasando de ciento veinte km/h; rozando los ciento treinta; de repente, mi cuentakilómetros marcó su tope, pasando de ciento treinta. (Sí, sí. Ya me *sé* la historia. Conduces una furgoneta VW del 66 que puede llegar a ciento treinta y opinas que deberías meterle más *caña*). El coche de la patrulla de carreteras había cruzado la mediana y estaba en plena persecución, ¡con las luces encendidas y la sirena a todo volumen! Me concentré al 1000% en no *cagarla*. Joaquín no sólo iba *perdiendo el culo*; también cambiaba de carril de un lado a otro, cortando el tráfico. (Es curioso cómo el «tráfico ligero» parece mucho más congestionado cuando vas el doble de rápido de lo que deberías ir). Mi furgoneta parecía una muñeca de trapo en manos de un niño pequeño. Hice *todo* lo que pude para mantener las cuatro ruedas en el suelo, evitar dar coletazos, y no golpear la parte trasera del Chevy.

Delante de nosotros había cada vez más embotellamiento. El tráfico se acumulaba y tendríamos que reducir la velocidad... ¿O no? Supongo que *no*. Vamos por el arcén izquierdo; circulamos noventa km/h más deprisa que los coches y camiones que transitan por el carril rápido de al lado. La patrulla de carreteras nos seguía a unos doscientos metros y se aproximaba cada vez más. Vi el motivo del atasco más adelante: un viejo tractor agrícola estaba *remolcando* varias cisternas de propano en un único, largo y serpenteante *tren*. Un tren que se desplazaba de un lado a otro —de arcén a arcén, por ambos carriles— como Puff (¿*Boom?*) ¡el *maldito* dragón mágico!

Como si lo hubiera hecho decenas de veces antes, Joaquín calculó los tiempos con precisión, entrando y saliendo de la onda oscilatoria hasta que pasamos el tractor con total seguridad. Miré por el retrovisor y vi cómo la patrulla de carreteras interrumpía la persecución, obviamente considerando que el riesgo de cruzar «la serpiente mortal» era demasiado alto como para continuar. Sin cantar victoria aún, Joaquín siguió avanzando por la autopista (mi cuentakilómetros seguía marcando más de ciento treinta) durante varios kilómetros más. Sin previo aviso, redujo la velocidad a ochenta y se desvió por el arcén derecho hacia las tierras agrestes que hacían frontera con la autopista. Estábamos tan cerca del Chevy que no podía ver los hoyos, surcos, rocas y zanjas del suelo que teníamos delante, pero hice todo lo que pude por imitar sus maniobras. Supongo que no acerté con algunas de ellas; es difícil de saber. Nos topamos con varios obstáculos tan violentamente que Umberto rebotó contra el techo y cayó sobre mi regazo, sin soltar en ningún momento el asidero del salpicadero.

Giramos bruscamente a la derecha y nos adentramos en un sendero de dos vías que nos condujo a una zona de árboles de escasa altura, donde nos detuvimos en medio de una nube de polvo. Estaba tan furioso que apenas podía respirar; salí disparado de la furgoneta y me abalancé sobre la puerta del conductor. Jelly abrió la puerta a mi paso para frenarme.

«¡Espera! ¡Espera! Tenía que hacerlo». Jelly me aprisionó con su brazo libre.

Joaquín nos esquivó, se dirigió rápidamente a la parte trasera del Chevy, abrió el maletero y dijo: «¡Mira!», mientras señalaba el interior. «No podía frenar».

Había por lo menos 150 fardos envueltos en celofán azul

(cada uno del tamaño de una guía telefónica de Nueva York colocada de canto), organizados en dos pilas ordenadas que llenaban todo el maletero. ¡Hostia!

«Sí, Óptero. No podíamos parar o habríamos ido *todos* a la cárcel. ¡Una *puta* cárcel mexicana!».

*«¡No, no puedo ir a la cárcel! Ack-ack-ack-ack. ¡No puedo ir a la cárcel!».*

Estaba muy aturdido. «¿Qué tal el *canuto*?». Creo que a mí también me vendría bien un poco ahora mismo.

«¿Qué le ha parecido el viajecito a tu amigo?».

«*¡Mierda*, Jelly! ¡Me había olvidado de él!».

Los coches estaban demasiado pegados como para pasar entre ellos, así que rodeé la parte trasera de la furgoneta para llegar a la puerta de Umberto, que seguía cerrada. Sobresaltado por el *clic* del pestillo, movió la cabeza en mi dirección, con los ojos desenfocados y fijos, mirando más allá de donde yo estaba. Sus manos, rígidas y con los nudillos blancos de tanto apretar, se aferraban aún al tirador del salpicadero. Y se había orinado encima.

Umberto no dijo ni una palabra después de aquello. Quizá estuviera abochornado o, por todo lo ocurrido, en estado de *shock*. No se quedó el tiempo suficiente como para que lo averiguásemos. Lo último que vi de él es que se alejaba, tambaleándose, en dirección a la autopista. Le grité: *«¡Vaya con Dios, Umberto!»*, pero no obtuve respuesta, ni siquiera una mirada por encima del hombro. (Me pregunto si alguna vez llegó a Los Ángeles... o dio media vuelta y se fue a casa).

## Un montón de mierda de pollo

No perdimos mucho tiempo ni energía en intentar encontrar a alguien en Guasave que pudiera arreglar la transmisión; nos parecía una misión imposible. Joaquín y Ángel nos dijeron que podíamos dejar la 1DRBUS con ellos —la llevarían a un lugar seguro— y volver más tarde con un vehículo capaz de remolcarla de vuelta a San Diego. Tenía mis dudas de encontrarla cuando volviera, si es que volvía. Lo había perdido todo. Tenía la moral por los suelos. Ya ni siquiera me importaba si mi furgoneta estaría aquí a mi regreso. Lo único que quería era volver a casa.

Ninguno de los tres tenía suficiente dinero para pagar un billete de autobús hasta Tijuana. Juntándolo todo, nuestro dinero sólo alcanzaba para que uno de nosotros volviera a casa, y no sobraba *nada* para comprar comida para los que se quedaran. Estábamos a algo menos de mil quinientos kilómetros de Imperial Beach, e íbamos a tener que hacer autostop (o caminar) para llegar hasta allí. Moose y Jelly cogieron sus tablas y una cantimplora; yo, un par de calcetines extra, crema solar y repelente de mosquitos. Ni me molesté en coger mi tabla. Estaba demasiado deprimido como para que me importara. Joaquín me dio la dirección y el número de teléfono de un amigo, y yo hice una foto del taxi —para tener cierta seguridad y alguna esperanza de volver a localizarles—, y nos dejaron a los tres en el arcén de la autopista, en dirección norte, a las afueras de la ciudad.

El maletero del taxi de Joaquín y Ángel es una imagen grabada a fuego
(y para siempre) en mi memoria.

Utilicé un lápiz y el reverso de mi factura de reparación del concesionario VW de Colima para hacer un letrero. No sabía si alguien se refería a Tijuana como «T.J.» tan al sur, pero es lo único que se me ocurrió garabatear. Debíamos de parecer tan desgraciados y patéticos como nos sentíamos, allí de pie, bajo un sol abrasador. Ninguno de nosotros dijo una palabra. Nos quedamos allí de pie, con los pulgares extendidos, mirando embobados cómo pasaban un camión tras otro y un coche tras otro, todos llenos de gente.

«*Joder*. Voy a empezar a caminar. No ganamos nada quedándonos *aquí* más tiempo. Hacedme un favor: si alguien os recoge, decidle que pare y que me lleve a *mí* también. ¿Vale?».

«De acuerdo, Moose. Claro que sí. Prometido».

No estoy seguro de quién abandonaba a quién en aquel momento, pero la imagen de alguien alejándose en el desierto

—persiguiendo un espejismo mientras cargaba con una tabla de surf— me hizo cerrar los ojos y agachar la cabeza con una sensación de angustia indescriptible.

Moose no había recorrido ni quince metros cuando una joven pareja, que conducía un gran camión de estacas, repleto de jaulas, se desvió de la carretera y se detuvo. Dijeron que estaban transportando un cargamento de pollos a Mexicali y que, si nos parecía bien reorganizar las jaulas para hacer sitio, nos llevarían hasta allí. Cinco minutos más tarde habíamos hecho suficiente hueco entre los pollos para que cupiéramos nosotros tres y dos tablas de surf, así que nos pusimos en camino.

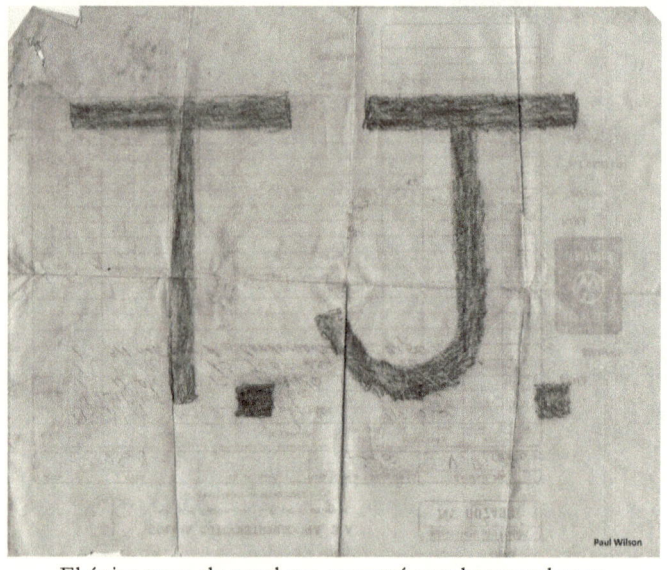

El único trozo de papel que encontré para hacer un letrero
fue mi factura del taller Volkswagen de Colima.

Decir que fue una experiencia salvaje sería quedarse corto: interminables ráfagas de plumas de pollo, el hedor insoportable de sus excrementos en el calor del desierto, dieciséis horas sobre una vieja plancha de madera contrachapada llena de astillas, sin espacio para tumbarse, y tan solo una parada de quince minutos para repostar en todo el recorrido hasta Mexicali.

El conductor, ¿estaba siendo un buen samaritano o se estaba vengando por algo?

Lo cierto es que tuvo la amabilidad de indicarnos la dirección de la estación de autobuses en Mexicali, donde gastamos todo el dinero que nos quedaba, excepto cuatro dólares, en comprar tres billetes para Tijuana.

Saludando desde la parte trasera del camión de pollos.

# CAPÍTULO 11

———

# VOLVER A POR MÁS

### Sacando a la luz mis prejuicios

Sólo un puñado de personas sabía que habíamos vuelto, y las que lo sabían, habían jurado guardar el secreto. Desde luego, Moose no quería que nadie lo supiera. Se enfrentaba a cuatro años de cárcel por homicidio imprudente, más lo que le impusieran por huir a México la misma mañana en que se suponía que debía presentarse para ser encarcelado. Tampoco creo que Jelly tuviera mucha prisa por enfrentarse a Sherri de inmediato. Ningún «*Ack-ack-ack-ack*» iba a sacarle de ese lío.

¿Yo? No recordaba haber movido un solo músculo en horas. Me quedé mirando el techo, con la cabeza hacia atrás, apoyada en la pared. Mi cuerpo, un peso muerto, permanecía hundido por completo entre los cojines del viejo sofá de nuestro salón. No había hecho tanto esfuerzo físico en los últimos treinta y pico días como para sentirme tan cansado, pero incluso sostener una lata de cerveza me resultaba agotador. Mi energía estaba en mínimos, y la empleé en un único objetivo: elaborar un plan para traer la 1DRBUS de vuelta a casa —si es que seguía en Guasave, *claro*.

Me había devanado los sesos pensando en quién podría estar dispuesto a afrontar un reto como ese junto a mí. Después de todo, *cualquiera* que supiera *algo* de lo que nos había ocurrido durante el mes que estuvimos en México, tenía que suponer que nos habían echado un mal de ojo o algo parecido...; y ¿quién en su sano juicio querría unirse a una fiesta de almas *malditas*? Sólo conocía a una persona que consideraría siquiera semejante insensatez... Mi compañero de piso, y mejor amigo, Perro, acababa de llegar del trabajo; cogió una cerveza y se dejó caer en la silla supermullida que había frente a mí.

«Hola, Perro. ¿Recuerdas lo fácil que fue meter en tu camioneta toda la *mierda* que robamos aquella noche en Coronado?». *Haré que se entusiasme un poco, adulando su Ford XLT 250 de tres cuartos de tonelada y tracción en las cuatro ruedas.* «¡Tienes una camioneta realmente impresionante!». Iré al grano: «¿Has pensado alguna vez en comprar una caravana, para engancharla detrás? Seguro que podrías remolcar cualquier cosa que quisieras, ¿o no?».

«Sí. Es una camioneta de la *hostia*, Óptero; nunca me ha dado problemas. ¿Por qué? ¿Quieres comprarla o qué?».

*Creo que se está haciendo una idea de por dónde voy...*

«No, ahora mismo no puedo permitirme comprar nada tan *guay*. Menos aún con mi furgoneta averiada en México. Oye... eh... *(como si se me acabara de ocurrir)* ... ¿tú me ayudarías a ir a buscarla y remolcarla hasta aquí? Podría pagarte algo».

Perro se puso a *bailotear*, buscando una salida elegante. «¡No puedo, Óptero! No puedo ausentarme tanto tiempo del trabajo».

*Anticipándome a su primera negativa, tenía ensayada de antemano mi respuesta.* «Eduardo, creo que sólo tardaríamos tres días, entre ida y vuelta. Si le pregunto a tu jefe y me dice que no hay problema —y te pago lo que habrías ganado esos días—, ¿al menos te lo pensarás? Por nada del mundo quiero perder mi furgoneta, Eduardo, y no se me ocurre qué otra cosa hacer». (Me imagino que utilizando su verdadero nombre le llegaré al corazón y le transmitiré lo importante que es esto para mí).

«Mira, Óptero, aunque *consiguieras* convencer a mi jefe, mi camioneta necesita desde hace tiempo una puesta a punto a fondo. No puedo hacer un viaje largo con ella tal como está. No saldría bien».

*¡Venga! … Un último intento.*

*Vale, inclínate hacia adelante, mantén un contacto visual absoluto, y habla pausadamente y en voz baja.* «Lo entiendo… Déjame preguntarte sólo una cosa más: Si consiguiera que tu jefe dijera que sí, *y* te pagara por el tiempo perdido en el trabajo, *y* te hiciera una puesta a punto a fondo de la camioneta *y, además,* cubriera hasta el último céntimo de cualquier imprevisto que pudiera surgir… Si hiciera *todo* eso, Eduardo, con sinceridad, ¿habría alguna otra razón que te impidiera ayudarme?». (Ventas 101: «Cerrar un trato»).

Perro sonrió, cerrando los ojos y sacudiendo la cabeza, reconociendo que acababa de perder la discusión. Con un resoplido, hizo una última y definitiva aseveración: «Óptero, si haces exactamente todo eso que acabas de decir —y me refiero a hacerlo *todo* mañana por la mañana— , *joder,* no puedo creer que esté diciendo esto…, lo haré. Te ayudaré. Remolcaré tu furgoneta hasta casa».

¡Síiiii! ¿Debería sentirme culpable? En el fondo, estaba deseando ayudarme, *¿o no? Sólo necesitaba un empujoncito para darse cuenta…*

Perro no lo sabía en ese momento, pero yo ya había hablado con su jefe y le había explicado la situación. Tan solo tenía que volver a llamarle y confirmarle que salíamos por la mañana.

Media hora más tarde, su camioneta estaba en el taller de *Tuneup Masters* para una revisión a fondo.

¡Síiiii!

Decidimos entre los dos que sería más cómodo (y también mucho más seguro) evitar Tijuana y Mexicali, retrasando la entrada a México todo lo que pudiéramos. Aunque eso añadiría casi ciento sesenta kilómetros a un viaje de mil quinientos, pasaríamos por Tucson, Arizona, antes de desviarnos hacia el sur y cruzar la frontera por Nogales, evitando así más de seiscientos kilómetros de carretera mexicana.

Me resultaba extraño estar de nuevo en México; esta vez sentía que debía mantener la guardia alta, estar alerta, preparado. Para *qué,* no lo sabía. Pero no voy a endulzarlo: estaba nervioso y muy tenso.

«Relájate, Óptero. No hay de qué preocuparse. ¿Recuerdas? *Soy* mexicano. Todo saldrá bien».

Tenía toda la razón; debía relajarme. El mero hecho de que me acompañara iba a suponer una gran diferencia a la hora de entrar y salir de cualquier sitio. No tenía que preocuparme sobre si íbamos en la dirección correcta, pedíamos la comida adecuada, pagábamos el precio justo o pasábamos la noche en un lugar seguro. Mi mejor amigo estaba conmigo —un mexicano de pura cepa, un tipo auténtico donde los haya—, alguien a quien podía confiar mi propia vida.

A mi padre nunca le gustaron los mexicanos, y no disimulaba mucho esa animadversión. No tengo ni idea de por qué no le gustaban. Simplemente, era así. Quizá fuera algo que ocurrió en su infancia, o heredado de su padre, estibador; nunca habló de ello. Siempre me pareció extraño, dada su profunda intolerancia hacia los mexicanos que, de entre todos los lugares, nos instaláramos en San Ysidro —una ciudad fronteriza, a menos de un kilómetro al norte de Tijuana—, donde pasé los tres últimos años de la escuela primaria. La mayoría de mis compañeros vivían en México y cruzaban la frontera todos los días para asistir a la escuela. (Contando al único niño negro, a mis hermanas y a mí, el número de *no mexicanos* matriculados en aquella escuela de 300 alumnos nunca superó los *cuatro*).

Quizá una gota del veneno de mi padre me había contaminado en algún momento, y eso era lo que me hacía desconfiar —inconscientemente— de los motivos de la gente de *ahí* abajo.

«No te fíes de ellos. Te robarán si les das la más mínima oportunidad», me había dicho una vez.

Pero nada de eso se correspondía con nadie con quien yo hubiera estado en contacto. Sin excepción, y a cada paso del camino —desde el apagón en el café, aquella primera mañana, hasta la pareja de ancianos que recuperó mi cámara del río—, todos habían sido unos auténticos santos.

Supongo que Moose había dado en el clavo aquella noche alrededor del fuego, cuando estuvo «educándome» sobre el verdadero carácter del pueblo mexicano. Viéndolo en retrospectiva, supongo que tenía mucho más sentido del que le di en aquel momento. Él consideraba que, como la mayoría de la gente tenía tan pocas posesiones materiales que pudieran llamar suyas, su riqueza se basaba en sus intangibles: honor, familia, fe y generosidad. Errar con cualquiera de estos valores implicaba su pérdida. Y, para muchos, era todo lo que tenían.

### Esquí acuático en un charco

Si no lo había oído *mil* veces, no lo había oído *ninguna*. «Claro que hace calor en Arizona, pero es un calor seco». (Originalmente acuñado como un eslogan pegadizo, supongo que tenía mucho de cierto). «Sofocantemente caluroso, pero lo bastante seco como para que te sangren los mocos» hubiera funcionado igual de bien. La cuestión es que ese mismo calor te acompaña durante otros tres mil kilómetros hasta México, donde la humedad alcanza niveles cada vez más infernales como consecuencia de la proximidad del océano a ambos lados.

El aire acondicionado constituía un bien de lujo por el que Perro no había apostado cuando compró la camioneta. Dijo que no era necesario, viviendo junto a la playa en el sur de California. Era un experto en zanjar rápidamente cualquier queja que tuviéramos al respecto. «Esa *mierda* es para princesas y *nenazas*. Además, consume muchísima gasolina». Su camioneta sólo recorría once kilómetros por galón tal cual estaba; dudo mucho que supusiera una gran diferencia.

En lugar de desperdiciar dinero en aire acondicionado, había insistido en el «Paquete Sport», que incluía un depósito de combustible más grande (85 litros), lo que nos proporcionaba de dos a tres horas, o 240 kilómetros —lo primero que sucediera— entre repostajes. Probablemente sería más a menudo, una vez enganchada mi furgoneta a la parte trasera. Esto me iba a costar mucho más dinero en gasolina de lo que había previsto.

Perro al volante de su camioneta, disfrutando del glorioso
calor húmedo del norte de México.

Pensamos que un objetivo realista sería llegar a Hermosillo,
donde pasaríamos nuestra primera noche. El segundo día consistiría
en ir de Hermosillo hasta Guasave, recuperar la 1DRBUS y volver
a Hermosillo al anochecer. El tercer día sería de regreso a Imperial
Beach, concluyendo nuestra misión. Si todo iba bien, estaríamos
en la carretera entre diez y doce horas cada día. Naturalmente,
todo dependía de si conseguíamos —y/o de cuánto tiempo podía
llevarnos— encontrar mi furgoneta en Guasave.

Aparte de la molestia de tener que parar a llenar el depósito
de gasolina cada dos horas, nuestro viaje San Diego-Tucson-
Nogales-Hermosillo transcurrió sin contratiempos. Ni Perro
ni yo habíamos traído tienda de campaña, pensando que nos
echaríamos a dormir en la parte trasera de la camioneta. Para
mí no era un problema; después de todo, había recorrido mil
quinientos kilómetros (confinado en una mínima parte de ese

espacio) en la parte trasera de un viejo camión lleno de pollos, hacía una semana. Esto era un lujo. La principal diferencia es que en el camión de pollos no habíamos tenido que lidiar con los mosquitos, ya que siempre contábamos con una brisa —la de la velocidad máxima permitida— que los mantenía a raya. No fue así en la camioneta de Perro. Antes incluso de desenrollar nuestras esterillas, extendimos dos capas de mosquitera —de guardabarros a guardabarros— sobre la cama de la camioneta. Al atardecer, parecía que estábamos viendo una película de terror de bajo presupuesto, por la febril profusión de mosquitos hambrientos que había al otro lado de la malla. Miles de «Draculines», cada uno de ellos haciendo todo lo posible por alcanzarte con su diminuta *jeringuilla*. Carne fresca; y no de la variedad equina, bovina o canina. Cruza a esos cabroncetes con tiburones ¡y dominarás el mundo!

Por suerte, no consiguieron atravesar nuestra barrera durante la noche. Para aliviarnos, utilizamos una jarra de agua vacía, en lugar de correr el riesgo de levantar la capa protectora para ir a orinar. Aquellas viejas y raídas mosquiteras sobrantes del ejército eran una maravilla. Permanecimos agazapados bajo ellas hasta que el sol de la mañana hizo desaparecer el enjambre.

Nuestro primer repostaje del día fue a unos ciento cuarenta kilómetros, en un pueblecito costero llamado Guaymas. De vuelta a la autopista, nos encontramos con una escena circense. Los comerciantes locales habían ideado una forma única de combatir el calor (¡y divertirse, de paso!). Al principio pensamos que podía tratarse de una corrida de toros de sábado por la mañana —que una multitud de varias *capas* de curiosos había rodeado—, y esa idea se mantuvo hasta que la primera ola del tamaño de una ballena emanó de la plaza, empapando a todos los presentes.

Un claro ejemplo de la unión de una mente brillante y un espíritu emprendedor. Habían construido una enorme piscina sobre el suelo, pero en la que no estaba permitido nadar. Ubicado en el centro del estanque improvisado, se había rodeado la base de un poste eléctrico (supuestamente, aún con corriente). Y, amarrada al poste, una vieja moto acuática se revolvía furiosamente en el agua, orbitando a su alrededor. Evidentemente, *eso*, por sí solo, no causaba suficiente sensación. Los intrépidos que pagaban su billete iban haciendo cola, esperando su turno para «esquiar» sobre el agua con una cuerda atada a la parte trasera de la moto.

Fue divertidísimo. La multitud provocaba a cada uno de los «esquiadores», desafiándoles a acercarse cada vez más, siendo su recompensa los chorros de agua fría. Las caídas, muy frecuentes, provocaban gritos, risas, abucheos y aplausos, cada vez más y más intensos. No teníamos ni idea de cuánto tiempo llevaban con esto, pero la mayoría de los «esquiadores acuáticos» ya tenían cortes y moretones *antes* de agarrarse a la cuerda y gritar: «¡Ahora!».

Mis dotes persuasivas eran buenas, pero no lo suficiente como para convencer a Perro de que lo intentase..., a menos que lo hiciera *yo* primero.

### Unas cervezas con El Chapo

A menos de una hora de nuestro destino, Perro me pidió que le contase algunos detalles de la historia que le había hilado sobre «Cómo llegó la 1DRBUS a Guasave».

«*Eh,* Óptero, Jelly dijo que por poco termináis en una cárcel mexicana aquí, pero no quiso contar nada más al respecto. *¿Qué* fue lo que pasó?».

Sin duda era un aspecto para nada trivial que confiaba poder contar más adelante.

«¿Qué te dijo exactamente?». Creía que todos nos reiríamos de esto cuando acabara.

«¡Vamos, Óptero! Necesito saber en qué lío me puedo estar metiendo aquí abajo. ¡Suelta el *rollo* de una vez!».

Supongo que se lo debo. Allá vamos...

«Vale, ¿recuerdas que te conté que tuvimos que pedir a un taxi que nos remolcara los treinta kilómetros de vuelta hasta Guasave, después de la avería, y que fue un poco complicado porque sólo tenían un trocito de cuerda?».

«Sí, ¿qué *detallito* has estado omitiendo?».

«*Eh*... bueno... los Federales nos persiguieron. Pero logramos escaparnos».

«¿Y...?».

«El taxi llevaba algo de marihuana en el maletero».

Perro se volvió hacia mí, levantó la mano y se bajó las gafas de sol —estilo aviador, con cristales de espejo— para poder mirarme directamente a los ojos. «¿Como cuánta marihuana?».

Los neumáticos derechos pisaron gravilla y la camioneta se desvió hacia el arcén.

«¡*Eh!* ¡Vigila la carretera y te lo diré!».

«¿CUÁNTA, Óptero?».

«El maletero lleno de fardos; por lo menos 150 kilos».

Esta vez de forma intencionada, Perro se desvió de la carretera hacia el arcén, derrapando hasta detenerse por completo. La nube de polvo que nos perseguía, enseguida nos alcanzó y nos envolvió.

«¡¿Sabes dónde *coño* estamos?! ¡Nadie tiene tanta marihuana en esta parte de México a menos que sean miembros del Cártel de Sinaloa! A ver si lo entiendo, Óptero: ¡¿Hiciste que dos tipos, miembros del Cártel de Sinaloa, remolcaran tu furgoneta hasta Guasave y la llevaran a su rancho para custodiarla, y esperas que simplemente aparquemos en su casa y les digamos que estamos aquí para recogerla?! ¡¿Estás como una *puta* cabra?!».

Supongo que suena un poco «descabellado» dicho así...

«¿Cómo iba *yo* a saber que pertenecían a un cártel? Es decir... parecían buenos chicos, no sé, ayudándonos sin más y eso... Tal vez deberíamos llamarles y hablar con ellos cuando lleguemos a Guasave, a ver qué dicen, ¿de acuerdo? Me dieron su número de teléfono. Para asegurarme, también cogí el del taxi. ¿Quieres llamar y ver qué dicen? Bueno... hemos hecho todo el viaje hasta aquí».

«Vale. Mira... Vamos a hacer esto de la siguiente forma... Llamaré y les diré quiénes somos y por qué estamos aquí, sin rodeos, toda la verdad. Si percibo que no están contentos de saber de ti, o algo me parece mínimamente sospechoso, damos media vuelta y volvemos a casa, con furgoneta o *sin* ella. Así es como va a ser. No hay otra. ¿Entendido?».

*No es negociable. Sólo me queda rezar y esperar lo mejor.*

«Sí, gracias, Perro. Espero que todo esto no acabe siendo una pérdida de tiempo. Al menos pudimos ver a los esquiadores acuáticos, ¿no?». Si ese va a ser el mejor recuerdo de este viaje, menudo asco... ¿o no? Bueno, supongo que ese sería mejor recuerdo que ser secuestrados por el Cártel de Sinaloa hasta cobrar un rescate por nosotros... Ellos no harían eso... ¿O sí?

«Vale, hagámoslo como dices».

Guasave era un lugar tan deprimente como recordaba de mi breve visita de la semana pasada. ¿Quién decide que este es un buen lugar para fundar una ciudad? El paisaje consistía en la misma polvareda arrastrada por el viento —en todas direcciones— a lo largo de kilómetros y kilómetros, así que, ¿por qué aquí? No obstante, esa tarde debimos llegar en mejor momento; se veía actividad en la avenida principal. Un surtido ecléctico de vehículos antiguos y camiones agrícolas estaban aparcados en las calles. Las aceras estaban atestadas de ancianos con sombreros de *cowboy* y de jóvenes madres vestidas con sus mejores galas, llevando bolsas de la compra en una mano y, con la otra, controlando a inquietos chiquillos. Pasamos junto a una parada de taxis estacionados frente a la terminal de autobuses; los conductores se estaban tomando un descanso colectivo para fumar.

«¿Alguno de esos tipos te resulta familiar?».

«No, tampoco los coches. ¿Quieres ir a comer algo y les llamamos después?». Mi nivel de ansiedad estaba por las nubes desde que Perro me contó lo del cártel».

«No, quiero acabar con esto cuanto antes y largarme de aquí; eso es lo que quiero».

«Probablemente haya teléfonos en la estación». Preferiría no tener que entrar en otra.

«Quédate aquí con mi camioneta. Algunos de estos tipos matarían por tener una como esta». ¿Quieres decir que soy el tipo al que matarían para conseguirla? Gracias, Perro.

«Vale. Aquí tienes el número. Sé amable». *Sí, a mí también me sonó estúpido.*

Perro sacudió la cabeza y se alejó murmurando: «Sé amable... *¡Ay, madre!*».

Estuvo dentro unos cinco minutos, hasta que regresó.

«¿Los has localizado?».

«Sí. Me han dicho que nos reunamos con ellos en PEMEX, al final de la calle».

«¡Joder, tío! ¡Genial! ¿Te pareció todo *normal*?».

Volviendo a bajarse las gafas de aviador sobre la nariz y mirándome a los ojos, dijo: «Me han dicho que es mejor que les sigamos hasta donde está tu furgoneta...».

Quizás sea difícil de encontrar.

«... Porque a los forasteros no se les permite entrar en esa parte de la ciudad sin *escolta*».

Ah.

«Olvidé preguntarte sus nombres».

«Joaquín y Ángel. Son primos, o amigos, o algo así... Joaquín tiene nuestra edad. Moose dijo que su apodo es "Chapo". Me dijo que significa "bajito", pero que no le llamara así a no ser que *él* mismo me lo dijera. Aquí es el jefe».

«Debo haber hablado con él. Dijo que tenía que ir a buscar a Ángel a casa de su tía, y que nos veríamos en unos veinte minutos».

Nos dirigimos al punto de encuentro acordado, pero decidimos esperar un poco antes de aparcar. (No había por qué despertar un interés innecesario merodeando por PEMEX antes de tiempo). Cuando lo hicimos, Perro insistió en aparcar en un lugar donde pudiera salir hacia adelante o hacia atrás, «por si acaso la situación se torcía...». Puntuales, mis amigos del taxi aparcaron su Chevy blanco junto a nosotros y se bajaron. Parecían contentos de verme, pero se apreciaba una tensión palpable entre Joaquín y Perro. Me di cuenta, por primera vez, de lo relativamente bajo que era de estatura, de pie —al lado de mi amigo de 1,88 m y 81 kg. ¿Tal vez desconfiaban un poco de las caras nuevas en esta zona, debido a su negocio de marihuana?

Una vez hechas las presentaciones, nos colocamos detrás del taxi y les seguimos a través de la ciudad. Joaquín conducía; Ángel (de medio lado) tenía los ojos puestos en nosotros en todo momento.

Menuda *mierda*. ¡La otra vez sólo se giraba el tiempo necesario para pasarle el porro a Moose!

Quizá le estábamos poniendo nervioso. Perro solía ir *pegado al culo* de vez en cuando, y esta era una de esas veces.

«Creo que les estás poniendo nerviosos, siguiéndoles tan de cerca, Perro. Además, ya tuve bastante de *esa* vista la semana pasada».

«No quiero perderles. Quién sabe dónde *coño* nos llevan, y te aseguro que no quiero perderme y encontrarme en medio de una guerra de cárteles por aquí».

Buena observación.

Íbamos, como mucho, a diez metros de distancia con respecto a ellos y nos desviamos por un camino largo, recto y estrecho, rodeado a ambos lados por una valla de alambre de espino muy tupida. Ya no había posibilidad de equivocarse de ruta. A unos 800 metros, llegamos a una caseta de vigilancia, con una barrera del tipo de las que se ven en los cruces de vías de ferrocarril en Estados Unidos. Pero esta vez no había señales con «doble R», ni campanas sonando, ni luces rojas parpadeando. Sólo dos tipos vestidos de rancheros, uno de ellos con un fusil de asalto AK-47 apoyado contra el pecho.

«¡*Hostia*, Óptero! Te dije que esto era una mala idea. ¿Qué hacemos?».

«*Joder*, Perro. Tenemos que seguirles. Ya no hay vuelta atrás».

*Guau*. Tenían razón cuando me dijeron que mantendrían mi furgoneta a salvo...

Tras una breve conversación entre Joaquín y los dos guardias, levantaron la barrera y nos permitieron el paso. Seguimos pegados a ellos durante otros cuatrocientos metros, más o menos, hasta que el taxi se detuvo delante de nosotros. Joaquín se apeó, dejando la puerta abierta de par en par, caminó hacia nosotros, le dijo algo a Perro en español y volvió a su coche.

«¿Qué ha dicho?».

«Ha dicho que no me quede atrás ni me desvíe. A su jefe no le gustaría».

«¿Nada más?».

«Sí. Que no hagamos fotos».

«Entendido».

A pesar de toda la seguridad y el revuelo necesarios para entrar allí, una vez dentro se parecía bastante a cualquier otra empresa de envasado de productos que hubiéramos visto (bueno, excepto que esta estaba en un claro, en mitad de una arboleda). Había un enorme almacén de chapa ondulada, de dos plantas y sin ventanas, con varios camiones de estacas para transporte agrícola en un extremo, y un camión semirremolque de gran tonelaje en el otro. En lo que parecía ser la parte delantera de un viejo autobús reducido a un simple chasis, rugía un motor —ingeniosamente modificado— que hacía girar un generador igualmente improvisado. Dos hombres guiaban a un tercero, que manejaba un montacargas «nuevecito» de marca Toyota —de color naranja y negro, añadiendo una pila de palés vacíos a un *stock* ya de por sí considerable. Un almacén o especie de barracón, rodeado de pequeñas dependencias, ocupaba el lugar más apartado del recinto principal. Justo delante, una hilera de coches y camionetas se alineaba junto a una valla, y en el extremo más alejado estaba aparcada... ¡la 1DRBUS!

«¡Está aquí! ¡Mira, Perro! ¡Está aquí!».

«De *puta* madre, Óptero. Sólo espero que nos dejen irnos con ella... y con mi camioneta».

Seguimos al taxi por el recinto hasta donde estaba la furgoneta y nos detuvimos junto a ella. Tenía la puerta medio abierta cuando Perro me detuvo.

«Oye, quedémonos quietos hasta que nos digan que salgamos, ¿de acuerdo?».

¡Venga ya, Perro! Te estás tomando esto como un puto intercambio de rehenes. ¡Relájate de una vez!

«*Ya, bueno...*», y tiró de mi puerta hasta cerrarla, accionando el seguro.

Ángel se quedó parado junto al Chevy y Joaquín se acercó, se subió al estribo —debajo de mi puerta—, metió la cabeza por la ventanilla y esbozó una gran sonrisa.

«Aquí está, amigo mío. Nadie la ha tocado. La hemos mantenido a salvo para usted como lo prometimos».

«Estréchale la mano, Óptero».

«¿Qué ha dicho?».

«¡Estréchale la mano *ya*! Ha dicho: Aquí está —y no han dejado que nadie la toque».

Joaquín bajó de un salto y retrocedió unos pasos. Abrí la puerta, me giré, salté de la camioneta y me acerqué a él con la mano extendida y una sonrisa de oreja a oreja.

«¡Gracias! ¡Muchas gracias, *mi amigo*!».

«De nada. Te hicimos una promesa».

«¿Qué ha dicho?».

Ha dicho que te hicieron una promesa».

*Guau.*

Aún estaba estrechando la mano de Joaquín cuando Ángel se unió a nosotros, así que la solté y volví mi atención hacia él.

«¡Muchas gracias, Ángel!».

«De nada, amigo».

Me puse al volante y todos empujaron la 1DRBUS hacia atrás para que pudiéramos engancharla a la camioneta y remolcarla. Volví la cabeza y miré en la parte de atrás el tiempo necesario para comprobar que, efectivamente, no habían tocado nada. Todo estaba exactamente como lo habíamos dejado (incluidas nuestras cosas, que seguían cubiertas de barro). Le pedí a Perro que les preguntara si podían hacer una excepción a la prohibición de sacar fotos, para poder hacerles una delante de mi furgoneta. Aceptaron, siempre que orientáramos la cámara de modo que sólo apareciera la selva, detrás de ellos. Temiendo que se arrepintieran, hice una foto rápida, pero antes de dejarme hacer una segunda, Joaquín insistió en subirse a la parte trasera de la camioneta —donde podía sentarse en la plataforma trasera— para no parecer tan bajito al lado de Perro.

Más tarde, nos ayudaron a prepararlo todo para el viaje de vuelta a casa. Debíamos seguirlos, pero sólo hasta llegar a la avenida principal, dejando claro que a partir de ahí iríamos por nuestra cuenta. (No querían arriesgarse a que los vieran con nosotros cerca de la autopista, por si los Federales que nos persiguieron rondaban por allí hoy).

*Mierda*. No había pensado en ello. ¡Espero que no nos vean más adelante, caigan en la cuenta, y nos detengan a Perro y a mí! Ah, bueno, al menos ya no habrá que preocuparse por un maletero lleno de marihuana.

Había llegado la hora de ponerse en marcha, así que le pregunté a Perro cuánto creía que debía pagarles por guardar mi furgoneta, custodiarla y todo eso... (Estaba dispuesto a darles cien dólares).

«Mi amigo quiere saber cuánto tiene que pagarte».

Ángel miró a Joaquín. «No hicimos esto para ganar dinero; te ayudamos porque era lo correcto. Aunque tengo un poco de sed. No rechazaríamos unas cervezas».

Perro se rio y se volvió hacia mí. «Han dicho que no tienes que pagarles nada, pero más te vale que me des una gratificación a *mí*, cuando lleguemos a casa. Dicen que no dirían que no a unas cuantas cervezas».

Pasé por alto lo de la «gratificación», pero hice que Perro les asegurase que iba a invitarles a todas las cervezas que quisieran. Salimos del recinto y les seguimos hasta la ciudad, deteniéndonos en un pequeño supermercado de las afueras. Joaquín se quedó fuera con Perro, y Ángel entró conmigo en la tienda. Sólo había dos marcas de cerveza, así que, con la aprobación de Ángel, compré dos cajas de «Modelo Especial», que venían en botellines gruesos; era una cerveza que había visto en latas, pero nunca en botellines, y menos con esa forma.

Nuestro equipo del «servicio de reparto de paquetes» de Guasave.
De izquierda a derecha: Ángel, Joaquín, Perro, y un «espontáneo».

Después de bebernos unas cuantas cervezas bien frías (los cuatro sentados en la parte trasera de la camioneta de Perro, en el parking del supermercado), la conversación empezó a ser mucho más fluida y fácil entre nosotros —con Perro haciendo de intérprete. Ángel no hablaba mucho, pero Joaquín no paraba de hacer preguntas. Nos preguntó cuáles eran nuestros verdaderos nombres y sintió curiosidad por saber de dónde venían nuestros apodos. A cambio, nos dio el visto bueno para que le llamáramos por su apodo, «Chapo», puntualizando que sólo su familia y sus buenos amigos le podían llamar así. Resultó que Joaquín (abril), Perro (septiembre) y yo (enero) compartíamos año de nacimiento (1957), y teníamos en común el haber cumplido veintiún años. Los tres teníamos en común que nuestros padres nos habían obligado —desde muy pequeños— a trabajar incansablemente para ellos: Joaquín en el campo, cosechando amapolas y marihuana; yo, en el taller de carpintería de mi padre; y Perro, recogiendo fruta. Nuestros tres padres habían carecido de compasión y habían impuesto como norma el castigo físico. Nuestras madres, en cambio, habían hecho todo lo posible por proporcionarnos una base moral, arraigada en la creencia en Dios. Joaquín declaró que su padre era un *maldito borracho*, mientras que el de Perro y el mío no requerían ningún «aderezo»; su maldad les salía de forma natural. Esto me hizo pensar en lo radicalmente diferentes que habían sido las circunstancias culturales de nuestros años de formación y, sin embargo, en lo increíblemente similares que eran nuestros problemas de base. Los tres compartíamos un vínculo y una misión comunes: nuestros primeros recuerdos hablaban de padres tiranos, madres benevolentes, y pobreza. Estábamos empeñados en demostrar que nuestros padres nos habían infravalorado y en hacer que nuestras madres se sintieran orgullosas de nosotros.

Hablamos y bebimos durante mucho tiempo. Fue la aparición de los mosquitos al anochecer lo que nos obligó a despedirnos y a emprender el camino de vuelta a casa. Joaquín me cayó bien y lo consideré un amigo (aunque no uno con el que pudiera imaginar pasar mucho tiempo, después de aquel día). Se había ofrecido a ayudarnos aquel día memorable, hacía una semana, cuando más lo necesitábamos, asumiendo un gran riesgo al hacerlo. Había sido fiel a su palabra y había guardado la 1DRBUS a buen recaudo para mí, cuando probablemente habría sido más fácil (y sin duda más rentable) desvalijarla, venderla o simplemente mantenerla oculta hasta que me diera por vencido buscándola. ¿Y *qué* si tenía un pequeño negocio de drogas en marcha? Era un tipo duro.

Paul Wilson

Recé para que esto no fuera sólo «un buen deseo» de Perro.

## Un hombre marcado

«*Tío*... Menudo viaje, ¿eh?».

«Sí, desde luego. ¿Puedes creer dónde tenían mi furgoneta?».

«*Al cuerno* tu furgoneta. ¿Viste el fusil AK-47 que llevaba ese tipo? Probablemente había otro para el compañero en la caseta de vigilancia, y suficientes como para abastecer a todo un ejército en uno de aquellos edificios».

«Es un poco raro que unos traficantes de drogas se tomen como un *deber* mantener mi furgoneta a salvo», ¿no crees?

«En realidad, no. Joaquín me dijo que, en Sinaloa, suministrar drogas a EE.UU. se considera más un negocio que un delito. Pero estafar a alguien demuestra que careces de honor... y, en su negocio, la falta de honor puede hacer que te maten».

«Vaya».

Habíamos salido de la ciudad mucho más tarde de lo previsto y estaba oscureciendo rápidamente. No habíamos pensado en nada para conectar las luces traseras de la furgoneta con la camioneta, así que decidimos que lo más inteligente sería pasar la noche en Guaymas y parar cerca del «estanque de esquí acuático» de esa misma mañana. Disfrutando aún del subidón de adrenalina que había supuesto nuestra visita al escondite de los narcotraficantes (por no mencionar que ya llevábamos una larga tarde de cervezas a nuestras espaldas), compramos un par de *packs* de seis cervezas «Modelo» *más* para celebrar nuestro logro y relajarnos un poco.

Los mosquitos de la noche anterior en Hermosillo no tenían nada que envidiar a los que residían en Guaymas. Extendimos las dos mosquiteras sobre los guardabarros de la camioneta —como hacíamos otras veces—, nos pusimos a cubierto, y nos dedicamos a beber cerveza. Nuestra expedición estaba lejos de terminar, pero bebimos cervezas como si acabáramos de ganar las Series Mundiales. No recuerdo cuándo me dormí, pero sí tengo un recuerdo borroso de haberme despertado de una horrible pesadilla en mitad de la noche, en la que una violenta tormenta —con gotas de lluvia hirvientes— nos alcanzaba.

Perro fue el primero en despertarse a la mañana siguiente.

«¡Óptero! ¡Dios mío, Óptero! ¡Tus brazos! ¡Tu espalda! *¡Mierda,* tu cara! ¡Ay, Dios mío!».

Me había enganchado con la mosquitera durante la noche y la había arrancado del guardabarros de mi lado de la camioneta. Suficiente como para que los *cabroncetes* pudieran alcanzarme a través de la malla e improvisar una juerga. Debí de notarlo y me contorsioné, intentando volver a colgar la red. Si tuve éxito o no, sigue siendo una incógnita. Por la mañana tenía la malla enrollada alrededor de ambos brazos, contra un lado de mi cara, y estirada con fuerza sobre mi espalda — desnuda desde los hombros hasta la cintura—. Estaba cubierto por un mosaico de picaduras de color rojo brillante, excepto por tres arrugas que surcaban la malla a la altura del hombro (y que habían mantenido a raya sus «pistolas succionadoras»). Sólo puedo comparar la sensación con la de ser escaldado con agua caliente —sin interrupción a la vista— y con un picor insoportable. Mi piel ardía y no teníamos nada para calmarla.

«Óptero, tienes que ver esto».

Gracias, Perro; estoy sintiéndolo en mis propias carnes. No necesito verlo.

«¡Estoy ardiendo! ¿Se puede morir de esto? ¿Cuántas picaduras se necesitan para que te chupen *toda* la sangre?».

«Tienes que verlo. Mírate la espalda en mi retrovisor, sobre todo la parte posterior del hombro. Sin duda han firmado su *obra*».

*Malditos asesinos.*

Podía ver casi toda el área de piel libre de picaduras mirando por encima de mi hombro, pero igualmente bajé de la camioneta para mirar por el espejo retrovisor, sobre todo para contentar a Perro. Los tres surcos entrecruzados que habían impedido el paso de sus trompas de alimentación hipodérmicas, vistos en un espejo, habían dejado una «K» mayúscula de piel intacta casi perfecta, de veinte centímetros de longitud, dibujada sobre un fondo de miles de picaduras de mosquitos *cabreados*.

## «Ya habéis sufrido bastante»

La señora de la farmacia local se quedó visiblemente afectada cuando me vio la espalda, pero sólo pudo darme el «pésame» y venderme una pomada —sin receta—, para que me la aplicara. La crema no ayudó en absoluto con la comezón, pero sí acentuó la obra maestra de los *chupasangres*, dándole un suave tono rosado. Ponerse cómodo resultaba imposible. Como si un calor de 43 °C y una humedad del 99% no fueran suficientes, tenía que soportar legiones de protuberancias infernales.

Pasar la noche en Guaymas en lugar de en Hermosillo ya nos había retrasado varias horas, pero mi «fiebre del sábado noche» nos retrasó aún más. Como no queríamos hacer paradas, sufrimos sucesivas obras en la carretera durante todo el día (varias de ellas nos obligaron a permanecer atascados, bajo el sol, durante una hora o más). Dábamos por sentado que se iba a poner el sol antes de llegar a la frontera de Nogales, así que decidimos tomar un atajo y entrar por Lukeville, Arizona. Nuestra lógica también tenía en cuenta que esa opción nos alejaría de la carretera principal y reduciría las posibilidades de tener problemas con los Federales —por no circular con las luces de la furgoneta en buenas condiciones.

Finalmente, llegamos a la ciudad de Lukeville por el lado mexicano, cruzando la frontera poco después de medianoche. Esta población se conocía con el curioso nombre de «Hombres Blancos». (Me pregunto por qué decidieron llamarla así. ¿Quizás porque era el último lugar del mundo en el que uno esperaría encontrar hombres blancos?). Seguimos nuestro mapa hasta la frontera, pero la encontramos cerrada, con un cartel en la verja que decía que volvería a abrir a las 4 a.m. Demasiado exhaustos y cansados de la carretera como para ir a otro sitio a esas horas, nos acercamos hasta donde pudimos, apagamos el motor y nos quedamos allí sentados.

«Al menos seremos los primeros en la cola, cuando abran».

No obtuve respuesta de Perro.

Debimos quedarnos dormidos, porque una linterna —con un haz de luz intenso— nos devolvió la conciencia mucho más tarde, cuando ya habían descorrido la verja que bloqueaba el carril situado frente a nosotros. Seguíamos siendo los primeros de la fila. De hecho, éramos los únicos en la fila. Una vez despejado, Perro arrancó su camioneta, avanzó lentamente y se detuvo cuando el guardia fronterizo estadounidense levantó la mano. Nos miró de arriba abajo antes de acercarse a la ventanilla de Perro.

«¿De qué parte de México vienen ustedes dos esta mañana?». Alumbró primero en mi dirección, así que le contesté: «Guasave, en Sinaloa».

*Mierda. ¿Por qué no le cuento ya de paso el escondite del cártel en el que estuvimos ayer? Qué cabeza...*

«¿Ah, sí? ¿De quién es la VW?».

«Es mía, señor. Tuvimos algunos problemas y la tuvimos que remolcar». Inconscientemente, me froté un lado de la cara con la mano izquierda.

«¿Qué tienes en el brazo y en la cara?».

«Picaduras de mosquito, señor. La mosquitera se soltó y me cayó encima mientras dormía anoche».

*«Hmmm».*

Al parecer, y por el momento, había acabado conmigo; el guardia apuntó brevemente con su linterna a Perro, y retrocedió unos metros.

*Ay, Dios... Ahora es cuando nos dice que salgamos de la camioneta y avisa a alguien para que nos acompañe al interior, donde nos registrarán a fondo y nos hurgarán en las cavidades corporales.*

Recorrió con la linterna toda la longitud de la camioneta, deteniéndose cuando llegó a la parte delantera de la 1DRBUS. Se acercó a ella y la alumbró, primero a través del parabrisas y luego, una a una, las ventanillas laterales; a continuación, apagó la linterna y caminó hacia nosotros. Al llegar a la puerta de Perro encendió de nuevo su linterna (apuntándola hacia la 1DRBUS), nos enfocó con el haz de luz durante un segundo y volvió a apuntar a la furgoneta. La apagó, nos miró a los dos, sacudió la cabeza y dijo:

«Adelante. Ya habéis sufrido bastante».

# EPÍLOGO

**Steve Warren, alias Jelly:**

Jelly y Moose se distanciaron tras nuestro regreso. Con todo, arregló las cosas con Sherri y tuvieron un hijo juntos. Se marcharon de La Mansión y se instalaron en una casa propia. Por desgracia, Sherri murió una noche, mientras dormía; Jelly se encontraba ausente cuando ocurrió, pues estaba trabajando —junto a algunos amigos de la Mansión— en una operación de procesamiento de marihuana en Humboldt, California.

Más tarde, Jelly montó un negocio de palmeras exóticas en casa de sus padres, pero lo cerró después de que uno de los árboles se le cayera encima, durante un vendaval, golpeándole en la cara e hiriéndole gravemente. Su recuperación fue larga e incluyó una operación de reconstrucción facial; nunca volvió a ser el mismo. Se convirtió en una especie de eremita que rara vez salía de casa; dejó de relacionarse y empezó a ganarse la vida como jugador *online*. Nunca regresó a La Ticla.

Todos «arrimamos el hombro»
cuando Jelly se mudó y abandonó La Mansión.

## Ed Moss, alias Moose:

Dios mío, ¿por dónde empiezo? Tras eludir con éxito su arresto en Estados Unidos, Moose regresó poco después al sur, se reencontró con nuestros amigos de Guasave, Joaquín y Ángel, y empezó a transportar droga para ellos hacia el norte, a través de Baja California. Tras varias singladuras con éxito (poniendo sobre aviso a la tripulación del barco, dado que era incapaz de aguantar las 14 horas de travesía sin fumarse un *porro*), los Federales empezaron a sospechar del exceso de equipaje que llevaba y le detuvieron al salir del ferry, en Cabo San Lucas. Pasó algún tiempo en una cárcel de La Paz antes de ser trasladado a Tijuana, momento en el que fue entregado a la justicia estadounidense y encarcelado en la prisión estatal de Chuckawalla Valley, en Blythe (California), por su anterior condena por homicidio imprudente.

Cuando salió en libertad condicional, Moose colaboró con Joaquín para ayudar a montar una red de contrabando de gran volumen que hizo pasar miles de kilos de droga por Imperial Beach, California, llenando el vacío que dejó la famosa «Compañía Coronado» cuando se hundió, a principios de los ochenta. No sin gran riesgo, eludieron el más que consolidado «Cártel de Tijuana», ayudando a que el Cártel Guasave-Sinaloa se introdujera en el lucrativo corredor de contrabando Tijuana-San Diego. La noche en que se desmanteló la facción de la banda de Imperial Beach (a través de un agente infiltrado de la DEA), Moose logró huir, pero unos meses más tarde le detuvieron y procesaron por su participación en la misma. Salió bajo fianza, embarcándose en otro largo viaje de surf a La Ticla (esta vez con Perro y otros dos); luego se quedó a vivir allí con una chica mexicana de la que se había enamorado. Para entonces, el «secreto» de La Ticla se había hecho viral, atrayendo a cientos de surfistas —desde Texas hasta Nueva Zelanda—, y Moose montó un pequeño negocio en el que vendía a los visitantes hierba local adquirida del cártel de «La Familia Michoacana/Caballeros Templarios», en la región del Valle de Ostula, al este de La Ticla.

Una mañana cometió el triple error de: rechazar un alijo de marihuana por considerarlo de mala calidad, revelar que transportaba una importante cantidad de dinero en efectivo, y hacer saber a los demás surfistas que consideraba que la hierba era una *basura*. Ofender al cabecilla del cártel resultó ser un error fatal. Se organizó una emboscada en la carretera, a la salida de La Ticla; Moose se dio cuenta y estuvo a punto de esquivarla, pero fue víctima de un disparo fortuito y la bala atravesó el maletero de su coche, alcanzándole en mitad de la espalda. Se desangró y murió de camino al hospital más cercano, en Tecomán. Más tarde, sus cenizas fueron esparcidas en el mar, en su trocito de paraíso favorito: La Ticla.

Paul Wilson

Una tarde, Moose, totalmente *colocado* y pensando que era buena idea montar uno, se midió con este burro junto a nuestro campamento, y perdió. No se movió ni un milímetro.

## Eduardo León, alias Perro:

Casualmente, Perro estaba tomándose un descanso de su trabajo en el aserradero la mañana que el avión de la PSA colisionó con una avioneta sobre San Diego y se estrelló, causando 144 víctimas mortales. Fue testigo directo del suceso, desde lo alto de una pila de madera contrachapada. El viaje a La Ticla se había convertido en una especie de rito de iniciación para los residentes de La Mansión y, unos años más tarde, Perro pasó allí tres meses con Moose y otro antiguo residente de La Mansión, Óscar «Tongs» Andrade, y el colega de Óscar, Dave «La Estatua» Pardee.

Perro nunca dejó de ser un niño. Lo digo en el mejor de los sentidos. Sabe divertirse y disfrutar de la vida, pero su familia y sus amistades son siempre lo primero. Ha sido recompensado con cinco hijos adultos y varios nietos que lo adoran.

Perro y yo seguimos siendo amigos íntimos hasta el día de hoy. Siempre será mi mejor amigo. «Mi hermano de otra madre».

Clase de carpintería de séptimo curso con el Sr. Aubel, hacia 1969.
Ese es Perro, al final de la fila de la fuente de agua, a punto de atizarle con un trozo de madera al chico que está bebiendo… «porque tardaba demasiado».

### El autor, alias **Opters** *(Óptero):*

Me llevó mucho más tiempo del que debiera, pero al final me serené y asimilé las muchas lecciones de aquellas cinco semanas y media inolvidables. Seguí viviendo en La Mansión otros cuatro años más, hasta que me mudé para casarme y formar una familia.

Mi madre fue mi apoyo hasta 1987, año en que sucumbió a una batalla de varios años contra un mieloma múltiple (su cuerpo estaba plagado de tumores que le fueron destrozando el esqueleto —con un total de cien fracturas, una detrás de otra). El negocio de armarios para altavoces de mi padre tuvo un gran éxito, lo cual le permitió tener una mansión y un lujoso barco amarrado en su muelle privado de la bahía de San Diego. Le encantaban los coches deportivos europeos, y se ausentó del funeral de mi madre para probar un último modelo, quedando como un cretino hasta el último momento. Murió mientras comprobaba el contenido de sus cajas de seguridad en el banco; dejó todo su patrimonio al Ejército de Salvación. Cuando era adolescente se lamentaba a menudo, diciendo que esperaba verme algún día en un anuncio de los «Diez más buscados», o que acabaría viviendo en un muelle. Supongo que estuvo cerca. Las paredes del vestíbulo de nuestra oficina de correos local están adornadas con siete u ocho ampliaciones tamaño póster de fotografías que he tomado, y desde mi casa tengo una vista increíble del Muelle de Cristal de San Diego.

Me he casado tres veces (con Perro como padrino de bodas cada una de ellas), he sido bendecido con dos hijos maravillosos (ya adultos), sus cónyuges, y cinco nietos igualmente extraordinarios. Lo más cerca que he estado de volver a La Ticla es viéndola en un mapa.

Mi afición favorita en la actualidad.

### Joaquín, alias El Chapo:

Guasave, célebre por ser el lugar de nacimiento y el cuartel general del cártel de Guasave-Sinaloa (dirigido por Joaquín «El Chapo» Guzmán desde principios de la década de 1980 hasta 2016), aparece con frecuencia en las noticias por las peores razones. En 2017, nuestra DEA declaró que el cártel sigue siendo el mayor importador de marihuana, cocaína (más de quinientas toneladas) y heroína en Estados Unidos; y el mayor productor de metanfetamina y éxtasis del mundo. No fue hasta que vi su foto de archivo, años después, cuando supe con certeza que nuestro amigo de Guasave, Joaquín «El Chapo» Guzmán, había llegado a ser mucho más que «la conexión de Moose con el cártel de Sinaloa».

Joaquín, veintiún años (1978).    Joaquín, treinta y seis años (1993).

## 1DRBUS, también llamada «Wonderbus»:

Mi furgoneta nunca volvió a ser la misma después de México. Pasé cientos de horas adecentándola y la conduje otros dos años, hasta que dos amigos perdieron cada uno una pierna al volante de una vieja Splittie como la mía, en sendos accidentes. (En aquella época era práctica común apoyar el pie izquierdo en la parte posterior del faro delantero del lado del conductor, y un simple golpe en el guardabarros podía arrancarte la pierna a la altura de la rodilla). Vendí la 1DRBUS en un mercadillo de la zona. No recuerdo si llegué a decirles a los compradores que evitaran utilizar el climatizador, porque seguía salpicando arena.

«¡Más veloz que una bala! ¡Más potente que una locomotora!».
Por desgracia, no sabía nadar.

## La Mansión:

Aunque la Mansión estaba situada al otro lado de la calle, no era infrecuente
que una ola gigante alcanzara el edificio. Esta en concreto obligó a nuestro
propietario, célebre por ser especialmente «roñoso», a instalar suelo nuevo en
todos y cada uno de los apartamentos de la planta baja.

## La Ticla:

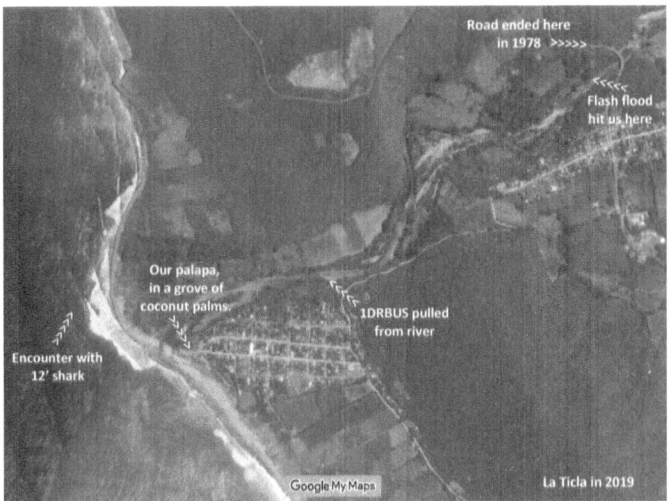

Como nos temíamos, una vez terminado el puente, La Ticla cambió para siempre. Lo que había sido un pueblecito tranquilo de seis u ocho cabañas es ahora una ciudad bulliciosa, con semáforos, restaurantes y hoteles situados frente al mar. *Nuestra* playa nunca está vacía.

# AGRADECIMIENTOS

Mi mejor amigo, Eduardo, alias Perro: Me ha salvado la vida más veces de las que cabrían en este libro. Eduardo leyó pacientemente mis borradores y me ayudó a completar los espacios en blanco de los recuerdos más vagos que tenía.

Mi hija, Lindsey: Ha oído las historias contadas en este libro más de cien veces y sigue queriéndome, a pesar de todo. Lindsey fue mi consejera durante todo el proceso. Sin su ayuda, este libro nunca habría salido del callejón sin salida en el que se encontraba.

Barbara Noe Kennedy: Sin duda, es la mejor editora que podría haber encontrado para mi libro. Barbara demostró tener un ojo extraordinario para los detalles y una aguda percepción para captar cualquier aspecto, grande o pequeño, así como para detectar dónde había errado el tiro. Y, por encima de todo, tuvo una paciencia infinita conmigo, que no había escrito nada *más allá* de una lista de la compra desde noveno curso.

Derek Murphy: Sin la impresionante base de conocimientos que imparte a través de sus tutoriales en línea, aún estaría desorientado e indeciso sobre los pasos a seguir para plasmar todo esto en un libro. Derek se encargó personalmente del diseño de la portada, y no podría estar más satisfecho con los resultados.

El Cuerpo de Bomberos de San Diego: El año pasado extinguieron un incendio estructural generalizado en un apartamento situado debajo del mío, antes de que pudiera afectar a todo el edificio. En ese momento, perder mi casa era una preocupación secundaria para mí. Todos los apuntes, documentos y fotografías necesarios para contar esta historia estaban guardados —desde hacía cuarenta años— en una caja, en el desván de mi casa. Sin todo ello, poca gente creería que todo esto sucedió realmente.

Dios: Dudé mucho sobre si contar esta historia públicamente, en gran parte porque me avergonzaba de las barbaridades que había hecho y, al mismo tiempo, era imposible contarla adecuadamente sin incluirlas. Mediante la oración —y la confianza que dan la edad y la experiencia— llegué a la conclusión de que, compartiéndola —tanto lo bueno como lo malo—, otras personas podrían darse cuenta de que nunca es demasiado tarde para cambiar el curso de tu vida. Nuestro Padre Celestial es más que paciente con nuestras faltas, y nos ama incondicionalmente. Le doy gracias todos los días por los milagros, la enorme riqueza de personas, experiencias y perdón que me ha regalado. Gracias, Dios. (Antes de que piense que le estoy sermoneando, comprendo que mi Dios puede no ser el mismo que el suyo. No importa. Estoy seguro de que son amigos).

www.ingramcontent.com/pod-product-compliance
Lightning Source LLC
Chambersburg PA
CBHW030402130626
46549CB00004B/1606

*9798988682523*